Q&A 筆界特定のための
公図・旧土地台帳の知識

大唐正秀 ――― 著

日本加除出版

はしがき

1 | 左図右書

　左図右書という古の言葉がある。物事を学ぶ場合の基本姿勢とされている。記された書（文字）だけに依存していると，理解に欠けたものが生じてくるとの教訓である。

　字義どおりに読めば，左図とは「文章中で図表を示すときなどに用いること」であり，右書とは「文章を縦書きするときに，右から左へと書くこと」であったであろう。

　右側にある書を，左側に据えた図（ないし絵）によって見合わせ，図と書を対照して，その後に理解せよという意味になろうか。

2 | 図と書は等価値

　土地家屋調査士等，今日の士業者にとって，お客様への説明責任を果たす場合に，図は，極めて効き目のある（有効に作用する）ツールである。

　書（文字）では難解な専門用語（例；定着物，登記識別情報）で，門外漢には意味不明であっても，絵柄なり矢印と円で易しく表現することができれば，容易に理解が得られる場合がある。

　つまり，理解していただけたお客様にとっては，図と書は等価値になったということになる。このことから，法律の条文を読むことと等価値の行為として図解（絵解）を勧めたい。

　法律の条文を理解したと認識できたときには，その知見なり物の考え方が，忘却してしまわないうちに，図を描くこと図化することを勧めたいのである。

　それによってより深く理解は進み，物の考え方が残る。一目で全体像が分かり伝えやすいというメリットが得られる。

3 | 地図は土地情報の視覚的表現

　地図で画された範囲が，「所有権」という権利を目に見える器にすることであるとなぞらえるならば，登記所の地図は，土地取引情報の視覚的表現であるとも言える。

　ここ数年来，多くの県で土地家屋調査士の方々の献身的な努力によって法14条地図が生み出されてきた。この地図づくりの一角を今日の土地家屋調査士の方々が更に深く関わり，登記事項証明書を「右書」に，法14条地図を「左図」に据えてもらえるよう取引社会への責任を果たしていただきたいと熱望している。

4 | 旧土地台帳附属地図の楽しみ

　私は古地図にある凡例が好きで，殊に絵図に興味がある。

　白図に書き入れられた絵図（白図に水・道，家並み等を書き入れたものをわが国では律令時代からこう呼んできた。）を眺めるにつけ，当時の文字情報以上の姿を地図上に重ね見ることができ，ましてや，それが着色されているとなれば楽しみは倍加する。

　彩色している旧土地台帳附属地図を見て美しいと感じることができるかどうかは，その人の感性である。しかし，登記所での地図仕事を発端として，地図の成り立ちとその歴史について各転勤場所で調べてきた。地図が好きで好きでたまらない同志が，一人でもこの左図右書から出てきたらうれしい限りである。

　平成25年4月

鳴門公証役場　公証人　大　唐　正　秀

目　次

はしがき··1

第Ⅰ編　公　図

第1　地図のコンピュータ化について──────────図1
　Q1　地図に準ずる図面（土地台帳附属地図）も電子化されたが，電子化前のマイラー地図上では赤線青線の色分けがなされていた長狭物が，電子化後は色分けがなくなっている。法14条地図であれば色分けの代わりに「道」「水」等の表記がされているが，地図に準ずる図面（土地台帳附属地図）は無番地（空白地）のままになっており，道路なのか水路なのか分かりにくくなっている。
　　　このことについて，今からでも「道」「水」等の表記付けが必要と考えるが，いかがか？··1

第2　法務局の公図が「更正図と改租図が混在していること」について
　──────────図2〜図5
　Q2　「法務局（徳島県）の公図は，更正図と改租図が混在している」として，具体的にその原因に言及していないが，実際のところはどうなのか？
　　　混在している原因として何か考えられることがあれば教えてほしい。··············7

第3　更正図について──────────図6〜図8
　Q3　法務局に更正図がある地域は，市町村にも更正図の副本が存在すると考えられるのではないか？···14
　　　Coffee Break　─なぜ公図上，道路は赤で着色されているのか─······20

第4　耕地整理の行われている公図について──────────図9〜図10
　Q4　次の図9のように，耕地整理事業で作成された公図（農地部分）とそれ以外の部分の図10が別々に存在する。これらの公図は，同じ地番区域にあって，公図ごとに別地番が付されているのであるが，どのような経緯でこのようなことになったと考えられるのか？···21

目 次

第2編　筆界特定

第5　土地の境界に関する基礎知識-1 ──── 図11～図14
Q5　境界とか筆界とか言われているものの正体について教えてください。……25
Q6　また，境界に関する訴訟である所有権確認訴訟，境界確定訴訟及び筆界特定制度についても併せて説明してください。……25

第6　土地の境界に関する基礎知識-2 ──── 図15～図17
Q7　筆界の認定基準として考慮すべき点には，どのようなことがありますか。……37
Coffee Break　―樹の幹に彫る―……40

第7　公図利用上の基礎知識～公図を利用する側の心得～ ──── 図18～図21
Q8　公図利用上の一般的な留意事項について教えてください。……42
Q9　また，公図によって得られる情報の個別・具体的な留意事項についても例を挙げて説明してください。……42
Coffee Break　「公図における水，道のストーリー」
「なぜ，里道は公図上赤色に着色されているのか」……45

第8　筆界特定制度における筆界の定義 ──── 書-1～書-4
Q10　筆界特定制度における筆界の定義について説明してもらいたい。……49
Q11　また，登記所には明治期に作成された複数の公図があるが，それらの公図の種類と原始筆界についても併せて述べてもらいたい。……49

第9　筆界特定制度における「筆界についての決めごと」 ──── 図22
Q12　筆界特定制度における「筆界についての決めごと」及び「隣接する土地所有者等の手続の保障」は，どうなっているのかについて説明してもらいたい。……54

第10　筆界特定の対象とならない筆界点所有者の立会い ──── 図23～図24
Q13　法改正により，筆界は点ではなく線として捉えるようになったが，次のような土地に囲まれた5番の土地の分筆登記申請をするために隣地所有者の立会いを求めたところ，(1)のような結果となった。このことから，

筆界特定申請をしようと意図しても(2)の結果になることは自明の理である。
　ついては、(3)のような取扱いが認められるとも考えられるが、いかがか。
(1)　上図のような分筆（座標法で各線は直線とする）がなされている土地のうち、5番の土地を再度分筆する際に2番、4番、6番、8番の各土地の所有者とは境界確認の立会いを行い合意を得たが、1番、3番、7番、9番の各土地については得られなかった。
(2)　これまでの登記事務取扱要領では、隣接する土地すべての立会いが必要とされたが、改正後では立会いが得られないという理由で筆界特定申請をしようとしても1番、3番、7番、9番については5番から見れば点で接しているだけのいわゆる関係土地となるので筆界特定の対象土地とはならない（筆界特定申請が却下される）ことになる。
(3)　よって、調査報告書にこの旨を記しておけば、1番、3番、7番、9番の立会いを得られないとしても、登記官の境界確認ができないという理由で却下対象とはならず分筆登記は可能と考えるが、いかがか？ ……………… 57

第11　筆界特定の類型について ——————————— 図25
Q14　筆界特定申請に至った原因について、類型別に整理されたものはないのですか。 ……………… 61
Q15　筆界特定の対象となる筆界を導き出す要素として、筆界特定実務において蓄積されてきた特定要素（要件）及び重要視されている手法には、どのようなものがありますか。 ……………… 61

第3編　土地台帳と登記簿

第12　土地台帳の様式について ——————————— 図26～図28
Q16　友次英樹著「土地台帳の沿革と読み方」（日本加除出版）によれば、「土地台帳の様式は明治22年様式が一番古い」と書かれているが、徳島県では明治17年様式の方が多く見受けられる。そうであれば、明治17年様式が一番古いとするべきではないか。 ……………… 67
Q17　また、登記所と土地台帳所管庁間の連絡は、どのようにされていたの

目 次

　　　　か。………………………………………………………………………… 67
　　　Coffee Break　―太政官制度―……71

第13　一元化前の土地台帳　　　　　　　　　　　　　　図29　書-5～書-7
　　Q18　分筆・合筆等をする場合に，土地台帳へ登載するための申告手続につ
　　　　いて ……………………………………………………………………… 72
　　Q19　当時における分筆申告書等の申告方法，添付図面及び公図への記入の
　　　　仕方について …………………………………………………………… 72
　　Q20　また，そのことを登記簿へどのような方法で反映していったのかにつ
　　　　いて ……………………………………………………………………… 72
　　Q21　法務局と税務署との連絡体制について ………………………………… 72
　　Q22　また，土地台帳と登記簿の記載年月日にずれがあるのは，どうしてな
　　　　のかについても併せて教えてもらいたい。…………………………… 72

第14　戦災地域の回復登記　　　　　　　　　　　　　　　　　　　図30
　　Q23　戦災地域の回復登記の手続について教えていただきたい。………… 81

第15　土地台帳と登記の事務の流れについて　　　　　　　　　　　図31
　　Q24　戦後から一元化に至るまでの間の土地台帳と登記の事務の流れの概要
　　　　について教えてほしい。………………………………………………… 84
　　Q25　台帳制度と登記制度の相互関係について承知しておきたい。……… 84
　　　Coffee Break　―地積測量図の有無の見分け方―……87

第16　土地台帳と登記簿の一元化について　　　　　　　　　　図32～図33
　　Q26　土地台帳と登記簿の統合について教えてほしい。…………………… 92
　　Q27　その具体的な方法についても説明してもらいたい。………………… 92
　　　Coffee Break　―一元化作業の完了はいつ？―……99

第17　一元化に伴う最重要改正は何か　　　　　　　　　　　　　　図34
　　Q28　一元化に伴う最も重要な改正は，何であったのかについて教えてくだ
　　　　さい。………………………………………………………………………100

第18　農地解放時における登記の取扱いについて　　　　　　　図35～図36
　　Q29　下記の土地台帳では，隣接する土地にもかかわらず，民への所有権移

転登記まで了している筆（151番1）と官有地（農林省）名義のままで存置されている，いわゆる解放漏れの筆（151番2）の二種類がある。
　このような処理がされることとなった農地解放時における登記簿の取扱いなどについて教示願いたい。……………………………………………………103

第19　無番地の土地について ─────────────── 図37　書-8～書-9

　Q30　書-8の土地は，公図上無番地になっているのですが，その部分と思われる土地の旧土地台帳に「官有成」の表示がされた後に除却されています。また，書-9の土地台帳では，内務省名義になってから除却している実例があります。
　ところで，官有地として表記されたものが台帳から除却されると登記簿に記載されない取扱いがされてきましたが，非課税かつ官有地という理由だけで登記をしないのは疑問に思います。これについて考えをお聞かせください。………………………………………………………………………109

第4編　地積測量図

第20　昭和52年以前の地積測量図の取扱いについて ──────── 書-10

　Q31　地積測量図は，作成された時代によって取扱いに注意を要するところです。昭和30年代後半から現在まで，幾多の変遷を経て現在の地積測量図があります。一番大きく変わったのが，昭和52年10月1日から施行された「表示登記事務取扱要領」ができてからと思われます。その後も「要領」は，幾度も改正されてきました。今は，分筆前の土地を明らかにすることが求められ，法律の原則論がそのまま生かされるようになりました。
　規則は変わらなくても，運用（取扱実務）面で最初から厳格にできていたわけではないことから，筆界調査委員，資格者として筆界の判断に苦慮する場合があります。
　筆界探しは，最初に創設された筆界がいつできたもので，現地のどこにあたるかを求めて資料を収集したり，現地の構造物や占有状況を調査します。個性を殺し客観的に，あるいは事務的に進めた結果，どの方向からしても結論が同じとなる確証を得る場合は多いのでしょうか？
　そのような中で，昭和52年以前の地積測量図の取扱いについて悩まし

さを覚えます。地積測量図は，登記申請書に添付され，登記処理と同時に公示され，一般の閲覧に供することになっています。また，分筆線は初めて創設された筆界であります。見方によっては，地積測量図の外周の筆界線の表示は，隣接地所有者との境界立会や意思確認がされていなかったことや，必ずしも熟練された資格者が作成されたとも思えないものもあります。

　しかし，法務局は，登記官が不動産登記法，同規則にのっとり受理し分筆処理したものは，適法に行われており正しいものと見ています。永年国民に公示してきて異論もなく安定しているものを誤った地積測量図として扱わないのです。点間距離の三角スケールの誤読や求積の誤りは認めるものの，地積測量図の取扱いや，地籍調査の送り込みによってできた法14条1項地図や地積については誤りを認めません。土地家屋調査士の立場と表示登記（専門）官の立場とは，基本的に考え方が違うのかなと疑問を持つことがあります。

　　上記の点につきご意見をお聞きしたい。……………………………………… 115

Coffee Break ―ゆうれい土地―……123

第21　公図の訂正について ――――――――――――――――――――― 書-11

　Q32　公図の訂正が認められる場合と，そうでない場合がありますが，どのような場合に公図の訂正が行われているのでしょうか。……………………… 124

　Q33　また，その是正方法の概要について示してもらいたい。………………… 124

第5編　国土調査図面

第22　精度の悪い国土調査図面の取扱い ――――――――――― 図38～図40

　Q34　平板測量による精度の悪い国土調査図面が法14条地図として備え付けられている場合，それに基づいて現地復元しなければならない状況には甚だ疑問を感じますし，専門家である土地家屋調査士がこういう作業を強いられている状況をどう思われますか？ ……………………………………… 129

　Q35　原始筆界や「里道・水路」を一切考慮せず，ただただ現況によってのみ作成された国土調査図面が法14条地図として備えられている場合で，誰の目に見ても誤りが明らかな場合，公共団体が費用を出すことにより地図訂正すれば良いと思うのですがどう思われますか？ ………………… 129

Q36　隣接地の所有者が亡くなっている場合，隣接地所有者の承諾書に推定相続人全員の承諾は必要でしょうか？共有の場合でも共有者全員の承諾は必要なのでしょうか？ ……………………………………………………………………… 129

Coffee Break　―原石（はるいし）について・１―
「琉球王府による土地特定の図根点」……138

第6編　畔畔

第23　畔畔については，実務上苦慮する場合が多くある。
Q37　ついては，今までに公表された実務上参考となる資料はありませんか。……… 141

第24　現在，法務局の公図が法14条1項地図として備え付けられている地域の畔畔について ──────────────── 図41
Q38　一分一間図の実線の途中に破線が記載され色が塗られている畔畔と，実線の隣に色だけ塗られている畔畔の違いについて教えてください。………… 148

第25　土地台帳制度下での地図の維持管理とその保存
Q39　土地台帳制度下において，地図の維持管理とその保存は，どのようにされていたのか説明してください。………………………………………… 176
Q40　併せて，畔畔外書の廃止と地図との関係についても触れてください。……… 176

第26　二線引畔畔について
Q41　二線引畔畔とは，どのようなものを指すのですか。畔畔との違いについて教えてください。………………………………………………………… 180

第7編　地方分権と法定外公共物

第27　法定外公共物について ──────────────────── 図42
Q42　法定外公共物とは，どのようなものですか。……………………………… 185
Q43　また，法定外公共物の総面積は，どのくらいになるのですか。…………… 185

第28　法定外公共財産の管理について ──────────── 図43～図44

9

目 次

 Q44 国有財産の管理は，どのようにされているのですか。……………… 187
 Q45 とりわけて，法定外公共用財産の管理について承知しておきたい。…… 187

第29 法定外公共用財産がなぜ国有財産となるのか ──────── 図45
 Q46 法定外公共用財産が国有財産であるとされる，その根拠はどこに存在するのですか。……………………………………………………………… 190

第30 地方分権と機関委任事務の廃止の経緯 ──────────── 図46
 Q47 地方分権の一環として里道・水路の譲与手続が，平成12年4月から始まったと聞きましたが，地方分権の概要を説明してください。…… 192
 Q48 また，機関委任事務の廃止の経緯についても教えてください。……… 192

第31 地方分権により譲与の対象となった里道・水路 ──────── 図47
 Q49 地方分権により譲与の対象となった里道・水路には，どのようなものがありましたか。………………………………………………………… 196
 Q50 また，その手続はどのようになっていたのかについて，説明してください。…………………………………………………………………… 196

  Coffee Break ―原石（はるいし）について・2―
    「琉球王府による土地特定の図根点」……198

おわりに ……………………………………………………………………………… 201

巻末資料　土地台帳・公図の沿革表 ……………………………………………… 203
参考文献 ……………………………………………………………………………… 209
著者略歴 ……………………………………………………………………………… 210

第Ⅰ編　公　図

第１　地図のコンピュータ化について

Q1

地図に準ずる図面（土地台帳附属地図）も電子化されたが，電子化前のマイラー地図上では赤線青線の色分けがなされていた長狭物が，電子化後は色分けがなくなっている。法14条地図であれば色分けの代わりに「道」「水」等の表記がされているが，地図に準ずる図面（土地台帳附属地図）は無番地（空白地）のままになっており，道路なのか水路なのか分かりにくくなっている。

このことについて，今からでも「道」「水」等の表記付けが必要と考えるが，いかがか？

図解　「道」「水」の表記の実際例（図１）を下記に表示する。

図１　地図に準ずる図面における「道」「水」の表記の実際例

（注）　地図に準ずる図面は，土地の区画を明確にした不動産登記法所定の地図が備え付けられるまでの間，
これに代わるものとして備え付けられている図面で，土地の位置及び形状の概略を記載した図面です。

請求部分	所在				
	地番	番	以下余白	番	番
縮尺		☑縮尺記載なし　□1／600　□1／1200　□1／			
補記事項					□方位記載なし

これは地図に準ずる図面の写しである。

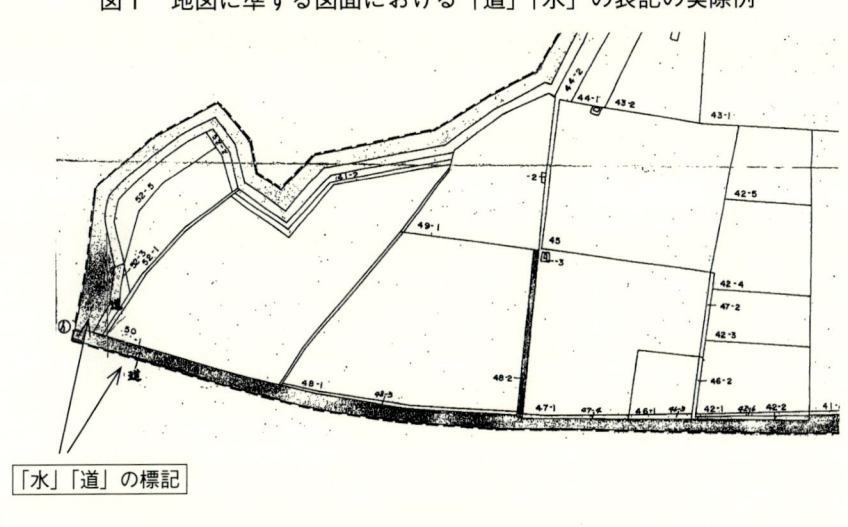

第1編　公　図

登記官あてに、職権活動を促すための「表記付け」の申出を行うことができるものと思われる。

その「表記付け」申出に基づき、登記官は、職権により立件した上で、前記事実が確認できる場合は、今からでも地図に準ずる図面に「道」、「水」である旨の補完の表示が可能と思われる。

解　説

1　登記所への移管から昭和52年の準則の改正まで

公図は、明治前・中期に、租税（税金）の課税台帳であった土地台帳の附属地図として作成された経緯があって、本来的には「課税」を目的とするためのもので、登記制度に資するためのものではなかった。

昭和22年に旧地方税法が改正され、それに伴い、それまで国税であった地租が府県税とされた。このため、土地台帳の根拠法が地租法から土地台帳法（昭和22年3月31日法律第30号）に改められた。

その後の昭和25年の税制改革により固定資産税制度が導入され、府県税とされた地租が、市町村税に改められることになった。これに伴う土地台帳法の一部改正（昭和25年7月31日法律第227号）によって、土地台帳が登記所に移管されることになり、課税対象であった土地台帳が、土地の状況を登録公示する公簿へとその性質が一変した。この土地台帳とともに公図（旧土地台帳附属地図）が移管された。

この土地台帳制度も、昭和35年の不動産登記法（以下「不登法」という。）の一部改正（昭和35年3月31日法律第14号）によって、昭和35年度から10か年という期間をかけて、登記制度と台帳制度を計画的に一元化する作業が実施され、同作業が完了した登記所から順次、土地台帳法（及び家屋台帳法）の適用が廃止されてきた。この改正に伴い、新たに表示登記制度が創設され、土地の物理的な位置を表示するため登記所に地図を備え付けるものとされた。

したがって、この旧土地台帳の附属地図は、この段階において法的には制度としての存在根拠を失ったわけである。

そうはいっても、これまでも附属地図は、事実上、土地についての唯一の基本情報とされ、不動産取引において利用されてきた。また、判例においても「境界確定にあたっての重要な資料（東京地判昭和49年6月24日判時762号48頁）」と位置付けられ、証拠の一つとして採用されてきたところである。このため、地図が整備されるまでの間、この旧土地台帳附属地図は、従来どおり保管管理することとされたのである。

2 登記所における地図整備事業

　このように旧土地台帳附属地図は，明治期に作成された和紙という紙を媒体とする情報であって，しかも，近・現代以降の取引社会における基礎情報として不特定多数の利害関係者に，高い頻度で利・活用されてきたことから，永年の損耗・破損が進み劣化がひどい実情にあった。ことに，東京，大阪ほかの都市部近郊における登記所の公図は，土地開発ブームに伴い，極端に高い使用頻度で閲覧に供し続けてきたため，その損耗は激しく，破損したり判読不能となる限界に至るまで需要に応えてきたわけである。

(1) 旧土地台帳附属地図のマイラー化

　そこで，地図整備の一方策として，古くは昭和20年代には和紙再製，昭和42年以降は昭和60年代に至るまで，マイラー化による旧土地台帳附属地図の再製が実施されてきた（昭和43年10月16日民事三発第1051号通達）。このマイラー化による地図の再製は，地図整備の一方法として位置付けられ，昭和47年度からは本格的にポリエステル・フィルムにより再製する作業（昭和47年8月30日民事三発第768号民事局第三課長依命通知）が推進されてきた（それまでは，MSペーパー，洋紙，材質の悪いポリエステル・フィルムが使用されていた。）。登記所ではこれをマイラー化作業と呼んでいた。

　徳島地方法務局においては，マイラー化再製業者は，当初は松山の業者（後日，倒産），次いで，日東トレス（本店　山口県）が専門に委託業務を請け負っていたのであるが，昭和50年あたりまでは，赤線・青線等の色分け表示までは請負契約中には定めていなかったもののように思われる。

　なおかつ，納入後における検収（検査のこと）も不十分な面が多々あって，点検不足との登記現場の要請に応える形で，「赤線・青線等の色分け表示」とか「納入後における100％の検収」のための予算が徐々に拡充され，契約書の仕様中にこれらの項目に加え，縮尺を2倍に拡大した伸図として再製する方策等の工夫も講じられてきた。昭和51年以降は，同地方法務局では，全職員を動員し，各人割当て方式でマイラー化再製点検作業が実施されてきた。支局・出張所分も第一次である原図とマイラー化図面との対査は，本局で実施された。なお，第二次となる登記簿との対査は，その登記所の職員が担当した。全国的にも，登記現場においては，ほぼ同様の工夫がされ確認・対査が行われたものと思われる。

　再製原図は，原図の余白に閉鎖の事由及び年月日を記載し，登記官が押印して，地番区域ごとに整理され保存されている。

(2) 国土調査法による地籍図の修正作業

　国土調査法に基づいて作製され登記所に送り込まれてきた地籍図は，地籍の一筆地調査から送付されるまでの間に，事務手続もあり，どうしても相当長期間（おおむね2～

第1編　公　図

3年程度）を要するものとなる。そのため，対象地域を調査後登記までの間に分筆，合筆等の登記が申請されると（この段階では登記所に地籍図は送付されていないため），後発的な原因によって地籍図の修正作業が処理できなくなる土地が出現してしまうことになる。

　この場合，登記面上は，分筆，合筆等の登記がされていたとしても，地籍図は，対象地域を調査した段階の筆界のままで送付されてくることとなって，登記簿の分筆，合筆後の登記（つまりは，地積測量図）と地籍図の対応する筆界が，必然的に不一致が生じてしまうことになる。

　そこで，それらタイムラグの生じている筆界について，昭和48年度から地図整備の方策の一つとして，年度ごとに，指定を受けた登記所ごとに，地籍図修正作業要領（昭和48年8月3日民三第5927号民事局長通達，同日付け民三第5928号民事局三課長事務代理依命通知）に基づいて，送付年度が古く，未処理等とされてきた地籍図の修正作業が逐次進められてきたのである。具体的には，分筆登記等の際に既提出である地積測量図等に基づいて，地籍図上で未了となっているものの修正調書の作成作業を行い，その調書に基づいて，修正の本作業が指定を受けた登記所ごとに，実施されたのである。登記所では，これを地籍図修正作業と呼んでいた。

(3) 地図混乱地域の基準点設置作業

　旧土地台帳附属地図等の登記所備付けの地図に表示された土地の位置，区画と現況の位置，区画が著しく相違する地域を，一応，地図混乱地域と呼称している（老練な登記官は，地図が混乱しているわけではなく現地が混乱しているのであるから「現地混乱地域」と呼んでいた。）。混乱している原因となる事実等を調査分析した上で，その地域の実情に対応した是正方策が講じられなければならないのは当然のことであるが，そこに至るまでの間，その地域を管轄する登記所としては，提出予定の表示に関する登記事件の相談，受理・不受理及び苦情への対応等見過ごしできない事態に直面することになる。

　そこで，混乱地域の拡大を防止すること及び表示に関する登記事件の処理を可能とすることの2つの観点から，当面，対応するための必要最小限度の措置として，基準点設置作業が実施されることとされた。この基準点設置作業は，昭和52年度にモデル実施され，昭和54年から本格的に実施されている（昭和47年8月30日民事三発第768号民事局第三課長依命通知）。昭和52年度には，名古屋市守山区地区ほか，昭和53年度には，日野市三沢・程久保地区，大阪市西淀川区中島二丁目地区ほかに基準点設置作業が実施されている。昭和53年度には，太宰府市大字国分に設置した基準点を活用して，同市の協力下で地図整備が図られたと聞いている。

(4) 法17条（現法14条）地図の作製

　昭和43年度からは，法17条（現行法14条）地図の作製モデル作業が開始されることに

なった。モデル作業としたのは，地図整備の一環であることとともに地図を法務局の職員の手で作製することにより，表示登記に関する登記に必要な地図にかかる知識を習得するための研修として位置付けられていたためである。

3 地図に準ずる図面の規定新設

ところで，昭和52年の不動産登記事務取扱手続準則の改正によって，地図以外の図面等は，すべて同準則29条によって「地図に準ずる図面」としての位置付けがされ，閲覧制度も法定されて，何人でも閲覧できることになった。

さらに，平成5年の不登法の一部改正（平成5年4月23日法律第22号）により，昭和35年同法改正以前から登記所において保管・管理されてきた前記旧土地台帳附属地図等を，「地図に準ずる図面」として備え付ける旨の規定（旧法24条ノ3，現行法14条4項）が新設されることとなった。これは，従来から公図の名称で，事実上，登記事務処理に利活用し維持管理され，広く一般の閲覧の用に無料により供されてきたこれらの図面に，法的根拠を与えたものである。それと同時に，それまで無料とされてきた閲覧が，手数料を納付して閲覧をすることができることとなった。

次いで，情報公開法の施行に伴い不動産登記法の一部改正がなされ（平成11年5月14日法律第43号，平成13年4月1日施行），新たに地図に準ずる図面（以下「準地図」という。），地積測量図，建物図面その他図面等の写しの交付制度がスタートした。情報公開法の施行の結果として，従来は，閲覧と謄写（法17条地図を除き，トレーシングペーパーにより地図の原本から直接に筆写するもの，コインコピーが導入されてからはコピー謄写を事実上容認）しかできなかったのであるが，平成13年4月1日からは，法17条地図を含み公図についてもその写しを請求できることになった。

その後，登記所における地図管理システムの時代を経て，平成16年法律第123号による不登法の大改正，及びそれに引き続く平成17年法律第29号による筆界特定制度の導入があって，マイラー化再製後の地図情報を基礎として，デジタルデータ化が進められてきたとの経緯があるわけである。

4 「地図に準ずる図面（土地台帳附属地図）は無番地（空白地）のままになっている」との質問について

登記事務の現場では，デジタルデータ化が進められる際に，おおむね地図に準ずる図面についても，立件して，「水」，「道」の表示をしてきているものと思われる。平成11年，12年頃に本格稼働しつつあった地図管理システム稼働庁である支局・出張所においても，登記所職員の不断の努力により，多くの準地図に立件して，「水」及び「道」の表示が職権により記載されてきているというのが筆者の認識である。

5 「今からでも「道」,「水」等の表記付けが必要と考える」との質問について

　本問の対処方法として，登記官に職権活動を促すための申出を行うことができるものと思われる。その申出に基づき登記官は，職権により立件した上で，前記事実が確認できる場合は，今からでも準地図に「道」,「水」である旨の表示が可能と思われる。

　それにしても，予算的制約があったこととは言え，準地図の重要な識別情報である色分けが失われ，このコンピュータ時代に公示されていることを見聞きするにつけ，何とも悔やまれることである。

第2　法務局の公図が「更正図と改租図が混在していること」について

「法務局（徳島県）の公図は，更正図と改租図が混在している」として，具体的にその原因に言及していないが，実際のところはどうなのか？
混在している原因として何か考えられることがあれば教えてほしい。

図解

図2　改租図の表紙の実際例

「明治9年改正地面明細図」，「阿波国●●郡●●●●●名」，「収税部」池田税務署，「徳島地方法務局●●●出張所」の記載のある改租図の表紙

複数の「字」を一括して集録した改租図
太線道路により区画されたものが一字

図3　改租図の実際例

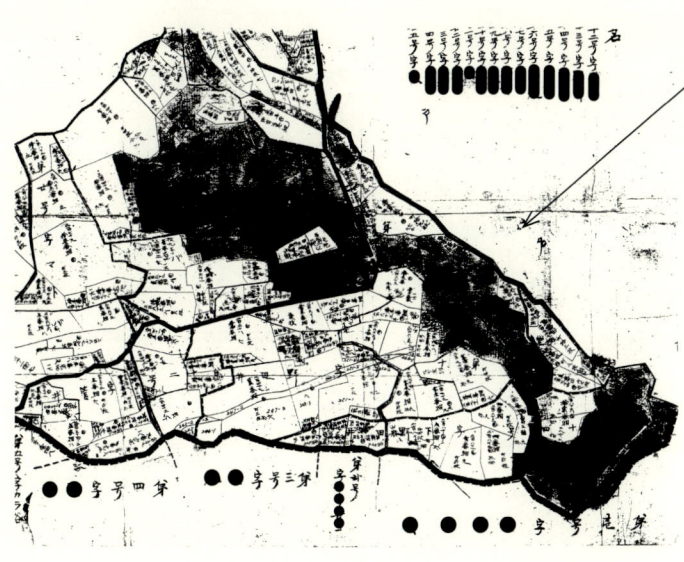

第1編　公図

更正図の表紙

図4　「那賀郡●●村之内　●●村地面明細図」,「全図」

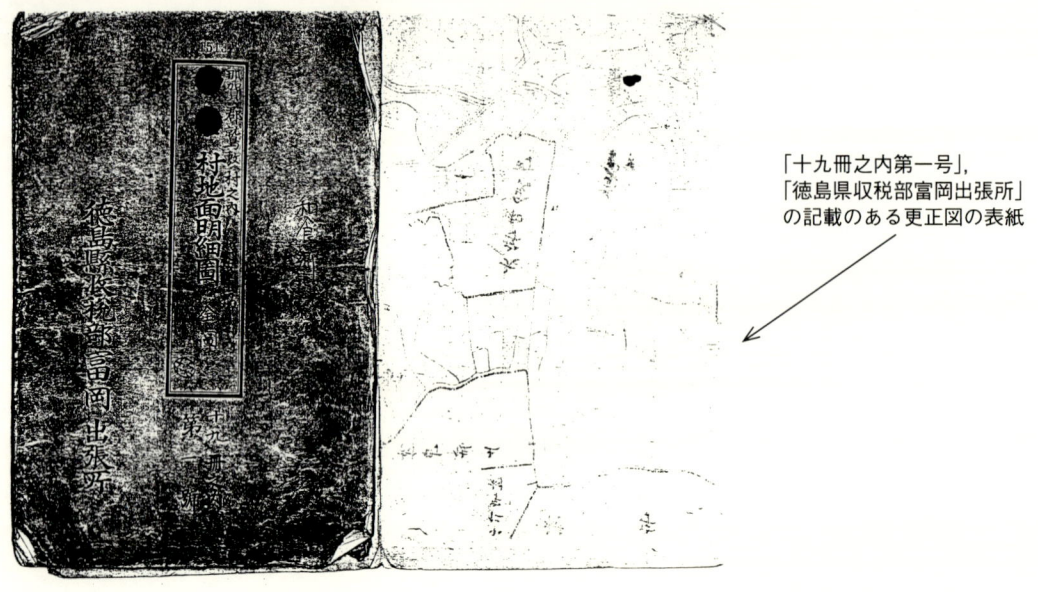

「十九冊之内第一号」,
「徳島県収税部富岡出張所」
の記載のある更正図の表紙

更正図の全図の実際例

図5　同上「大字●●村全図」と記載された更正図の全図

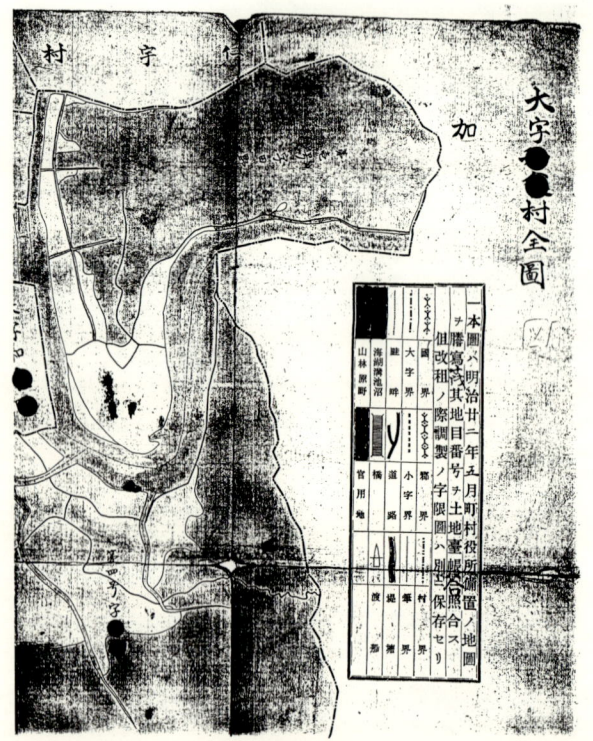

凡例左欄には「本図ハ明治廿二年五月町
村役所備置ノ地図ヲ謄写シ其地目番号ヲ土
地臺帳に照合ス　但改租ノ際調製ノ字限図
ハ別ニ保存セリ」との記載がされている。
また、製図符号色別表示凡例付きとなって
いる。

＊大字●●村第二号字●●ノ甲の地図には
　朱書きした等級文言がある。

第2　法務局の公図が「更正図と改租図が混在していること」について

 登記所におけるすべての公図を分類整理した上で，それらと市町村保管地図とを同定することによって，その解明が図られるものと考えている。

解説

1　経　緯

　法務局に保管管理されている公図（マイラー化前の旧土地台帳附属地図）について，元の税務署単位での整理を意図していたこともあって，かつての支局・出張所単位でその実態を調査し，整理してみたことがあるが，結果として「徳島地方法務局の公図は，更正図と改租図が混在している。」という事実が確認できた（現認した）ということである（図2ないし図5参照）。

　税務署から法務局に移管があったのは，移管された物理的な存在そのものである土地台帳・同附属地図等に記録されている事項ないし同附属地図の現品それ自体が対象物であって，税務署から附属地図等の移管があった以前の，税務署時代を含むそれ以前におけるこれら土地台帳・同附属地図等の取扱いとか維持管理の方法がどうであったかについては，税務署時代の法令及び各市町村誌史類の中から断片的にしか確認できていない。

　昭和25年7月31日法律第227号で土地台帳法の一部が改正され，これに伴い客観的・歴史的事実として土地台帳と同附属地図のみが登記所に移管を受けて，現在も継続的に維持・管理され，土地取引に利・活用されているということである。

　なお，改租図は，野取絵図，字図，字限図，字切図，一筆限切絵図，談合図，ダンゴ図とも呼ばれ，また，更正図は，地押調査図，分間図とも呼ばれている。一般に，双方を合わせて公図（昭和25年7月31日法務府令第87号，土地台帳施行細則2条1項では「地図（＝土地台帳附属地図）」）と総称されている。

2　予測される「混在している原因」

　「混在している原因」は，可能性を探っても資料が得られないので，解明できないままである。税務署時代以前にまで遡るのか，もともと更正図が作成されなかったのか，更正図作成まではしたものの，検査過程で何らかの理由により検査済にまで至らず中断してしまったのか，予算の制約があって中断されたものなのか，過ぎ去った今となっては，みんな夢の中である。形式的にはこういうことになるのではあるが……。

　このことについて，法務通信誌2010年9月号において，「3　徳島県における地押調査事業（地押調査の細目）(1)『地租条例制定』に伴う徳島県達と地図調製」の項の中で，若干ながら言及してきている。

第1編　公図

> 「しかしながら，現実には，登記所によっては，村図（全図）の備付けがないものが相当ある。備付けがないということは，もともと更正図が調製された市町村と，何らかの事由により調製されなかった市町村があったのではないかと推察される。この場合は，登記所には，「改租図」しか備付けがないことになる。
> 　比較訓令として，明治20年7月13日福島県訓令甲第250号を参照する。ここには，「但目下地図更正ニ着手セサル地方ト雖モ到底更正ヲ必要トスル町村ハ漸次更正ニ着手セシムベシ最モ従来地図別冊準例ノ旨趣ニ齟齬セサルモノハ更ニ調製スルヲ要セズ」との指示があるため，一定の要件を満たしている場合には，更正図の調製自体を不要とした根拠が存在する。ところが，徳島県においては，福島県訓令として掲げたような不作為文言（アンダーライン部分）自体がもともと存しないのであるから，何らかの事由により調製されなかった市町村というのは存在しないとみるのが正当ではないか，と推測できるがどうであろうか。」
>
> 　　　　　　　　　　　　　　　　（法務通信誌2010年9月号（No.710）35頁）

　上記言及の根拠として，明治20年10月14日徳島県訓令第131号において，「自今此ノ手続ニ照準シ地籍編製ノ町村ヨリ該図ヲ憑據トシテ調製スベシ且今般ノ土地臺帳調製ニ因リ一般ノ地押事業結了ノ上ハ其異動自ラ明瞭スルヲ以テ字図ニ毎地ノ地目等ノ記入ヨリ着手スベキ旨等地主一般ヘモ懇篤説示シテ調製セシムベシ」「但自今此ノ手続ニ據リ調製セシ町村ト雖モ地租改正ノ際調製セシモノハ其儘将来ニ保存シ置クヘシ」と徳島県知事が地図調製を命じていることがあげられる。

　この訓令において，地押事業の完了後における字図の各土地ごとに「地目等の記入より着手」する旨を直接命じており，また，この訓令手続に照準し調製された更正図自体に，調製結果である「其地目番号を土地臺帳に照合」（図5・「更正図の全図の実際例」参照）した事実を記録の上，凡例によって「地目等の記入」をしたことを明示する方法で実証しているのである。

　したがって，その地図に固有の色別情報，文字情報である地図凡例を理解して，更正図を広げ，各筆の土地を見れば，一目瞭然に，隣地を含めた①方位，②地番，③地目，④区画・形状が複合図書（ずしょ）として読み解けるように工夫されているのである。

　前記に記述した各地方訓令等の文言比較をしてみると，これまでに積み上げられてきた各地方における改租図調製時の精度（実態とも換言できる。）を十分に加味・考慮した上で，「町村地図調製式及更正手続（地図更正の件）」（明治20年6月20日大蔵大臣内訓第3890号）の趣旨に沿った形で，地方の実情を踏まえた更正図づくりに着手していこうとの意図が見えてくるのである。

3　地図管理の課題

　なお，徳島県収税部は，前記訓令第131号に基づき，町村役所備置の地図（すなわち地籍

地図）を謄写したものであるが，その後の地図の保管管理を経由する中で廃棄された改租図等があったかも知れない（土地台帳事務取扱要領第18の2項など）。この場合は，30年の保存期間が経過した時点で廃棄されたと推測できるのである。

　これらの事実関係を分類・整理することは，登記所における地図管理の課題の一つである。敷衍すると，市町村保管の地図についても登記所の地図と比較し分類整理するならば，このことにより地図を同定する環境が整うこととなり，徳島県における固有の地図文化の流れを確定することができるものと考えている。他県においても同様であろう。

　市町村保管の地図について，歴史的背景とその根拠を市民に対し説明できないままでは，例えば，固定資産税の徴収などの地図を踏まえた地方行政における根拠自体が危ういこととなりはしないか。地方税法の規定に基づく法務局，市町村及び土地家屋調査士会の協働作業があれば，このことは実現可能であると思われる。

　各登記所におけるすべての公図を分類整理した上で，そのものと市町村保管地図とを同定することによって，その解明が図られるものと考えている。

　なお，香川県土地家屋調査士会では，複数年次にわたり，一定地区を設定して，これら公図の総合基礎調査を実践しており，その成果を集約してきている（「旧香南町にみる香川県の公図」，「旧大川町にみる香川県の公図Ⅱ」）。

徳島県訓令第百三十一号

　　　　　　　　　　　　　　　　　　　　　　　　　　　　　郡　役　所
　　　　　　　　　　　　　　　　　　　　　　　　　　　　　町村役所

　地租改正ノ際調製セシ町村地図ハ明治十一年七月高知県徳島支庁達ニ據リ調製シタルモノト雖トモ其技術不慣熟ナル者ノ手ニ成リシモノハ概ネ一筆ノ広狭形状等実地ニ適合セス或ハ脱漏重復（ママ）又ハ位置転倒スル等不完全ヲ免レサルモノナリシトセズ加之地租改正以後十余年間頻繁地目ノ異動アルモ地図ハ改正ヲ加ヘサルガ為メニ自今ニ至リテハ頗ル錯雑ヲ極メ実地ト齟齬スルモノアリ到底地図ノ用ヲナス能ハサルヨリ已ニ客年二月乙第三十号達第九條及ビ収税部員ヲシテ地主総代人等ニ直接演説ナサシメタル次第ニシテ其用ヲ為ササルモノ及ビ曾テ調製ナキ町村ハ更正或ハ調製セザルベカラス一体地図ハ各町村ノ実況ヲ詳カナラシムルモノニシテ地租ノ調査上ハ勿論土地百般ノ徴証ニ欠クベカラサルモノトス依テ町村地図調製或ハ更正手続ヲ別冊ノ通相定メ候條自今此ノ手続ニ照準シ地籍編製ノ町村ヨリ該図ヲ憑據トシテ調製スベシ且今般ノ土地臺帳調製ニ因リ一般ノ地押事業結了ノ上ハ其異動自ラ明瞭スルヲ以テ字図ニ毎地ノ地目地等ノ記入ヨリ着手スベキ旨等地主一般ヘモ懇篤説示シテ調製セシムベシ

　但自今此ノ手続ニ據リ調製セシ町村ト雖モ地租改正ノ際調製セシモノハ其儘将来ニ保存シ置クヘシ

　明治二十年十月十四日　　　　　　　　　　　　　　　　徳島県知事　酒井　明
（別冊）
　　　　町村地図調製式及更正手続
　第一項　地図ハ明治十五年八月乙第百十九号本県達地籍編製ノ製図ヲ根據トシ左記略

第1編　公図

> 　　　法ヲ以テ調製スルモノトス
> 第二項　地図ハ村図字図ノ二種ヲ製スルモノトス村図ニハ（イ）号雛形ノ如ク毎　字ノ地形ヲ画キ字図ニハ（ロ）号雛形ノ如ク毎筆ノ地形ヲ画クモノトス
> 第三項　市街地ハ全市街ヲ数区ニ区画スルカ若クハ一町村毎ニ（ハ）号雛形ニ倣ヒ其地図ヲ調製スルモノトス

「町村地図調製式及更正手続」（抄）の文言比較

本　　訓　　令；明治20年10月14日徳島県訓令第131号

比較訓令［①］；明治20年7月13日福島県訓令甲第250号

比較内訓［②］；明治20年8月15日愛媛県機第2号

（注）　下記文言中，**ゴシック体（太字）**は，上記①②の各県訓令・内訓の文言と異なる表現部分を表示した。⌐の表示は，上記①②の各県訓令・内訓に対応する文言を表示し，本訓令の文言と似て非なる文言の比較が容易となるよう工夫した。

地租改正ノ際**調製**セシ町村地図ハ**明治十一年七月高知県徳島支庁達ニ據リ調製シタ**
　　　　　⌐［①整正②調整］　　　⌐［②各町村ノ便宜ニ任セ①一定ノ式ナク且］
ルモノト雖モ其技術不慣熟ナル**者**ノ手ニ成リシモノハ概ネ一筆ノ廣狭形状等實地ニ適
　　　　　　　　　　　⌐［①②人民ノ手ニ成リシモノナルカ故ニ］
合セス或ハ脱漏重復（ママ）又ハ位置転倒スル等不完全ヲ免レサルモノナリシトセス
　　　　　⌐［②複］　　　　　　　　　　　　　　　　　　　⌐［①②多キニ居ル］
加之地租改正以後十餘年間頻繁地目ノ異動アルモ地図ハ改正ヲ加ヘサルガ為メニ自今

ニ至リテハ頗ル錯雑ヲ極メ實地ト齟齬スルモノアリ到底地図ノ用ヲナス能ハサルヨリ
　　　　　　　　　　　　　　　　　　　　⌐［②夥多ニシテ］
已ニ客年二月乙第三十号達第九條及ビ収税部員ヲシテ地主惣代人等ニ直接演説ナサシ
　⌐［①②往々地図更正ニ着手ノ町村アリ］
メタル次第ニシテ其用ヲ為サザルモノ及ビ曾テ調製ナキ町村ハ更正或ハ調製セザルベ

カラズ一体地図ハ各町村ノ實況ヲ詳カナラシムルモノニシテ地租ノ調査上ハ勿論土地

百般ノ徴証ニ欠クベカラザルモノトス

依テ町村地図調製或ハ更正手続ヲ別冊ノ通相定メ候條
　⌐［①②依テハ今後地図ヲ更正スルモノハ別冊準例ニ憑拠］──［①セシムベシ］
　　　　　　　　　　　　　　　　　　　　　　　　　　　　　［②スヘキ旨云々］

第2 法務局の公図が「更正図と改租図が混在していること」について

自今此ノ手続ニ照準シ地籍編製ノ町村ヨリ該図ヲ憑據トシテ調製スベシ且今般ノ土地臺帳調製ニ因リ一般ノ地押事業結了ノ上ハ其異動自ラ明瞭スルヲ以テ字図ニ毎地ノ地目地等ノ記入ヨリ着手スベキ旨等地主一般ヘモ懇篤説示シテ調製セシムベシ

但自今此ノ手続ニ據リ調製セシ町村ト雖モ地租改正ノ際調製セシモノハ其儘将来ニ保存シ置クヘシ

[①②但目下地図更正ニ着手セサル①地方 [②町村] ト雖モ到底更正ヲ必要トスル町村ハ漸次更正ニ着手セシムベシ最モ従来地図別冊準例ノ旨趣ニ齟齬セサルモノハ調整スルヲ要セズ
[②着手スルヲ要ス尤 以下同一文言)]　　　　　　　[③調製]

町村地図調製式及更正手続

第一項　**地図ハ明治十五年八月乙第百十九号本県達地籍編製ノ製図ヲ根據トシ左　記略法ヲ以テ調製スルモノトス**

[①②地図ヲ調製スルニハ別紙町村製図略法ニ拠ルモノトス但シ従来ノ分間法等ニ拠ルモ便宜タルヘシ]

第二項　地図ハ村図字図ノ二種ヲ製スルモノトス村図ニハ（イ）号雛形ノ如ク毎字ノ地形ヲ画キ字図ニハ（ロ）号雛形ノ如ク毎筆ノ地形ヲ画クモノトス

第三項　市街地ハ全市街ヲ数区ニ区画スルカ若クハ一町毎ニ（ハ）号雛形ニ倣ヒ其地図ヲ調製スルモノトス

第四項　地図ハ（イ・ロ・ハ）号雛形ニ依リ其符号書式ニ従ヒ調製スルモノトス

第五項　町村図ハ五間ヲ以テ曲尺一分（即チ三千分ノ一）トシ字図ハ一間ヲ以テ曲尺一分（即チ六百分ノ一）トス

第六項　地図ノ用紙ハ美濃紙ヲ用ヒ裏打ヲ為スモノトス

以下省略

13

第1編 公　図

第3　更正図について

Q3　法務局に更正図がある地域は，市町村にも更正図の副本が存在すると考えられるのではないか？

図解　図6と図8は，ともに和紙で調製された地図であり，判然区別し難い程度に，同形の更正図であると同定できる。

図6　和紙により調製された旧更正図（登記所保管）の実例

図7　上記更正図をマイラー化した実例

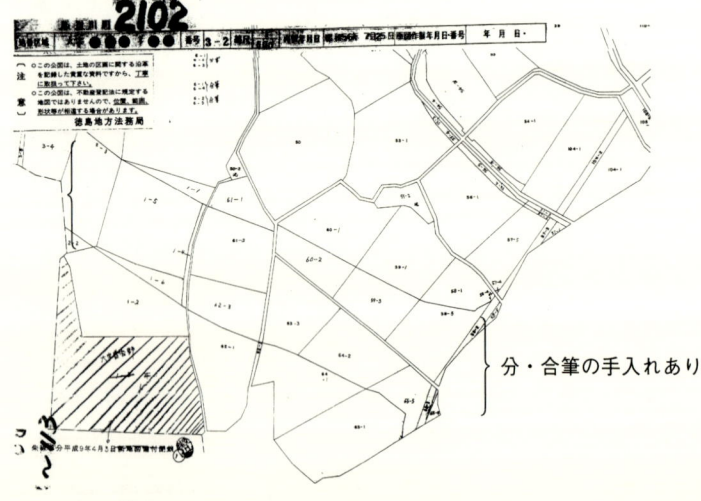

分・合筆の手入れあり

14

第3　更正図について

図8　和紙により調製された旧地籍地図（市町村保管）の実例

 　各市町村において，公開されているかどうかは別として，課税の基礎資料であることから，存在するものと考えられる。

解説

1 | 更正図の作成時期

　明治17年3月15日太政官布告第7号による地租条例を発端として，大蔵省主導により全国規模で，「地押調査（納税地と納税者の再点検）」が行われ，土地台帳，更正図は，その成果品として取りまとめられ，おおよそ明治20年から明治23年頃にかけて作成された。

2 | 地租条例とそれに伴う関係法令の施行

　地租条例では，地目を有租地（宅地，田畑等の第一類及び山林，原野等の第二類に細分）と免租地に区分，地目変換（有租地中の各地目を変換）や開墾（二類地を一類地に変更）等の届出，土地丈量の方法，地価の定め方及び地租率（地価の2分5厘）の内容が規定された。
　地租条例の制定に伴う各関係法令として，地租条例取扱心得書（明治17年4月5日大蔵省達号外）が発出されている。この心得書は，地目の種類，丈量検査の方法，地租検査手続，地図の整備方法等の地租条例の施行に関する取扱手続の詳細を定めたものである。
　その後において，実地検査を実施する際の点検の要領である実地検査手続（明治17年9月27日大蔵省達主秘第37号）が定められ，全国統一が図られることになった。

15

第1編　公　図

3 土地台帳及び同附属地図の備付け

　明治17年12月16日大蔵省達第89号により「地租ニ関スル諸帳簿様式」が定められ，次のとおり全国統一様式で土地台帳及び公図等が備え付けられることになった。

① 府県庁には，地租台帳，更正図（正本），改租図（正本）
② 郡区役所には，地租台帳，地券台帳（地租改正による備付分）
③ 戸長役場には，土地台帳，更正図（副本），改租図（副本）

　このように，府県庁には，更正図（正本），改租図（正本）が土地台帳附属地図として備え付けられ，郡区役所には，地租改正事業の成果として調製された地券台帳が土地の公証制度として引き続き備え付けられた。

　更正図（正本）は，府県庁（担当者）の点検・検査により作成されているので，改租図の場合とは異なり，通常の方法では地元の有力者がこの副本を保管することはないものと思われる。

　また，戸長役場には，新規に土地台帳が備え付けられることになった。

　土地台帳は，本来，明治政府にとっては地租を徴収する基礎となり，土地所有者にとっては自己の不動産を銘記する根拠となるもの（【01】明治21年月日不詳主税局長講演）であるが，地租改正後の年数が経過し，その間の無願開墾，無届地目変換等の形質の変動により，現地の実態と地券台帳とが不一致となり，地租改正事業の成果として調製された地券台帳をそのまま転写してその副本を調製するのみでは，現況と符合しない状態が多くなっていた。このことから，早急に地押調査をし，その結果を反映した上で土地台帳を調製する必要があったのである。土地台帳は，土地の沿革，反別及び地価地租等を明らかにする上での基礎となるものであるからである（「地図更正ノ件」（明治20年6月20日大蔵大臣内訓第3890号）では「土地百般ノ徴証ニ欠クヘカラサルモノ」と表記している）。

【01】明治21年月日不詳主税局長講演（明治前期財政経済史料集成7巻405頁）
　「今般各地方に地押調査を挙行せしむる所以は，明治17年当省第89号達を以て地租に関する諸帳簿の調製式を定め其土地台帳なるものは，政府にとりては地租を課する元本となり，また，土地所有者にとりては自家不動産を明記せる正体となる故に，右土地台帳を調製するに当り唯唯従来の帳簿を謄写する如きことあらば旧帳の不完備なるより誤て後来に伝ふるの虞なしとせざれば，其調製に先立ち深く注意を与ふへきは欠くへからさる事なりとす，これ地押調査を為さしめんと欲せし発端云々」

　上記の必要性を受け，明治20年頃から明治22年頃までに地押調査が行われた上で，戸長役場には，土地台帳附属地図の副本として更正図（副本），改租図（副本）が調製された。国税徴収（すなわち課税）は，戸長役場が担っていたので，その補助事務処理に必要で

あったための措置である。

このことは，明治22年6月20日大蔵省訓令第44号において，明治17年12月16日大蔵省達第89号「地租ニ関スル諸帳簿様式」が引用され，収税部出張所において，継続管理させていることからも明らかである。

4 土地台帳の新調

明治21年4月25日法律第1号により市制・町村制が制定（明治22年4月施行）され，戸長役場は，市町村役場とその名称が変更されることとなった。

この年に国税徴収法が施行され，郡区役所においてされていた地租の賦課事務は，県庁で行われることになった。なお，徴収事務は，市町村役場に事務委任された。

その上で，明治22年3月22日勅令第39号により「土地台帳規則」が公布され，「土地台帳は地租に関する事項を登録」（同規則1条）することとなり，市の土地台帳は府県庁において，町村の土地台帳は島庁郡役所において，それぞれ備え付けられ（同規則2条）事務が取り扱われることとなった。

この規則1条で定められた土地台帳は，一度は，「勅令第39号土地台帳は従前の地券台帳を整理修補し之に充つべし」（明治22年3月26日大蔵省訓令第11号）とされた。すなわち，従来の地券台帳を整備修補し，これに充てるものとされたのであるが，その2か月後にはこれを改め，「従前の地券台帳は多く改租の際調製に係り様式等も一定せず頗る錯雑其手数容易ならざるのみならず之を修補するも多年の使用に堪えざるを以て此際新調すべきことに内定相成候」（明治22年5月25日大蔵省主税局長通知）こととされた。

この通知を端緒として，整備を図り，その3か月後には様式（図26参照）が定められ（明治22年7月1日大蔵省訓令第49号），土地台帳が順次新調されることとなった。

新調されたこの土地台帳は，明治17年12月16日大蔵省達第89号により「地租に関する諸帳簿様式」が定められた土地台帳（前述3参照）を台本としているものの，同土地台帳を代用したものではなく，明治22年7月1日大蔵省訓令第49号により漸次新調されたものであって，今日の登記所に保管されている旧土地台帳（土地台帳様式中最初のもの）である。

敷衍すると，新調されたこの土地台帳は，これ以降も法改正を経由したのであるが，土地台帳として改めて新調されることはなく，いずれの改正においても改正後の土地台帳とみなされることになる。その意味において現在登記所に保管されている土地台帳中最古のものということができる。

このようにして，府県庁の土地台帳は，明治25年までに戸長役場（市町村役場）の土地台帳を台本として新調された結果，このときに地券台帳は廃止された（地券制度そのものは，明治22年3月22日法律第13号により廃止されている。）。

5 県庁（収税署）から税務署への引継ぎ ～土地台帳(正本)，同附属地図(正本)～

　明治35年10月31日勅令第242号によって「税務署官制」が制定されたことに伴い，県庁（府県の収税署）から国税賦課事務を行う税務署に土地台帳（正本），同附属地図（正本）が引き継がれることになった。

　なお，国税徴収の補助事務用として，更正図副本，改租図の副本は，引き続き市町村役場において継続し使用することとされた。

6 市町村における土地台帳副本の備付

　昭和22年3月31日法律第30号により「土地台帳法」が公布（昭和22年4月1日施行）され，地租法による土地台帳は，土地台帳法による土地台帳とみなされた（同法附則2条）。

　また，「土地台帳法施行規則」（昭和22年3月31日勅令第113号）によって，市町村は，土地台帳の副本を備えること（同規則10条）とされ，同法施行規則による土地台帳の副本は，同法施行規則附則2条により土地台帳の副本とみなされた。

　なお，土地台帳法による土地台帳（正本），同附属地図（正本）は，引き続き税務署が登録管理することと定められた（同法5条）。賃貸価格の調査及び決定を行うためである（同法10条以下）。

7 税務署から法務局に移管 ～土地台帳（正本），同附属地図（正本）～

　昭和24年のシャープ勧告を受けての税制改革により，これまで府県税であった地租法による地租が廃止され，新たに固定資産税制度が採用されることになった。

　これを受けて，昭和25年7月31日法律第227号によって土地台帳法等の一部が改正され，土地台帳正本及び同附属地図正本が税務署から（地方）法務局に移管された。課税台帳であった土地台帳が不要となったためであるが，法務局に移管されたことに伴い，土地の客観的状況を明確に公証することを目的とする公簿である地籍簿的な土地台帳へと性格の一大転換が図られる転機となったことは大いに評価すべきであろう。

　なお，市町村役場の土地台帳副本，課税用としての更正図，改租図の副本は，継続使用することとされた。

8 併用申告制度の創設

　土地台帳（正本）及び同附属地図（正本）が税務署から（地方）法務局に移管された後も，土地台帳と土地登記簿の二元的な帳簿簿冊であったことから，申告と申請という二つの制度は，分かれたまま並列的に処理されていた。

　このことから，併用申告制度が設けられた（旧不登法80条ノ2第1項）。この併用申告制

度は，2つに分かれている台帳申告と登記申請を，申告と同時に登録税を納付した場合に限り，登記申請があったものとみなすものであった。両制度の橋渡しを意図する端緒となる方策であったものの，両制度を根本的に解決する抜本的なものではなかった。

9　表示登記制度の創設

そこで，昭和35年3月31日法律第14号により不登法の一部が改正され，土地台帳法（及び家屋台帳法）という制度そのものを廃止し，権利の客体である不動産そのものの登記（以下「表示登記」という。）も登記制度の中で行うこととされたのである。

この法改正がされるまでの登記制度は，民法177条を具現化し，不動産の物権変動を公示するための制度として機能してきたものの，権利の客体である不動産そのものは，土地台帳の登録によっていたのである。つまり，土地台帳法に基づく台帳登録事務と不登法に基づく登記事務を二元的に取り扱っていた登記所における両方の事務が，この不登法の一部を改正する法律によって，台帳制度と登記制度の統合，つまりは両制度の一元化が図られたということである。

10　公図における法律上の根拠の消長

土地台帳制度が昭和35年3月31日法律第14号による不登法の一部改正に伴い廃止されたため（同法2条），土地台帳附属地図も一旦は法律上の根拠を失った。

しかし，登記所には法17条地図が整備されていないため，その地図が整備されるまでの間の便宜的措置として，土地台帳法施行細則（昭和25年7月31日法務府令第88号）2条の規定によって登記所に備え付けられた旧土地台帳附属地図を，法改正以前どおり継続して利用することとした。

このような暫定的措置が講じられた旧土地台帳附属地図に，土地の分合筆等の異動に伴う所要の修正を加え，閲覧の方法により公開されながら昭和52年に至り，昭和52年10月1日の不動産登記事務取扱手続準則の一部改正によって，地図以外の図面等は，すべて同準則29条の規定により「地図に準ずる図面」としての位置付けがなされることになった。

さらに，平成5年4月23日法律第22号による不登法の一部改正により「地図に準ずる図面」（旧法24条ノ3）に関する規定が新設され，登記所に法17条（現行法14条）地図が備え付けられるまでの間，それに代えて「地図に準ずる図面」が備え付けられることとなった。

11　本問の結論

以上のような歴史的な経緯・変遷を経て，市町村における土地台帳（副本），更正図・改租図の副本は，市町村役場において課税用として継続利用されてきたものと考えられるので，更正図，改租図の副本としての位置付けで，法務局からの通知（地方税法381条，

382条）に基づきその維持・管理が適切にできているとした場合には，正本に対応する副本が確実に存在することになる。

したがって，各市町村において，公開されているかどうかは別として，課税の基礎資料であることに疑問の余地はないのであるから，存在するものと考えられる。

これらは，多くの登記所において，「地図に準ずる図面」等の訂正ないし筆界特定制度利用の際の有効な資料として，現に機能し活用されている。

Coffee Break

―なぜ公図上，道路は赤で着色されているのか―

明治8年7月8日地租改正事務局において議定された「地所処分仮規則」があって，その8条に下記の規定が定められており，「分明に色分けすべき」とされた。このことを根拠として，改租図において里道は赤く塗られ，それが更正図上にも引き継がれたのである。

この文言は，一見，論理的に筋が通っている説明のように見受けられるが，実は，不正確な表現である。この8条の規定は，必ずしも「里道は赤」であると直截的に断定できる根拠とはなっていない。

「分明に色分けすべき」と概括的に規定されたのではあるが，そのことから派生してくる次のステップとして，それぞれの様々な種類に分類されている地目と，その地目に対応させるための具体的な色彩との関係（特定）がどのようになったのかについては，いまだ明確化されてはいないのである。「道路は赤で，水路は青」と決定したのは誰であろうか。

　　　　　明治8年7月8日地所処分仮規則（抄）
　第一章　処分方綱領
第七条　渾テ官有地ト治定セル地所払下又ハ貸渡等ノ儀ハ内務省ノ処分ニ帰シ本局ノ権限
　　　外ト心得ヘキコト
第八条　渾テ官有地ト定ムル地処ハ地引絵図中ヘ分明ニ色分ケスヘキコト

第4 耕地整理の行われている公図について

 次の図9のように，耕地整理事業で作成された公図（農地部分）とそれ以外の部分の図10が別々に存在する。これらの公図は，同じ地番区域にあって，公図ごとに別地番が付されているのであるが，どのような経緯でこのようなことになったと考えられるのか？

図解

図9　耕地整理事業で作成された公図

図10　耕地整理事業以外の部分の公図

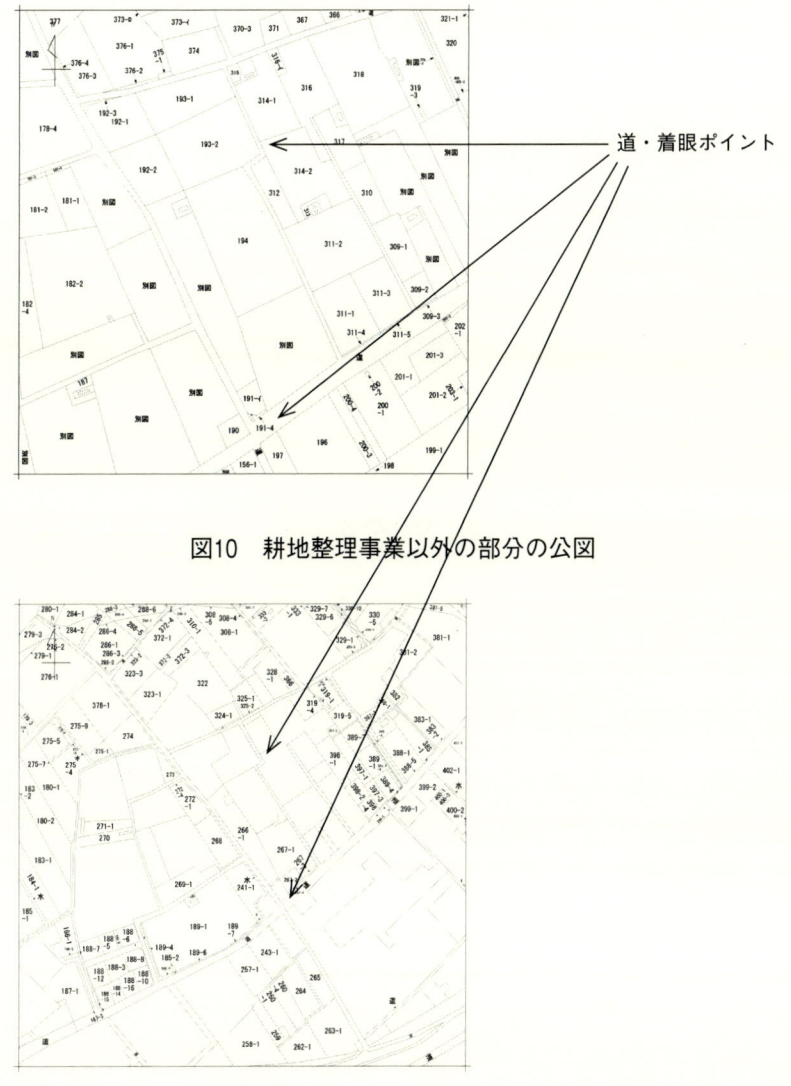

第1編　公図

　登記所では耕地整理に係る地区内の確定図と地区外の地図等の双方を併存し公示している。なお，地番配列の一覧性を向上させるためとの合理的な理由があったとしても，作成の時期，方法及び性格の異なる双方の地図等を合図することは，不登法上は予定していない。

解説

1　耕地整理確定図について

本問の図9は，明治42年4月13日法律第30号の耕地整理法，同法施行規則17条ノ2の規定による確定図であると思われる。これは，農業基盤整備事業として発足したものであり，土地の交換分合，開墾，その他区画形質の変更とともに，堤塘，排水，通路等が整備され，その成果として作製されたものである。同法では，測量に関する規定は見当たらないが，当時の測量は，既に平板測量が一般的であったので，それにより作製されたものと考えられる。

この確定図は，農地の換地処分によって区画形質の変更が行われた後の土地を測量して作製されたものであることから，変更後の土地の位置，形状，配列は，かなりの精度で現地を表現しているものと評価できる。該当する従前の公図には耕地整理によって閉鎖した旨及びその年月日が記載されているのではないかと推察される。

換地処分によって区画形質の変更が行われた場合には，土地の交換分合が行われ整備されることとなる。

2　地区内と地区外の地図等の双方を公示

その際に，耕地整理事業という固有性から，耕地整理に係る地区内であることを地図上において区別し明認しておく必要があった。また，事業実績の登記事項への反映ないし報告上の実際の必要性から，地区外における既存の地番との競合を回避する必要があった。このため，耕地整理確定図の付番方法としては，原則として別地番とすることが一般的であったかと思われる。加えて，耕地整理事業の規模及び確定図作成の時期に応じて，その確定図には固有の精度なり縮尺等の表示があるものと考えられる（その公図が再製されている場合には再製前の公図により確認できる。）。

以上のような経緯から，登記所では耕地整理に係る地区内の確定図と地区外の地図等の双方を併存し公示している。なお，地番配列の一覧性を向上させるためとの合理的な理由があったとしても，作成の時期，方法及び性格の異なる双方の地図等を合図することは，不登法上は予定していない。

3 地番区域の概念 〜特定の重要性と必要性の観点〜

　地番は，登記官が地番区域ごとに起番し定める土地の番号であり（不登法35条，不登規則98条1項），地目，地積とともに土地を特定するための要素である。地番は，土地の位置が分かりやすいものとなるように定めるもの（不登規則98条2項）とされている。

　地番の付番は，登記官の専権に属している。地番を付番する場合，1筆の土地を1単位として，その地番配列は，順番に，確実に連続し追い定める方法により（途中で途切れることのないように）連鎖性を保持させるとの原則に従って付号している。地番区域のその当時における中核地を1番とした時計回りで円周周辺地域方向に長蛇型の付番方式とか地番区域の主要幹線沿道型の付番方式，また東西リターン型付番方式など地域の特性を取り入れた付番方式がある。新たに付番する必要がある場合は，当該地番区域における最終地番の次の地番から起番する（不登準則67条1項3号）こととしている。

　このようにして付番された地番区域において，前記のような耕地整理によって換地処分が実施されると，耕地整理事業の範囲内の地区であって，かつ，農地についてのみ新たに地図が調製されることになるため，このような後発的な原因によって，あたかも二枚の公図が存在するように呈してしまうことにならざるを得なくなる。そこで，現在の実務の処理方法としては，換地処分後の確定図と当該公図の重複記載を回避する措置として，換地処分前の公図の該当箇所には朱書きにより平行斜線等を施すのが通例である。

第2編　筆界特定

第5　土地の境界に関する基礎知識−1

Q5 境界とか筆界とか言われているものの正体について教えてください。

Q6 また，境界に関する訴訟である所有権確認訴訟，境界確定訴訟及び筆界特定制度についても併せて説明してください。

図解

図11−1　境界（筆界）とは何か　〜その正体Ⅰ〜

境　界	一定範囲の土地の周囲を人為的に区画した線（土地と土地との境目を示すための確かな目印）
筆　界	既登記土地と既登記土地の境界（線）のこと（境界のことを登記制度（面）から名付けたもの）

A5　公法上の境界（筆界）の成り立ちは，2種類に分類できる。

　1つは，明治6年から明治14年までの間に土地調査が行われ，そこで土地の区画がなされ，1筆の土地ごとに地番が付されたが，その際に引かれた土地を区分する線である。固有の筆界とか原始筆界と呼ばれている。

　今1つは，その後，その土地についての分筆によって（登記官によって）新たに公法上の境界が形成された線，また，合筆によって，公法上の境界が消滅したことに伴い，その合筆により消滅の影響を受けなかった線である。

A6　所有権が及ぶ土地の範囲を解決する訴訟を，所有権確認訴訟といい，隣接する土地の境界が事実上不明なため争いがある場合に，裁判によって新たにその境界の確定を求める訴えを境界確定訴訟と呼んでいる。

　また，筆界特定制度とは，筆界が不明となっている場合に，所有者等からの申請を受けて，裁判より簡易・迅速に，法務局の筆界特定登記官が必要な調査を行い，筆界調査委員（外部専門家）の意見を踏まえた上で，専門的知見に基づき現

地における筆界の位置について筆界特定登記官の公的判断である筆界特定書を作成することによって筆界を明らかにする制度である。

解説

1 境界（筆界）とは何か ～その正体は～

(1) 境界の意義

土地の境界線自体は目に見えない。何らかの手段で土地の境界をはっきりビジュアルにしておかないと，隣接地との生活関係とか土地の取引（賃貸借とか売買）等で土地を特定する場合に困難が伴うことになる。そこで，確かな目印が必要となってくるわけである。

土地と土地との境目を示すための確かな目印，一定範囲の土地の周囲を人為的に区画した線を境界という。目印自体を民法では，「境界標」（民223条）と呼んでいる。境とは「区域，範囲」のことであり，また，界とは「ある限られた範囲」を指すことから，双方ともで，境目までの一定の広がりということになろうか。

この境界（線）のことを登記制度（面）から名付けると筆界ということになる。

この筆界に囲まれた区画は，一区画ごとに「地番」という名前が付けられた。明治版，全国の土地の総背番号制と言い換えてもいいものだと思うが，どうであろうか。

そこで，改めて「筆界」とは何かということであるが，土地の筆界というのは，登記されている土地（既登記）と登記されている土地（既登記）の境界（線）のことをいう。つまり，筆界とは，地番と地番の境のことであるということになる。

この筆界というのは，明治前中期において，取引のためにではなく，税金の徴収のために，国が公法的（統治・権力関係を決めた法のこと。相対する概念は，個人の権利・義務などを規定した私法）に個々の土地の利用ごとに筆界を決め，1筆ごとにその所有者を決めていったというプロセスがあった。このことは，筆界というのは，公法上の境界だということを意味するということになる。

(2) 筆界のルーツ

では，原始の境界はいつ，どのようにして創設され決まったのであろうか。

筆界のルーツ（原始筆界）は，それを明治前期に実施された地租改正作業にまで遡及すれば求めることができる。

明治新政府の最初の課題は，財政的基盤の確立にあった。江戸時代の年貢という物納制度ではなく，地価を基準にして定率で課税し金納制度に転換しようとの方針を立てた（明治政府版プロジェクトX）のである。一大変革であった。その目的を達成するためには，正確性はさておき，全国の土地を確実に把握し，一筆の土地に対して一人の所有者

の所有（排他的な支配）に転換することが必要であった。このような，地租徴収のための法的手続を整備する作業を「地租改正作業」と呼んだ。

このことを具体化（具現化）するために，明治政府は，地価に着目して，全国の宅地，耕地，山林につき地価を基準として地租を徴収する方針（プラン）を立て，そのために土地所有権を認めて，そこで認定された所有者を納税義務者とし，地券を交付して徴収することとした（明治6年の地方官会議）のである。

地租改正は，全国の宅地，耕地，山林を「地押丈量」（つまりは，土地の調査，測量）して（ドウ），所有者を確定するとともに，課税の対象となる地価を確定して，これらの土地情報を登録した土地台帳を調製し，この土地台帳に登載された地価を基礎として地租を徴収する制度である。

その地租改正作業の際に，民有地に土地が並んだ順番に従って付番して地主や村の総代人らを立会いさせて，地目，反別，地主の氏名等を，各土地ごとに検地帳などと照合しながら調査してゆき（これを「地押丈量」という。），さらに，政府（改租担当官）が現地に行って，これを検査する（チェック）という方法で土地所有を認定した。その上で，税金の取立て（アクション）を毎年実施し，明治政府の財源としたのである。

その後に，改租図（地租改正作業の際に作成された地図，香川県では「切繪図」と呼ばれている。）に地番の境として筆界が記入されるプロセスがあって，所有権が認められた土地は，それを地券に登載し公証したのであるが，原始の境界は，このプロセスを踏んで創設されたものとされている。

所有権が認められた土地には，地租改正条例による地券が交付された。この地券がいわゆる改正地券である。本地券には地価が記載され，この地価は課税価格としての機能を有していた。

(3) 作成時期

この地租改正事業はおおむね明治6年から明治14年頃にかけて行われた。

このようにして「公図」は，おおよそ明治9年から明治14年までの間に，地租改正条例に基づく事業の際，地租徴収の対象となった民所有の土地の範囲，区域を明確にするための基礎資料として作成されたもの（一般に「改租図，字図，字切図，字限図，野取絵図，地引絵図，談合図」等と呼ばれている。）であって，これが現在の公図の原型となった。原始の筆界は，そこで形成されたものということができる。この当時の香川県における地租改正事業は，次のように総括されている。

> 「この香川県においては，明治9年4月に始まった地租改正事業は，同年8月の愛媛県併合以降は愛媛県讃岐国改租事業として継続され，郡村耕宅地改租は11年12月，市街地および塩田の改租は明治13年2月，林野の改租は明治14年11月にそれぞれ完了した。

第2編　筆界特定

> 測量技術が未熟であった当時に作成されたものであることから，中には団子絵図的なものもあり，一筆の土地の形状が現地と適合しない不正確なものも多かった。」（香川県史5巻・近代Ⅰ通史編346頁）

　当時に作成された改租図のチェック体制は，先ほどの説明では「政府（改租担当官）が現地に行って，これを検査する。」というふうにさらっと流した言い方で済ませてしまったが，香川県における実際はどうであったのであろうか。これについては，明治15年2月，松方正義から三条実美あて「地租改正報告書」が残っており，その中の，「第十三款　各府県地租改正紀要」という項目に，讃岐国（香川県）の「②　市街地ノ調査」という項目があって「丈量ハ多ク三斜法ヲ用ヒ或ハ分間略器ヲ使用セシモノアリ其家屋櫛比（しっぴ）シ境界錯雑ナル地ハ先ツ其一町（※ここでは街区の意）ノ総積ヲ量リ然後毎宅地ヲ丈量シ此合計ヲ以テ向キノ総積ト照合シテ差違ナカラシム官吏検査ノ程度ハ一町コトニ十筆以上三四十筆トス」との評価基準により，検査（つまりは監督）されたと記録されている。幾筆かを抽出してのチェック体制だったわけで，全部の土地の検査を済ませていたわけではなかったのである。確実に検査・確認されていたのであれば，「縄伸び」と呼ばれる現象の「確認」も一定程度はできていたはずである。

　なお，市街地は，地価が高いため，①町の周囲を測量の後に，②各土地を1筆ごとに実測し，①と②の面積が合致しているかが求められていた。山林及び原野についても同様の方法で丈量することとされたが，容易に地押丈量が困難な土地については，おおよその測量方法で丈量されたところもある模様である。

　私見であるが，改租図作成の目的は，あくまで，課税であるから，一定程度の位置・形状（の外観）つまりは，大まかな特定のみで課税上は事足りたとの別の評価も成り立つのではないかと思われるのである。

(4) **精度の向上策**

　そこで，さらに正確を期すため，明治政府は，おおよそ明治18年から明治22年までの間に，町村に実地で再測させ，作成・補正させた。一般に，これは「更正図，地押調査図」等と呼ばれている。

　更正図は，明治の中期（「地図更正ノ件」明治20年6月20日大蔵大臣内訓第3890号）に改租図（香川県では，いわゆる「切繪図」）をさらに正確にするために作成された。つまり，改租図を地押調査（一筆地調査）する更正作業によって作成された図面が更正図である。更正図の多くは，1／600の縮尺で調製されている。

　地租改正の際，地押丈量の成果として調製された改租図は，「各地方の便宜に任せ，技術不熟練なる人民の手になりしものなるが故に概ね一筆の広狭状況等実地に適合せず。或いは脱漏重複，又は位置を転倒する等，不完備を免かれざるもの多きに居る。かの地

租改正以後十余年間頻繁地目の異動あるも，地図は改正を加えざるが為めに，目今に至りては頗る錯雑を極め実地と齟齬するもの夥多にして」「地図更正に着手の地方もあり。」「よって，今後地図を更正するものは別冊準例に憑拠するものとす」として大蔵大臣から「地図更正の件」という内訓が発せられた。

現在の公図の雛形（様式）を最終的に決定付けた意義のある内訓である。

この当時の香川県における地押調査は，次のように総括されている。

> 「香川県においては，改租事業は迅速に成就した反面，土地測量が不正確であったり脱落地が存在するなど，なお多くの不備欠陥を含んでいた。これを是正し，また改租後の無願開墾地や無届地目変換などを点検するため，明治18年から3年の歳月をかけて，地押調査が再度行われている。第二次地租改正とも呼ばれたこの地押調査は地租改正仕上げの事業であった。」（香川県史5巻・近代Ⅰ通史編348頁）

(5) 登記所の地図の原図

これら改租図あるいは更正図（香川県では「全図」と呼ばれている。）を基礎としているのが登記所にある公図である。

香川県内の法務局（登記所）で保管されている公図の多くは，改租図を基にその後10年ぐらい経過して更正していった更正図（「全図」）であろうと筆者は経験則からそのように認識している。つまり，これら公図そのものが，現在でも各地番，里道，水路等の筆界を表示しているということになる。

このようにルーツを尋ねていくと，おおよそ筆界の概念は，地租改正作業あるいは地押調査，その後の不動産登記法にその源を見い出すことができ，今日的には，国（の機関）により設定された線であるということになる。つまるところ，そもそも公図は，土地を保有していた者に税金を課税し徴収するところの地租と不動産登記（旧登記法・明治19年）が密接に関連しながら作成されており，明治前中期において，国が公法的にその筆界を決めていったという歴史的な経緯があるということである。

したがって，公図及び土地台帳が，土地の筆界の確認では，（訴訟でも）重要な証拠資料ないし基礎データになるわけである。

このことから，結論的にいうならば，私人間同士で任意に境界を設定したとしても，公法上の境界であるところの筆界は移動しない。筆界を移動させるには，分合筆という登記手続が必要となる。この手続のことは，表示登記の知識を持つ登記官とか筆界を調査確認し，測量を行う国家資格を持った土地家屋調査士がこの道のオーソリティということになる。

2 公法上の境界と私法上の境界

(1) 境界のアウトライン ～まつわる世間の感覚～

　境界についての一般市民の常識・感覚とこれから説明するところの境界とは相当に異なる点があるので，注意すべきである。相当というのは，「証人と保証人の違い」くらい違うと覚悟してもらいたい。

　まず，市民一般の目から見てみると，大多数の方が次のように境界というものを把握しているものと思われる。

　境界というのは自分の心のおもむくままに（自分の意思のままに）どのようにでも自由に処分ができる所有権の範囲であって，これを画するものが境界というのが大方の感覚・認識ではないかと思われる。あたかも，土地と見立てた大根をエイ，ヤア，スパッと切り分けた切った切り口のように。

　境界に関するよくある相談を類型化すると，「現実に，私が購入した土地は杭を打ったここのこの場所までだ。」とか，ご自身で書かれたフリーハンドの図を持参され，「私の地所の権利はここまであるのに，隣地の人が，勝手に……」などの主張を相談担当者に訴える方がおられる。このことに対し，法務局（登記所）の相談員は，「あなたが言われている権利というのは，所有権の範囲の確認のことではないですか。」と聞き直し，再確認するケースが度々ある。こんな相談経験から，①良い言葉でいうと，一般市民は，問題を抱えた土地についての境界確定と所有権の確認ということを，明確に区分して考えていないのではないか，②悪い言葉でいうと，境界確定と所有権の確認ということが，ごちゃ混ぜ（混然一体）となっていると認識することになるわけである。

　そこで，筆界と所有権界が異なることを明らかにしておくことが必要だと思われるので，そこのところを，まず，最初に説明することとしたい。

　所有権界というのは，世間の感覚として「所有権の及ぶ範囲＝所有権の範囲＝所有権界（所有権の境界）＝個人として自由に処分できる範囲」のことである。大根をエイ，ヤア，スパッと切り分けるのと同じ感覚・レベルである。これを私法上の境界という。私法上の境界は，隣接する所有者間の合意のみによってその境（その範囲）を自由に変える（移動させる）ことができる。

　これに対して，筆界というのは，1つは，かつて，公図が作られた当初に入れられた線，もう1つは，後に，分筆登記の際に登記官が公図に線引きした結果できた線のことである。切り口を変えて表現すると，筆界というのは，登記簿上の土地の一区画の範囲をいうということになる。硬い言葉に翻訳すると，一定範囲の土地の周囲を人為的に区画した線をいう。短い言葉で言い換えると，筆界とは，登記簿上の土地の境界のことを指し，境界（線）のことを登記制度（面）から名付けると筆界ということになる。この

2つをまとめて，公法上の境界と呼んでいる。決して所有権の範囲を定めるものではないことを，ここで明確にしておきたいのである。一筆（ひとふで）の各土地それぞれのもともとあるべき境界点・線のことを公法上の境界＝原始筆界と呼んでいる。登記官は，この筆界を認定する仕事（権限）を行っている。このように，登記実務として，登記官が分筆登記や地積更正の登記，それから，地図訂正の申出等があった場合に，土地の境界を認定するのは，この「筆界」を確認し認定することである。

(2) **公法上の境界**

ここからは，登記制度（面）から名付けられている筆界について今少し詳しい説明を進める。まず，公法上の境界というのは，「土地の登記簿により区画された土地」の範囲を画する線をいう。地番によって特定された1筆の土地の範囲を画する線（筆界）とも言い換えることができる。最も簡単な表現だと「地番と地番との境の線」ということである。

もともと「物」として区切ることのできない土地を，人為的に「物」として区分するものである。このことは，単純に，どの範囲の土地を1つの物（対象物・客体）とするかという問題に帰結する。

その土地について，①誰が（主体），②どの範囲で，③所有権（権利）を持っているのかという問題とは関係がない。

一口で言うと筆界とは，地番と地番の境のことである。つまり，筆界とは，公法上（統治・権力関係を決めた法）の境界のことを意味する。筆界は，地租改正に由来し，今日的には，国（登記官）により分筆によって設定されたり，合筆によって消滅する線である。したがって，私人間でいくら境界を設定しても公法上の境界である筆界を移動させることはできない。筆界を移動させるには，不動産登記法の手続である分・合筆の手続によることになる。この辺りは表示登記の知識と技術が必要になってくるわけである。

図11-2　境界（筆界）とは何か　〜その正体Ⅱ〜

境　界	一定範囲の土地の周囲を人為的に区画した線（土地と土地との境目を示すための確かな目印）
筆　界	既登記土地と既登記土地の境界（線）のこと（境界のことを登記制度（面）から名付けたもの）＝公法上（統治・権力関係を決めた法）の境界
法律	不動産登記法　　第2款　土地の表示に関する登記 第35条（地番）　登記所は，法務省令で定めるところにより，地番を付すべき区域（第39条第2項及び第41条第2号において「地番区域」という。）を定め，一筆の土地ごとに地番を付さなければならない。 第34条（土地の表示に関する登記の登記事項）　土地の表示に関する登記の登記事項は，第27条各号に掲げるもののほか，次のとおりとする。 　一　土地の所在する市，区，郡，町，村及び字 　二　地番

不登法の構成	三　地目 　四　地積 ２　前項第３号の地目及び同項第４号の地積に関し必要な事項は，法務省令で定める。 　　第６章　筆界特定　第１節　総則 第123条（定義）　この章において，次の各号に掲げる用語の意義は，それぞれ当該各号に定めるところによる。 　一　筆界　表題登記がある一筆の土地（以下単に「一筆の土地」という。）とこれに隣接する他の土地（表題登記がない土地を含む。以下同じ。）との間において，当該一筆の土地が登記された時にその境を構成するものとされた二以上の点及びこれらを結ぶ直線をいう。 　二　筆界特定　一筆の土地及びこれに隣接する他の土地について，この章の定めるところにより，筆界の現地における位置を特定すること（その位置を特定することができないときは，その位置の範囲を特定すること）をいう。 　三　対象土地　筆界特定の対象となる筆界で相互に隣接する一筆の土地及び他の土地をいう。 　四　関係土地　対象土地以外の土地（表題登記がない土地を含む。）であって，筆界特定の対象となる筆界上の点を含む他の筆界で対象土地の一方又は双方と接するものをいう。 　五　（省略）

(3)　**公法上の境界　～とりあえずのまとめ～**

　公法上の境界（筆界）の成り立ちは，２種類に分類ができる。

　１つは，明治６年から明治14年までの間に土地調査である地租改正が行われ，そこで土地の区画がなされ，地番が付されたが，その際に線引きされた土地を区分する線である。

　今１つは，その後，その土地についての分筆によって（登記官によって）新たに公法上の境界が創設された区分線，また，合筆によって，公法上の境界が一体化したことに伴い，その合筆により一体化した後の区分線である。

図11-3　公法上の筆界の成立　～その正体Ⅲ～

種　　類	筆　界　の　成　立
明治初期の土地調査 （地租改正）	明治６年から明治14年までの間の地租改正による土地区画と地番設定により線引きされた土地の区分線
当該土地の分筆合筆	その土地につき，分筆により新規に公法上の境界が創設された区分線，また，その合筆により公法上の境界のうち一体化した後の区分線

(4)　**私法上の境界**

　今度は，公法上の境界（つまりは筆界）から離れたもう１つの境界である私法上の境界（土地の所有権の範囲を画する線）について話を進めたい。

　境界には，大きく分けると２つの意味がある。１つは，登記簿上の土地の一区画の範

囲をいうもので，筆界と呼ばれているもので，今1つは，その土地の所有権の範囲を画するものである。言い換えると，1つは，公法上の境界である筆界（登記簿上の土地の境界）であり，もう1つは，私法上の境界である所有権界（土地の所有権の境界，土地の所有権界）がある。

普通，筆界と所有権界は一致しているので，これらを区別することの実益なり必要性はないのであるが，一致していない場合（ブレがある場合）には，この2つの概念を区別する現実の必要性に迫られてくる。

ここでいう所有権界とは，所有権と所有権が接するところ（あるところではそれが衝突していたり，せめぎ合い，重なり合っていたりするの）である。これは，所有権が及ぶ（行き渡る）土地の範囲をその内容としている。この所有権界は，当事者間の合意で，二人の間の意思の一致のみで勝手に変更処分（自由に移動）させることができる。相隣接する当事者間において，恣意的に，新たな境界を定めたという事実があっても，その変更処分に関する事務手続は何もする必要ない。言わば，当事者二人の間の秘め事であるから，登記官には一切知り得ない事実となり，当然のことながら公図の境界の手入れ（変更・書換え等）までには至らないわけである。所有権界は，二人の間の秘め事（つまりは，私的な契約）であり，これは民法の契約自由の原則から流れ出してくるものである。

(5) 所有権確認訴訟

この所有権が及ぶ土地の範囲を解決する訴訟を，所有権確認訴訟と呼んでいる。一般に，隣接地（官民を含む。）の間で，交わされている境界確定に係る協議は，その性質は所有権の範囲を定める私法上の契約と解されている（東京地裁昭和56年3月3日判決・判例時報762号48頁）ことを念頭に置いて，境界確定に係る協議書には署名・押印することとしていただきたい。

図12　所有権確認訴訟

確認訴訟とは―	権利関係が存在すること（又は，存在しないこと）の確認を求める訴訟である。 権利関係を確定させることによって紛争の解決が図られ，将来の紛争の予防にも役立つ。
請求の趣旨 （立証できなければ敗訴することになる。）	（所有権確認訴訟のモデル例） 1　甲所有の鳴門市撫養町1番の土地と乙所有の鳴門市撫養町2番の土地は，互いに隣接している。 2　別紙（省略）図面アイウエアの各点を結んだ範囲内の土地（以下「係争地」という。）は，1番の土地の一部である。 3　しかし，乙は，これを否認し，係争地が乙所有の2番の土地の一部であるとの主張をしている。

(6) 境界確定訴訟

一方，土地の地番と地番の筆界を解決する訴訟は，境界確定訴訟と呼ばれており，裁

判外でその合意をすることはできない。境界確定訴訟の対象は公法上の境界（判例・通説）と記憶の片隅に留めておいていただきたい。

境界確定訴訟とは、「隣接する土地の境界が事実上不明なため争いがある場合に、裁判によって新たにその境界を確定することを求める訴えである」（最高裁昭和43年2月22日第一小法廷判決・最高裁民事判例集22巻2号270頁）と判示されている非訟的な手続である。この訴訟の法的性質は、形式的形成訴訟の一種と解されている（通説）。

したがって、この判決が確定すると、その境界は対世的効力（形成力）が生じ、第三者に対しても効力が及ぶことになる（東京高裁昭和59年8月8日判決・訟務月報31巻5号979頁）ので、この判決の正本及び確定証明書を添付すれば地積更正登記申請ができることになる。

境界確定訴訟は、次のような特色がある。

① 当事者双方の合意で境界を意のままに移動することはできず、裁判上の和解等に親しまず、自由な変更処分も認められない。

② 当事者間の相隣接する土地の境界に争いがある（又は不明である）ことの主張がされていれば十分であって、原告が特定の境界線の存在を主張する必要はない（昭和41年5月20日判決・裁判集民事83号579頁）と判示されている。つまり、弁論主義、処分権主義の適用がないため、原告に証拠が乏しく筆界が不分明であっても、立証は必要なく、具体的な境界位置の主張をしなくてもよく、権利保護の利益又は必要性があれば十分ということである。

③ 裁判官は、本請求を棄却できず、また裁判官は職権証拠調べができ、いずれかの位置に境界を再現しなくてはならない。

裁判官としては、③のとおり、いずれかの位置に境界を再現しなければならないために、裁判官にとっては、極めて大きい負担を強いられることになる。

図13　境界確定訴訟

境界確定訴訟とは―	隣接する土地の境界が事実上不明なため争いがある場合に、客観的に存在する境界を再発見し、又は、再発見できないときは、裁判によって新たにその境界を確定（形成）することを求める訴訟
請求の趣旨 （立証は必要なく、具体的な境界の主張もしなくてもよい）	（境界確定訴訟のモデル例） 1　鳴門市撫養町3番の土地は甲所有であり、鳴門市撫養町4番の土地は、乙所有であり、互いに隣接している。 2　甲は別紙（省略）図面アイの各点を結ぶ直線を正当な境界線であると考えており、それの根拠は①②である。しかし、乙は、これを否認し、ウエの各点を結ぶ直線が境界線であるとして、甲の主張を争っている。 3　甲乙所有者の隣接する土地の境界線を定める判決を求める。

確定判決の効力	対世的効力（形成力）が生じ，第三者に対しても効力が及ぶ。
登記申請	地積更正登記申請 添付書類　判決正本，確定証明書

　このため土地の筆界の迅速，かつ，適正な特定を図り，筆界をめぐる紛争の解決（つまり，期間短縮と安価な費用での解決）に資するために筆界特定制度が創設され，そして，裁判外境界紛争解決制度（ADR）が立ち上げられたわけであるが，利用する側から見ればその選択肢が増えたということがいえる。なお，筆界特定制度の利用は法務局が，ADRの利用は土地家屋調査士会が，それぞれの窓口となっている。

(7) **筆界特定制度**

　筆界特定制度とは，筆界（一筆の土地と他の土地との境界）が不明となっている場合に，所有者等からの申請を受けて，裁判より簡易・迅速に，法務局の筆界特定登記官（手続の主宰者）が必要な調査を行い，筆界調査委員（筆界特定のために必要な事実調査を行い，筆界特定に関する意見書を作成することを職務とする外部専門家）の意見を踏まえた上で，専門的知見に基づき現地における筆界の位置について筆界特定登記官の公的判断である筆界特定書（筆界の特定に関する認識を示したもの）を作成することによって筆界を明らかにする制度である。

　この手続は，筆界の特定内容が不明な場合に利用されるものであって，当初からもともと存在していた筆界を発見し，又は確認した上，それを当該筆界の位置として特定するものである。

　筆界特定制度は，一種の確認作業であり，新たに境界を定めるというような形成（創設）力を持つものではない（その意味では行政処分性はない。）。筆界特定制度は，平成17年の不動産登記法の改正によって導入された新たな制度である。

　このような制度を設けた意味は，裁判による解決を求めるまでもなく，行政機関の行為として筆界についての適正な判断を迅速に示し，公の証明をすることによって，筆界をめぐる紛争を予防し，又は早期に解決することを可能にするところにあるわけである。

図14　筆界特定制度

筆界特定制度とは—	筆界が不明となっている場合に，所有者等からの申請を受けて，裁判より簡易・迅速に，手続の主宰者である法務局の筆界特定登記官が必要な調査を行い，外部の専門家である筆界調査委員の意見を踏まえた上で，専門的知見に基づき現地における筆界の位置について公的判断である筆界特定書を作成することによって筆界を明らかにする制度
	初めからもともと存在していた筆界を発見し，又は確認した上，それを当該筆界の位置として特定する一種の確認作業であ

制度の目的とその性質	り行政処分性はない。 　裁判によるまでもなく，行政機関の行為として筆界についての適正な判断を迅速に示し，公の証明をすることにより，筆界をめぐる紛争を予防（又は早期に解決）することを可能にする。
筆界特定申請書の記載の仕方	筆界特定を申請する場合のモデル例 ○○法務局　御中 　　　　　　　　　　　筆界特定申請書 　　　　　　　　　　　　　　　　　　平成○○年○月○○日 　　　　　　　　　申請の趣旨 　別紙1-（　）～（　）記載の対象土地について，筆界の特定を求める。 　　申請人及び代理人（連絡先の表示） 申請人　〒○○○－ 　　　　　　　　　　　　　　　　　　　　　　　　　　　　㊞ 　　　　　　　　　　　　　　　　　TEL（　　　　　　） 代理人　〒○○○－ 　　　　　　　　　　　　　　　　　　　　　　　　　　　　㊞ 　　　　　　　　　　　　　　　　　TEL（　　　　　　） 申請情報　別紙のとおり 添付情報　別紙のとおり 　　　　　　　　　　　　　　　　　　　手数料額　　　　円 　　対象土地について筆界特定を必要とする理由 　申請人Xは，対象土地甲の所有権の登記名義人である。この度，対象土地甲を分筆するため，隣接する対象土地乙の所有者であるY氏に対し，筆界確認の立会いを求めたが，Y氏は，申請人X設置のブロック塀が対象土地に侵入していると主張し，立会いにつき協力が得られず，筆界の確認ができなかった。
筆界特定申請書のその余の記載事項	①申請人が承継人である場合は，その旨 ②工作物，囲障又は境界標の有無その他の対象土地の状況 ③意見書及び資料を提出するときは，その表示

(8) 所有権と筆界の関係

　それでは，所有権と筆界の関係は，どのようになっているのであろうか。もともとは，一致している（た）のであるが，その後の所有権の変動（移転）を登記に反映しない場合も多く（相続による承継，現実売買，中間に存在した契約を省略しているケースもある。），今日現在においては，所有権と筆界が必ずしも一致しているわけではないことを想定しておくべきである。

　そうすると，土地の境界にトラブルが発生した場合には，筆界のことなのか，所有権界が問題なのか，又は，筆界特定制度を利用できる事案なのかについて判別することが可能となり，そこでの問題点が見えてくるはずである。

　本来，筆界と所有権界は，別個の制度から流れ出している概念であるから，同じレベルで一致するかしないかを論じてもボタンの掛け違いと同様に，意味がないというのが筆者の正直な感想である。

第6　土地の境界に関する基礎知識-2

Q7 筆界の認定基準として考慮すべき点には，どのようなことがありますか。

図解

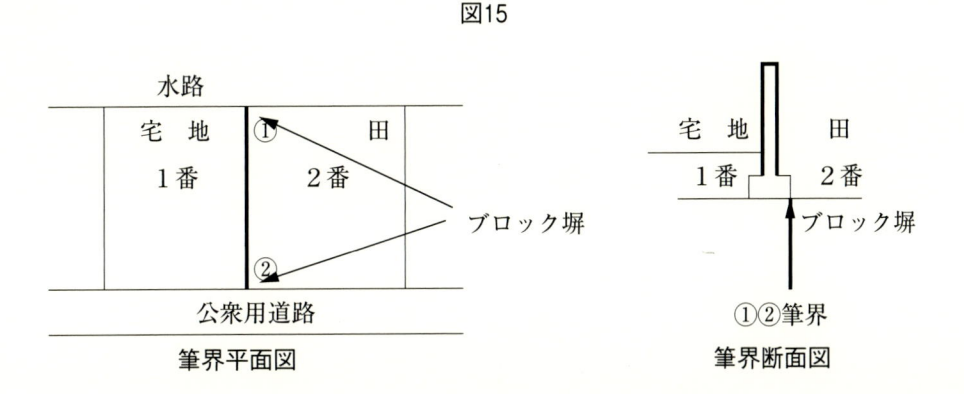

図15

筆界平面図　　　　　　　　筆界断面図

A 　登記所管轄の一定の地域には，現地復元性のある図面として，法14条地図が備え付けられている。その余の地図には，現地復元性はないこと及び裁判例に見る公図の一般的評価を基準として対処することが重要である。
　筆界認定において考慮すべき要素として，(1) 登記簿による面積比，(2) 分筆の経緯，(4) 境界を表す標識の存在（現地での目印），(5) 現地での位置，形状及び関係者の占有の状況，(6) 係争部分の過去及び現在における利用形態及び紛争の経緯，(7) 航空写真ほかの取得等が考えられる。
　可能な限り，これら客観的な資料の収集に努めるべきである。
　　　　　　　　　　　　　※(3) 裁判例に見る公図の一般的評価（解説2，(3)）

解説

　公図の今日的な価値，公図の証拠価値について説明を加え，筆界線の認定の基準として考慮すべき留意点を抽出することとする。

1　現地復元性のある図面

　正しい筆界が記載され，かつ，現地復元性のある図面が存在する場合には，基本的にはその図面それ自身によって筆界を認定することができる。現地復元性のある図面として，

37

登記所管轄の一定の地域には法14条地図が備え付けられている。

2 筆界認定において考慮すべき要素

(1) 登記簿による面積比

実測面積と公簿面積とを比較し，係争土地がどちらの所有土地の一部とみるのが整合性があるかを判定する方法である（福岡高裁昭和46年7月22日判決・判例時報653号93頁，最高裁昭和33年10月21日第三小法廷判決・判例時報166号79頁）。公図における屈曲点，高低及び土地の位置関係・形状を考慮した上で，公簿面積比と実測における均衡バランスを考量し，そこに合理的理由を見出すものである。

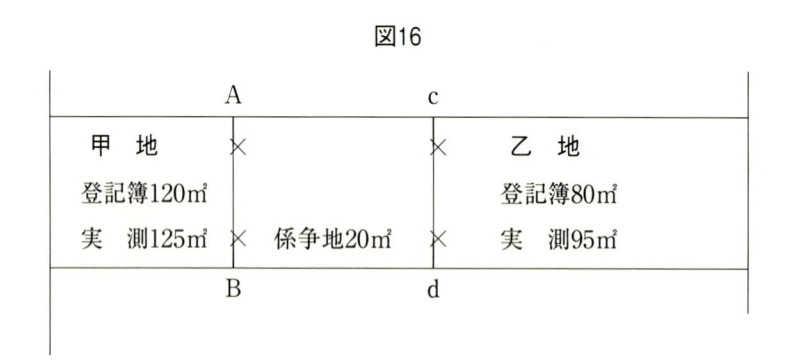

図16

```
            A         c
    甲　地  ×         ×  乙　地
    登記簿120㎡        登記簿80㎡
    実　測125㎡ ×係争地20㎡× 実　測95㎡
            B         d
```

公簿面積比＝3：2
実測均衡比＝甲地（125㎡）＋係争地（20㎡）：乙地（95㎡）＝29：19≒3：2
上記を比較考量して，係争地は甲地に属するのが整合性があるとする。

(2) 分筆の経緯

登記簿面積の比較に際して考慮すべき事情として，分筆地であるか，いわゆる分筆残地（元地）であるかによって，地積測量図の作成年月日によっては，その測量精度が異なる場合があり得るので，留意する必要があろう。土地相互の隣接関係等についても同様である。

殊に，実測辺長，境界標，恒久的地物による準拠点等の記載がない昭和52年以前に作成された地積測量図には，現地復元力強化のための措置が明示されていないことから，測量原図，測量野帳（手簿）等を入手する方法により慎重に確認しておくべきであろう。なお，旧土地台帳等による土地の履歴についても留意すべきである。

(3) 裁判例に見る公図の一般的評価

境界確定の訴えは，明治初期に設定された公図上の区画と地番により特定された筆界が，今日現在において，現地のどこに存在するのかを発見（あるいは設定）することにあるので，公図は重視されている（東京高裁昭和53年12月26日判決・判例時報928号66頁）。

公図は，一般的には，境界が直線であるか否か，ある土地がどこに位置しているかといった形状的（定性的）なものは比較的正確であるが，距離・角度といった数量的（定量的）なものは不正確なものであり，公図上の距離・角度から直ちに境界を確定することはできないとするのが裁判例の一般的評価とされている。

図17　裁判例による一般的評価

評　価	地形的なものは比較的正確であるが現地復元力を有しない公図
東京地裁昭和49年6月24日判決（判例時報762号48頁）	「公図は土地台帳の附属地図で，区割と地番を明らかにするために作成されたものであるから，面積の測定については必ずしも正確に現地の面積を反映しているとはいえないにしても，境界が直線であるか否か，あるいはいかなる線でどの方向に画されるかというような地形的なものは比較的正確なものということができるから，境界確定にあたって重要な資料と考えられる。したがって，公図と現況とを対照して境界をみる場合は，両者が一致するような線が境界としてより合理性があるということができる。」
東京高裁昭和62年8月31日判決（判例時報1251号103頁）	「ところで，一般に「公図」と呼ばれている旧土地台帳附属地図は，地租徴収の資料として作成されたという沿革，作成当時における測量技術の未熟等にかんがみ，不正確なものであることはおよそ否定し難く，それ自体では係争土地の位置及区画を現地において具体的に特定する現地復元力を有しないものとされている。そこで，訴訟の実際においては，かかる公図に加えて，筆界杭，畦畔等の物的証拠及び古老や近隣の人の証言等の人的証拠によって，当該土地の位置や区域を特定しているのであるが，このことは裏を返せば，公図の証拠価値はかかる物的，人的証拠によってはじめて決まるものであり，かかる物的，人的証拠がないときは，公図のみでは何の役にも立たず，本証としてはもちろんのこと反証としてもその証拠価値を認めることができないことにならざるを得ない（証言や本人供述であれば経験則に照らしてそれ自体の証拠価値を判断することができるのであるが，公図にあってはそれができないのである。）。」

(4)　境界を表す標識の存在（現地での目印）

　境界標は，土地の境界（境目）を表す現地における目印のことである。目印として自然的地物でも人為的な標識でも利・活用して設置することができる。これらは，隣接の所有者との合意により自由に選定することができる。金属鋲，コンクリート杭，境界石杭などが利用されるのが一般的であるが，境界木（枯れたら終わり），塀（壊れたら終わり）などでも一応は差し支えないことになる。木は樹に成長すると，その中心が南進するというのが老練な登記官からの教えである。これからの選定としては，世代（時間）を超える明認目印であるから，永続性があって識別性が高く，不動である（耐久性のある，容易に移動しない）標識をお考え願いたい。

> # Coffee Break
>
> ―樹の幹に彫る―
>
> 　今から50年くらい前，筆者が中学３年生の卒業の日に，先生からはなむけに送られた言葉は，「天まで伸びる樹の幹に君の名前を彫り給え，名前も一緒に伸びていく」（ジャン・コクトー）であった。
> 　こと，境界標に関しては，この世の中では木に彫り込むことでは通用しないということが，社会人になって知ったことである。
> 　先生が私に教えたかったことは，本当は，自分自身の心に「伸びたいと感じている今の思いを刻んでおけ。」ということだったのだと64歳になった筆者は，思い直し噛みしめている。恩師は有り難いものである。

　それはさて置き，現在，土地の分筆の登記などをする場合，境界標があるときは，これを地積測量図に記載しなければならないことになっている（不登規則77条１項９号）。この境界標とは，筆界点にある永続性のある石杭又は金属標その他これに類する標識をいう，とされている。これらの境界標を記載することとしたのは，土地の特定機能を向上強化し，また，測量者である土地家屋調査士がどこを基点にして調査・測量を実施したのかを明示（つまりは，地積測量図を閲覧した者に地物を把握して現地において確認できるように）して，紛争発生の未然防止することが主たる理由である。

　したがって，登記簿の謄本をとってみて，表題部の記載から地積測量図があることが判明する場合は，その証明をも入手して，必ずご自身の目で境界標を現地で確認することが肝心要である。このことから，地面にちょこちょこっと打ち込んだだけの，単なる木杭，金属鋲などの目印は永続性がある恒久的な地物とは言えない（一時標識，仮設標識に過ぎない）。なお，コンクリートの側壁，コンクリート基礎などに刻印したり，プレートを金属鋲で固定したりして筆界点を明確に表示しているものは，一応，境界標として取り扱われており地積測量図に書き込まれている。

(5) 現地での位置，形状及び関係者の占有の状況

　尾根や谷，崖，法面など自然の地形，地物を境としている場合が多いことを念頭に置いて，関係者の過去からの占有状況（占有改変を含む。）についても調査すべきである。なお，占有者は，占有の及ぶ範囲まで所有権を有していることが推定される（民法186条１項）ことから，判例においては重要視されている（東京高裁昭和39年11月26日判決・高裁民事判例集17巻７号529頁）ことに留意願いたい。

(6) 係争部分の過去及び現在における利用形態及び紛争の経緯

　山林と農地，林相，樹齢などが異なる場合などの境目が筆界と設定している場合がある。なお，山林や原野で面積が広大の場合には，地域によっては実測は行われず概測のみ（「面積広大につき測量省略」などと公図に注記されている）というのもある。この場合，登記簿上の地積と実測面積の開差には極めて大きいものがある。耕地なり市街地とは測量方法も大幅に異なっているのが通例であろう。

　分・合筆の経緯ほか係争地付近における関係者間の合意による分合筆等（現実売買のケース）の有無についても留意することも必要があろう。

　なお，係争地付近における関係者間の合意が得られない場合において，やむを得ない措置として，隣接土地と接しないように工夫された形式的な机上による分筆登記を所有者から申請してくる場合がある。このような登記申請を，老練な登記官は「日の丸分筆」と呼称し，実地調査を尽くす等により，より慎重な取扱いをすることとしている。このような形式的な机上による分筆登記は，取引の単位性という観点からも登記すべきものでないときに該当するものと考えられよう。

(7) 航空写真ほかの取得

　次のような航空（空中）写真が存在しており，これらは列島改造前のデータであり，境界確定の場面において，航空写真を精密立体図化機等を使い平面図化し，係争土地の位置，形状等を確定する資料を作成する方法により幅広く利活用されている実情にある。

　① 米軍が終戦直後に日本全域を撮影した航空写真
　② 昭和35年頃から，国土地理院（国土交通省）が日本国土全域の平地及び周辺の山地等を一定周期で撮影した航空写真
　③ 昭和27年頃から，農林省林野庁が日本国土の山岳地域を中心とする地域を一定周期で撮影した航空写真
　④ 都道府県が国有林野以外の森林地域を継続的に撮影した航空写真
　⑤ 県史・市町村誌史，古地図，旧地主所蔵の地図等

第2編　筆界特定

第7　公図利用上の基礎知識　～公図を利用する側の心得～

Q8 公図利用上の一般的な留意事項について教えてください。

Q9 また，公図によって得られる情報の個別・具体的な留意事項についても例を挙げて説明してください。

図解

図18　法務局で入手できるデータ

入手できる土地のデータ（書証）	判明する事項
① 地図，地図に準ずる図面（和紙公図を含む。）耕地整理確定図，土地区画整理確定図，土地改良確定図，国土調査地籍図	位置・形状・隣接地
② 旧土地台帳	土地の来歴，分合筆の経緯
③ 登記記録（土地登記簿，閉鎖登記簿を含む。）	実測面積との比較
④ 地積測量図（＝分筆図，閉鎖図面を含む。）	分合筆の経緯
⑤ 移記前の閉鎖登記簿 　ア　粗悪用紙を移記したもの 　イ　コンピュータ化によるもの	過去の権利関係

図19　市町村役場で入手できる主要なデータ

入手できる土地のデータ（書証）	判明する事項
① 耕地整理確定図，土地区画整理換地確定図（計算簿），土地改良確定図（計算簿），土地改良確定図，国土調査地籍図	位置・形状・隣接地
② 土地台帳申告書（写）	土地の来歴，分合筆の経緯
③ 戦災復興図，震災復興図	位置・形状・隣接地
④ 道路台帳，道路区域協議図面，道路認定図，境界確定予定線図，財産台帳図面，用途廃止図，公共用地払下げ図面，境界協定書	位置・形状・隣接地

A8　公図によって得られる共通の情報としては，(1)方位，縮尺，所在，(2)地番，地目等が把握できる（このほか，当時の土地の等級も判明する場合がある。）のであるが，公図を利用する場合の一般的な事項として，公図には，形状的（定性的）なものと定量的（数量的）なものがあることに留意すべきである。

　このうち，隣接地との境界線の位置，形状等の形状的（定性的）なものはかなり正確であるとされている。

第7　公図利用上の基礎知識～公図を利用する側の心得～

A9　　また，やや不正確かも知れないにしても，定量的（数量的）な，(3)距離，地積（面積）のおおよそが把握できる。

法務局で入手できる土地のデータとそれによって判明する事項のポイントを図17にまとめてみた。併せて，市町村役場で入手できる主要な土地のデータを図18において参考までに列挙する。これらは，筆界特定をするための判断資料としても，利用されることになる。

解 説

1　公図利用上の一般的な留意事項

(1)　判例の立場

　　判例の立場は，「公図は，区割と地番を明らかにするために作成されたものであるから，面積の測定については必ずしも正確に現地の面積を反映しているとはいえないにしても，境界が直線であるか否か，あるいはいかなる線でどの方向に画されているかというような地形的なものは比較的正確なものということができる。」（東京地裁昭和49年6月24日判決・判例時報762号48頁）としている。

(2)　定性的なものはかなり正確

　　今日的な一般的評価（経験則的評価）としては，方位，距離，面積，角度などの定量的（数量的）な点はやや不正確だが，境界線の形状，崖地・平地といった形状的な（＝定性的な）ものは，かなり正確であるとされている。

　　公図作成の沿革から，もともと徴税のために作成したものであって，取引のために権利の対象である目的物の範囲を正確に表現するという必要があって作成したものではなかったという目的の違い（差異）がある。経済活動が活発でなく土地の取引が発展していなかった時代のデータを，土地取引の需要が大幅に増加した昭和40年代以降の時代変化に伴って，新たな利用方法として公図が利用されてきた経緯があったわけである。なお，公図作成の精度は，地域によって差があることも明らかになってきている。

　　これらのことから，公図は，その表示に多少の単純化が見られ一定程度は割引評価する必要があるということである。ま，世の中に絶対という信頼，全幅の信頼というのは配偶者ほどにはないということである。

2　公図によって得られる情報の個別・具体的な留意事項

　　公図によって得られる情報の個別・具体的な留意事項について，公図の見方，凡例の読み取り方を踏まえて説明する。

(1) **方位，縮尺，所在**
① 例えば，香川県の更正図（公図のほとんど）は，上が北となっている。町村地図調製式及更正手続（明治20年9月30日香川県山田郡長内訓）別冊「町村製図画略法」で採用されている。

> 「第5項　……見透器ニ附着セル水準器ニ拠リテ能ク水平ナラシメ製図板ヲ回転シテ羅針ノ方位ヲ正シ此羅針盤ヲ定規トシ製図紙端ニ南北線ヲ画シ製図板ニ示心器ヲ咬セ測点ノ中心ヲ定ム……」

② 香川県の更正図（公図のほとんど）は，1／600となっている。町村地図調製式及更正手続（明治20年9月30日香川県山田郡長内訓）別冊「町村製図略法」第3項で「字図ハ六百分ノ一即チ一間（即チ六尺）ハ曲尺ノ一分」と規定されているからである。

実例として，「香川郡中間村之内字五番北井乎上全圖（更正図）では，「曲尺壱歩ヲ以テ壱間トス」と記載されている。公図の凡例によれば，数字の黒は（地）番号，同朱は地位等級，方位は上が北と表示されている。

(2) **地番，地目**
地番は，地所の種類（地目）に関係なく，地押点検のための足取り順に親番の表示により付番され，必ず，連続している。地番の付け方は，地租改正条例細目の規定に従って付番されており，小字単位とするものと大字通番とするものの2種がある。

> 「第三章　地番号ノ事
> 第一条　番号ハ従来ノ本田畑宅地新田ヲ初メ……等地所ノ種類ニ不拘，官民ノ所有ヲ不論，一村所属ノ地ハ漏脱ナク地押順ヲ逐ヒ，一筆限一村通シ番付ニスル歟又ハ大村ニテ地形ノ都合ニヨリ幾箇ニ区別シ別段ニ番付スルモ実地紛乱ナキ様処分スヘキ事
> 　　但道路畔敷井溝敷堤塘河川等ノ如キハ番外ニ為シ第二章第六条ノ通心得ヘキコト」
> （明治8年7月8日地租改正事務局議定「地租改正条例細目」第3章地番号ノ事）

ここから，地番号というのは，地所の番号あるいは地押順番号と理解できる。地番号を付していったのは，土地を特定する必要が生じたためである。土地所有権を認める制度（背景として地租徴収）にあっては，所有権移転があっても所有者（背景としては納税義務者）を確定する必要があるため，所有権の対象となった土地を特定し，1筆の土地ごとに確実に把握していくこととしたわけである。これが地租改正事業の真の狙いである。

このことから，改租図については，どのような精度の下で作成されたものであるにせよ，最低限，「地順」つまりは地番配列は，必ず連続していると断定することができる。

その地番配列が飛ぶとか逆順となることはあり得ず，例外は許されていない。

さて，地目であるが，例えば，香川県の更正図（公図のほとんど）は，水，道以外は地目ごとに着色はされていない（明治21年12月3日，香川県は愛媛県から分離し成立した。）。更正図以外の地図では，地目ごとに色彩をそろえ田，畑，原野，宅地，塩田，河川等に色分けをすることとしているものもある。多色識別の地図となっており，色別して地目別に容易に判明する，正に絵図（絵図というのは本来的には実測図の意である。），いろどり図というべきものもある。

Coffee Break

「公図における水，道のストーリー」
「なぜ，里道は公図上赤色に着色されているのか」

ここで，公図における水，道のストーリー，「なぜ，里道は公図上赤色に着色されているのか」を記しておきたい。

まず，地所処分仮規則（明治8年7月8日地租改正事務局議定）第1章処分方綱領8条では，「渾テ官有地ト定ムル地所ハ地引絵図中ヘ分明ニ色分ケスベキコト」と規定している。つまり，官有地は，改租図に色を塗って分かるようにしておくことになったわけである。ここから，里道は赤線（赤道），公衆用の水路は青線（水色）とされた。

次に，地租改正条例細目（明治8年7月8日地租改正事務局議定）第3章1条ただし書によれば，官有地第3種のうち，道路，河川に堤塘，畦畔，水路等は番外として地番を付さない（地券も発行しない，課税もしない）とされていた。

さらに同時期の愛媛県（香川県はこの1年後の明治9年8月21日には愛媛県に属することになるのであるが）では，地所取調心得書14条（明治8年8月27日愛媛県権令岩村高俊通達）において，地目ごとの色分けが定められていた。

田畑山林道路山川外色分けの儀は各村区々相成候ては不体裁に付左の通相心得事

　（緑色）山　　（灰色）宅地　　（水色）川池　　（赤色）道
　（無色）田　　（黄色）畑　　（桃色）墳墓地　　（紫色）社寺

このことから，公図上，赤色に着色された無番地の長狭物は，国の所有する里道であり，青色に着色された無番地の長狭物は，国の所有する水路であるということになる。

官有地以外の土地について地目別に着色されている公図が四国では多いようである。例えば，讃岐国香川郡西庄村字正夫の切絵図では宅地は黄色，山林は青緑，田は白に着色されている。

(3) **距離，地積（面積）**

　方位，距離，面積，角度などの定量的（数量的）な点はやや不正確だというのが今日的には一般的評価とされている。しかし，香川県の更正図に限って言えば，官の手によって地押調査が再度行われ，相当緻密に更正作業が行われている。

> 　「香川県における地租改正の概要は以上のとおりであるが，改租事業は迅速に成就した反面，土地測量が不正確であったり脱落地が存在するなど，なお多くの不備欠陥を含んでいた。これを是正し，また改租後の無願開墾地や無届地目変換などを点検するため，明治十八年から三年の歳月をかけて，地押調査が再度行われている。第二次地租改正とも呼ばれたこの地押調査は地租改正仕上げの事業であった。」（香川県史５巻・近代Ⅰ通史編61.2.28　348頁から）
> 　「明治一五年ごろ一応地租改正事業が終わったが，まだ土地台帳と実況とが合わないのがあったので，明治一八年，県は地租条例に基づいて再度「地押し」をすることになった。これは地券廃止の前提でもあった。
> 　石田東村・同西村では明治一八年一一月二四日から開始，役場用掛山下庵，戸長松家徳二，綱引雇員二名で着手，翌一九年一月地押復命。二〇年には地押取調委員・地押整理委員・地押総代のほか協議員を選して協力，石田東六人，石田西四人で一地区ごとに調査，以後人員に変更はあったが昼夜兼行で測量，書類作りに奔走，二一年九月に終了した。役場では地押取調帳を編成して各字ごと一筆ごとに記載し，誤謬訂正を記入した。結果は従前のは不正確なものがはなはだ多かったという。
> 　神前村では「地押調査ニ付異動発見事故記」に，四〇九二筆のうち誤量および記載修正が二六一二件で六四％，正確は三六％にすぎなかった。」
> 　　　　　　　　　　　再度の地押し（「寒川町史　昭和60年３月409頁）

　公図自体からは，個々の土地の地積は直ちには判明しないが，その地番を目印として，登記簿の謄本（土地情報を記録した登記事項証明書）の交付を請求しさえすれば，その地番の登記簿上の地積は容易に求められる。現実の取引慣行としては，地積は，公簿地積〇〇㎡，実測面積△△㎡（坪）と両方を併記表示して，取引対象の土地を特定しているのが実際である。尺貫法は，依然として健在であることもまた事実である。

　なお，改租図，更正図は，すべて尺貫法により調製されていることを知識として承知しておかれると便利であろう。

(4) **境界線**

　境界線の形状など形状的な（＝定性的）なものは，かなり正確であるというのが今日的な評価である。比較的信頼がおけると評価されている。

　公図は，そもそもが地番の境界を図示し認識できるようにするために作製されたものであるから，測量技術の稚拙なこと面積について過少申告があったとしても，その土地の形状を故意に極端に改変するということはできなかったものと推察される。なぜなら，

隣接地，道，水等の長狭物との相対的な位置関係が大前提として存在しているため，改変があった場合には，公図全体としては，その整合性がとれなくなってしまうからである。このことから，判例において，「形は正確でも距離などの定量的（数量的）なものの信用性はやや劣る。」との評価になってくるわけである。

いくら公図が正確に筆界を表示していたとしても，その後の求積計算の際に，三斜法によった場合は，その「高さ」は実測していないことから，スケールによって読み取る方法にならざるを得ないため，読み取り誤差が生じてしまうという宿命があることも承知して公図は読み解くべきものであろう。

今日的な利用としては，現地において公図資料と現況を対応させ，比較照応・照合を行い，公図上に表示している道，水等長狭物の位置とか隣接地との関係，筆界点（接点）の位置，屈曲点など注意深く確認し，同定していくことが必要である。

その結果，公図と現況とが一致している線が確認できる場合は，筆界線として認めることに合理性が高く，筆界認定資料の１つになると考えられる。同定できた合致点（接点等）の数量に比例してその公図の精度（信頼度数）が高まっていくわけである。現況の形状が公図と大幅に異なっているような場合には，その土地の沿革的な事実関係について旧土地台帳等により調査するとか，市町村等において他の図面の有無を調査するべきである。なお，旧土地台帳は，法務局に保管されており，明治時代からの親番以来のその土地の沿革が記録されている。

【地図にまつわるエピソード】―徳島県の地籍地図凡例の再発見―

徳島県立図書館及び文書館に保管されている「徳島県乙号達・明治15年・１」及び「徳島県乙号達・明治15年・２」には，「明治15年８月３日徳島県達乙第119号別冊地籍編製心得書及びその雛形」中，「別紙乙号雛形」（図20）及び「別紙丙号雛形」（図21）は，平成12年５月20日までは，収録されていなかった。

「その雛形」を見たいとの思いが日々募り，明治８年以降の通達が収録され，マイクロ・フィルム化されている徳島県管内布達全書の全冊を，一葉ごとに探すことにした。同布達全書のいずれかの場所に集録されているものなら必ずその痕跡が認められるはず，との確信を抱いて。

こうして，週末は同図書館に通い詰めることとして，私にとっての宝探しが始まったわけである。９か月目に，明治の学区制改革の箇所に誤綴され，そこから見分けることができたのは，幸運であった（乙，丙の両雛形とも中央部分が裁断されているのは，両雛形が折りたたまれた状態のまま原本を編綴し，その上で背中部分を整えるために裁断し，製本したためであると推察される。）。

同様に，「明治20年10月14日徳島県訓令第131号町村地図調製式及更正手続」中，「(イ)号雛形」及び「(ロ)号雛形」のいずれも，明治20年の徳島県公布全書（徳島県立図書館所

第2編　筆界特定

蔵のマイクロ・フィルム）には，収録されていない。なお，徳島県立文書館所蔵文書でも同様に見つけ出せていない。県内市町村のいずれかで所蔵されているとすれば，是非とも拝見したいものである。未発見の「(イ)号雛形」及び「(ロ)号雛形」を。
　地図を広げ見ぬ世の人を友とするのである。

　——との趣旨の記事をある雑誌に投稿したところ，土地家屋調査士の野村暲作氏から，某県の同雛形の写し（カラー版）を送付していただいた。この雛形を広げて，やっと心の平安が得られるようになった。
　見果てぬ夢を見る思いである。

図20　「明治15年8月3日徳島県達乙第119号別冊地籍編製心得書及びその雛形」中，別紙乙号雛形

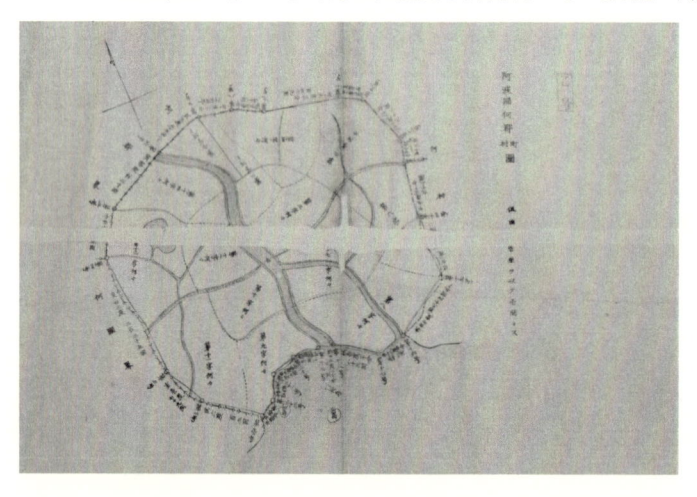

図21　「明治15年8月3日徳島県達乙第119号別冊地籍編製心得書及びその雛形」中，別紙丙号雛形

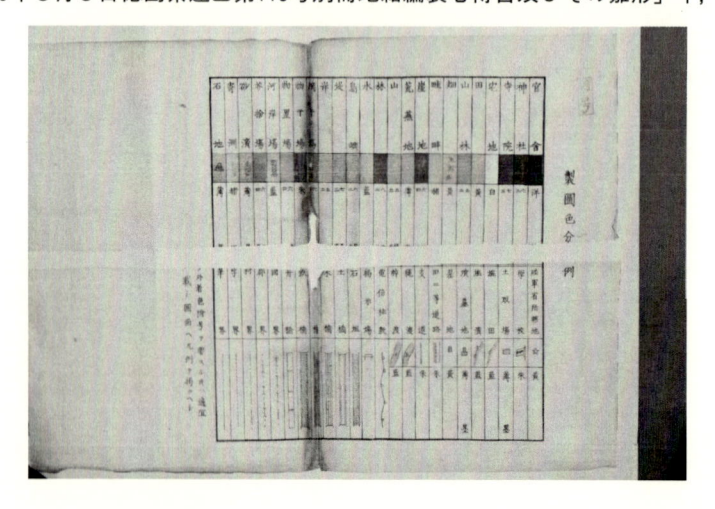

第8 筆界特定制度における筆界の定義

Q10 筆界特定制度における筆界の定義について説明してもらいたい。

Q11 また，登記所には明治期に作成された複数の公図があるが，それらの公図の種類と原始筆界についても併せて述べてもらいたい。

図解 その前に，明治前・中期において，その土地の筆界と所有権の証となった明治当初における売渡証文，地券制度創設当初の壬申地券，明治中期の改正地券に至るまでの実際を掲示するので，まずは，その変遷を比較し観察願いたい。

書-1 壬申地券（明治5年当時）

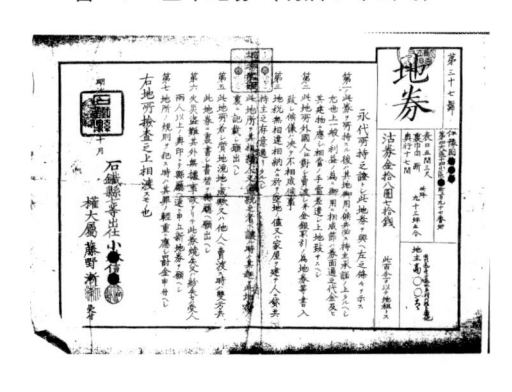

書-2 売渡証文（明治12年当時）

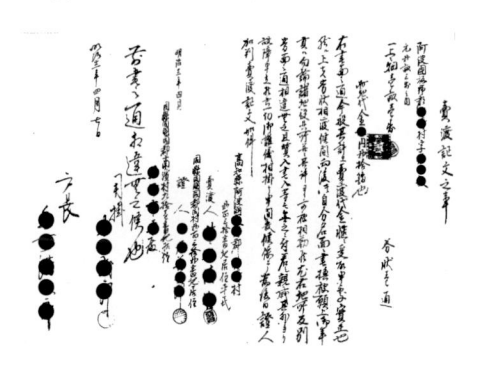

書-3 改正地券表面（明治15年当時）

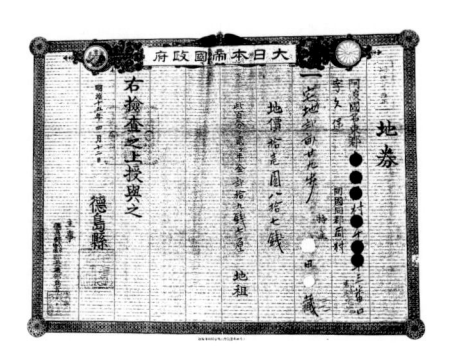

同左の裏面

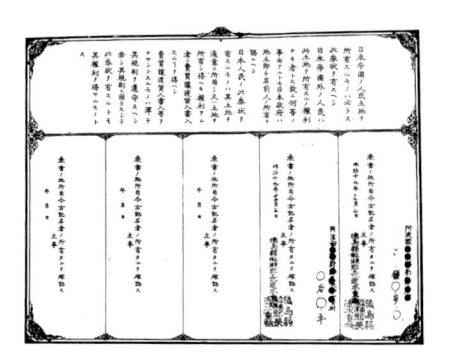

49

書-4　改正地券（明治22年当時）

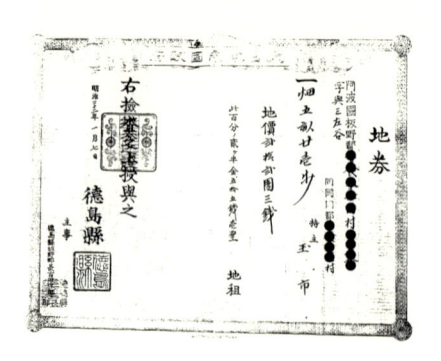

A10　筆界特定の手続における「筆界」とは，表題登記のある１筆の土地（以下「１筆の土地」という。）とその隣接地（未登記土地を含む。）との間で，１筆の土地が登記された時にその境を構成するものとされた２以上の点及び２以上の点を結ぶ直線をいう。

A11　また，原始的な筆界というのは，国家機関が，地租改正事業ないし全国地押調査の成果に基づき１筆の土地ごとに把握した上で，改租図（地租改正図）ないし更正図（地押調査図）という記録媒体によって公示された区画に照応するところの現地における線をいい，「固有の筆界」とも呼ばれている。

解説

筆界特定制度における筆界と筆界特定の対象となる筆界に分けて説明する。

1　筆界特定制度における筆界

筆界特定の手続における「筆界」とは，表題登記のある１筆の土地（以下「１筆の土地」という。）とその隣接地（未登記土地を含む。）との間で，１筆の土地が登記された時にその境を構成するものとされた２以上の点及び２以上の点を結ぶ直線をいう（不登法123条１号）と定義されている。

「１筆の土地が登記された時」というのは，過去において分筆又は合筆の登記がされている土地については，最終の分筆又は合筆の登記がされた時をいう。また，現在まで分筆又は合筆の登記がされていない土地については，その土地が最初に登記簿に記録された時をいう。

2 筆界特定の対象となる筆界

　筆界特定の対象となる筆界は，現在，登記記録に記録済（つまり，公示されている）の土地の区画を構成する線のことを指すので，筆界特定をしようとする土地のうち隣接するいずれか一方の土地は，表題登記がされていることが必要となる。

　このことから，表題登記がまだされていない隣接土地の間ではここでいう筆界はいまだ存在しないということになる。

3 元祖の公図の種類

　ところで，今日，登記記録に記録され，公示されている土地は，過去の一定時期に登記簿に記録された土地である。

　明治政府は，明治6年頃から明治14年頃までの間に，全国規模で土地の調査を実施し，土地の所有者（つまるところ，納税者の登録）とその土地の位置及び形状を把握する観点から地租改正事業を行った。地租制度を採用するための事業である。

　今日時点において，全国の登記所で地図に準ずる図面（以下「準地図」と呼ぶ。）として備え付けられている図面（いわゆる公図）の大部分は，2つに大別できる。

　その1は，おおよそ，上記期間に行われた地租改正事業の際に，1筆ごとに行われた調査に基づき調製された改租図（地租改正図，字限図，字切図，字図等と略称されている。）である。

　その2は，その後，この改租図を基にして，明治18年頃から明治22年頃までの間に実施された全国地押調査の成果に基づき調製された地押調査図（「更正図」と略称されている。）である。

4 所有権の譲渡と地券交付

　明治5年2月の何人も土地を所持し，売買をする自由のあることを宣言した「地所永代売買の解禁」，そして，売買（譲渡）の都度地価等を記載した地券を発行し，役所に地券の大（台）帳を備え，地価を把握した「地所永代売買許可ニ付地券渡方規則」の制定がされて以降，この当時の土地所有権の譲渡は，県令が地主に対して地券を交付する方法で行われていた（書-1から書-4を参照）。地券台帳には，土地の地番，地目，地積及び所有者等が記録されていた。これらに変更がある場合には，地券台帳及び同図面に所要の登録をしていた。

5 1筆の土地の起源と原始筆界

　地租改正事業ないし全国地押調査の成果を登録した地券台帳及び改租図ないし更正図は，

明治政府（つまりは，国家機関）が，公的に土地の区画を実施したことに基づいて，1筆の土地として把握したことを示す記録（物的書証）である。

つまるところ，国家機関が，地租改正事業ないし全国地押調査の成果に基づき1筆の土地ごとに把握した上で，改租図ないし更正図という記録媒体によって公示された区画に照応するところの現地における線が原始的な筆界ということになる。「固有の筆界」とも呼ばれている。

6 「不動産の権利関係とその客体の公示方法」の変遷

全国地押調査の時期と重なる明治19年に制定された登記法（明治19年8月13日法律第1号。以下「旧登記法」という。）により，権利関係は登記制度（地所登記簿）によって公示されることになったものの，その客体である1筆の土地の位置及び形状を把握するための制度は，地券台帳を引き継いだ土地台帳制度を利用する方法によるという二本立て方式（二元化）で行われることになった。なお，この当時の登記事務は，区裁判所で取り扱われており，旧登記法では，地所登記簿の表題には「郡区町村名，字，番地，地目，反別若しくは坪数」を記載して土地を特定することとされていた（登記法取扱規則（明治19年12月3日司法省訓令第32号）3条参照）。

旧民法の施行は，本土では明治31年7月16日であったが，沖縄では，登記制度の遅れに起因して，「民法中，不動産上ノ権利ニ関スル規定ハ当分ノ内之ヲ沖縄県ニ適用セス」と規定されていた民法施行法10条の規定が削除（明治39年3月20日法律第13号）され，19年遅れの明治39年7月1日から，民法のうち「不動産上ノ権利ニ関スル規定」及び「不動産登記法」が，沖縄にも適用されることになったことに留意願いたい。

明治32年に制定された不動産登記法（明治32年2月24日法律第24号。以下「旧不登法」という。）においても，二本立て方式による公示方法に変化はなかった。なお，登記所に登記簿を備え置くこととされ，旧登記法は廃止された。

その後の昭和35年の旧不登法の改正に至り，土地台帳制度は，登記制度に一元化されることになった。土地台帳制度が負ってきた1筆の土地の位置及び形状を把握するという作用は，この改正を受けた表示に関する登記の制度によって継承されることになったのである。

この土地台帳法の改廃によって，土地台帳附属地図は，法的性格を失ったのであるが，不動産登記事務取扱手続準則29条により，不登法17条地図（現法14条地図）が整備されるまでは，「地図に準ずる図面」としての格付けがされ，平成5年の不登法の一部改正に至り，同趣旨の規定が定められた（同法24条ノ3）。

平成16年の新不登法の改正においても，制度変更はなかったことから，表示に関する登記制度50有余年が経過した今日時点においては，この公示方法が確実に国民に定着し，安

定したものとなっていることの証拠と捉えられるのである。

7 │ 枝番がない土地と原始筆界

　枝番が付されていない土地（登記所では「親番」と呼んでいる。）は，地租改正当時から現在まで，分・合筆の登記を経ていない土地であることをその記載自体が証明しているので，上記6記載のいずれの時期に照らし合わせても，枝番が付されていない土地は，初めて登記簿に登載（記録）された時の筆界（つまりは，地租改正当時に明治政府が定めた原始筆界）ということになる。

　ところで，筆界特定の対象となり得る筆界と境界確定訴訟の対象となる境界は異なるのであろうか。

　この境界確定訴訟における境界とは，登記簿上，特定の地番によって表示された2つの土地の境界であると解されていることから，筆界特定の対象となる筆界と同じものの異称ということになる。

　なお，境界確定訴訟（筆界確定訴訟）の対象となる境界は，所有権界とは明らかに区別されている。

第2編 筆界特定

第9 筆界特定制度における「筆界についての決めごと」

Q12 筆界特定制度における「筆界についての決めごと」及び「隣接する土地所有者等の手続の保障」は，どうなっているのかについて説明してもらいたい。

図解

図22　ＡＢの筆界特定を申請する場合（モデル図）

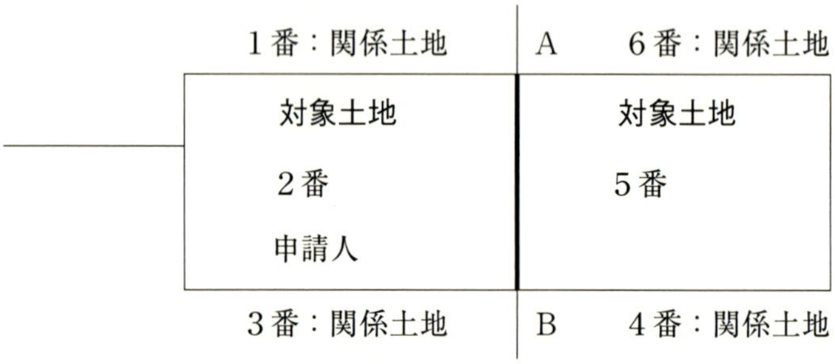

1番：関係土地	A	6番：関係土地
対象土地 2番 申請人		対象土地 5番
3番：関係土地	B	4番：関係土地

　申請人が2番土地の登記名義人である場合には，対象土地は，2番と5番であり，関係土地は，1番，3番，4番及び6番となる。

A　筆界特定の対象となる筆界で，相互に隣接する1筆の土地及び他の土地（不登法123条3号）を対象土地といい，この対象土地は，3類型に分類することができる。

　対象土地以外の土地であって，筆界特定の対象となる筆界上の点を含む他の筆界で対象土地の一方又は双方と接するもの（不登法123条4号）を関係土地という。

　関係土地の所有権登記名義人等である関係人には，筆界特定の申請がされた旨の通知，対象土地の実地調査又は測量についての立会機会の付与，意見聴取等の期日開催の通知等について，一定の手続的な保障を与えられている。

解説

　筆界特定制度における筆界についての決めごとについて，対象土地及び関係土地に分け説明を加え，その後に，関係土地所有者等の手続の保障について述べることとする。

第9　筆界特定制度における「筆界についての決めごと」

1　対象土地の概要

　筆界特定の対象となる筆界で，相互に隣接する1筆の土地及び他の土地（不登法123条3号）を対象土地という。他の土地には，表題登記がない土地を含むとされている。

　筆界特定の申請があった場合には，第1に，筆界特定申請情報の内容及び地図又は地図に準ずる図面（以下「地図等」という。）によれば，申請に係る1筆の土地と他の土地が互いに隣接していること，第2として，「地図等の表示」と比較する「現地の土地の配列及び区画又は形状」がおおよそ一致していると認められる場合には，当該各土地を対象土地として取り扱って差し支えないものとしている。なお，この場合であっても，現地における事実調査の結果，これらの各土地が互いに隣接する土地とは認められないときは，当然のことながら，その申請は却下されることになる（不登法132条1項2号）。

2　対象土地の3類型

　対象土地は，筆界特定の対象となる筆界で相互に隣接している土地であるから，相互の隣接関係は，最終的には現地における事実調査で確認する必要があり，その調査の結果により決定されることになる。筆界特定が，現地における筆界の位置を特定する制度であることからは当然の帰結であろう。

　例えば，地図等によれば互いに隣接土地となっているものの，現地の区画形状がこれとは相違するような場合，次の3類型が容易に想定されよう。

　第1類型は，地図等が正当であるのであれば，現地の位置・区画形状が混乱しているだけの現地混乱地区という認定を受けることになる。

　第2類型は，地図等が間違っているのであれば，現地の位置・区画形状が正当である筆界を示しているという認定を受けることになる。

　第3類型は，地図等も現地の位置・区画形状の双方ともに，固有（つまりは，元から）の筆界が残されていない（形状を留めていない）地図・現地双方混乱地区という認定を受けることもあり得る。

　なお，地図等と現地の位置・区画形状とが相違している場合において，①上記の3類型いずれの場合にも該当しない場合，又は②いずれの場合に該当するのかどうか不分明という場合には，申請に係る土地と隣接土地とがそもそも隣接しているかどうかさえも不分明ということになるので，申請の適格そのものを欠いたものとして申請は却下されることになる。登記記録に記録されている土地の位置を，現地において特定することができないからである。

　したがって，地図等によって互いに隣接土地であり，しかも，現地において地番配列及び位置及び区画形状が全体としておおよそ地図等の表示と合致していることの確認が得ら

55

れる場合には，互いに隣接土地と認定して，筆界特定の手続が進められることになる。

3 関係土地の概要

対象土地以外の土地であって，筆界特定の対象となる筆界上の点を含む他の筆界で対象土地の一方又は双方と接するもの（不登法123条4号）を関係土地いう。関係土地には，表題登記がない土地を含むとされている。

筆界特定の申請があった場合には，第1に，筆界特定申請情報の内容及び地図等によれば，筆界特定の対象となる筆界上の点を含む他の筆界で対象土地と接していること，第2として，「地図等の表示」と比較する「現地の土地の配列及び区画又は形状」がおおよそ一致していると認められる土地は，その各土地を関係土地として取り扱って差し支えないものとしている。

4 筆界特定における関係土地所有者等の手続保障

対象土地の筆界が特定された場合には，ある土地が関係土地であることが認定できるのが道理である。「筆界特定の対象となる筆界上の点を含む他の筆界で，対象土地の一方又は双方と接するものが関係土地である」という定義付けからは，関係土地によって周囲を取り囲んだ（包み込んだ）土地が筆界特定の申請にかかる土地を特定する要素であるということになる。

論理的にはそうなるのが道理であるが，地図等及び現地の土地の状況を踏まえ，双方ともにおおむね一致していると認定できるときは，関係土地と取り扱うもの（平成17年12月6日民二第2760号通達第1・6）としている。筆界特定の手続保障を付与すべきの観点から，関係土地となる蓋然性が高い土地については，関係土地として扱うこととしたのである。

このことを受けて，関係土地の所有権登記名義人等である関係人には，筆界特定の申請がされた旨の通知，対象土地の実地調査又は測量についての立会機会の付与，意見聴取等の期日開催の通知等について，一定の手続保障を与えられている。

第10　筆界特定の対象とならない筆界点所有者の立会い

Q13　法改正により，筆界は点ではなく線として捉えるようになったが，次のような土地に囲まれた5番の土地の分筆登記申請をするために隣地所有者の立会いを求めたところ，(1)のような結果となった。このことから，筆界特定申請をしようと意図しても(2)の結果になることは自明の理である。

ついては，(3)のような取扱いが認められるとも考えられるが，いかがか。

図23

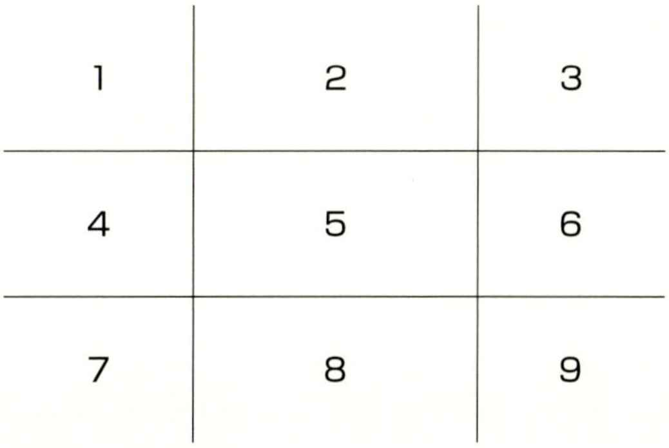

1	2	3
4	5	6
7	8	9

(1)　上図のような分筆（座標法で各線は直線とする）がなされている土地のうち，5番の土地を再度分筆する際に2番，4番，6番，8番の各土地の所有者とは境界確認の立会いを行い合意を得たが，1番，3番，7番，9番の各土地については得られなかった。

(2)　これまでの登記事務取扱要領では，隣接する土地すべての立会いが必要とされたが，改正後では立会いが得られないという理由で筆界特定申請をしようとしても1番，3番，7番，9番については5番から見れば点で接しているだけのいわゆる関係土地となるので筆界特定の対象土地とはならない（筆界特定申請が却下される）ことになる。

(3)　よって，調査報告書にこの旨を記しておけば，1番，3番，7番，9番の立会いを得られないとしても，登記官の境界確認ができないという理由で却下対象とはならず分筆登記は可能と考えるが，いかがか？

第2編　筆界特定

図解

図24　境界特定の対象となる筆界

対象土地	筆界特定の対象となる筆界で相互に隣接する1筆の土地及び他の土地（不登法123条3号）
関係土地	筆界特定の対象となる筆界上の点を含む他の筆界で対象土地の一方又は双方と接するもの（不登法123条4号）
筆界特定の対象となる筆界	当該1筆の土地が登記された時にその境を構成するものとされた2以上の点及びこれらを結ぶ直線（不登法123条1号）＝「2点間の直線」

A　点で接しているだけの関係土地は、相互に筆界特定の対象土地とはならない。したがって、その筆界特定申請は却下されることになる。

なお、土地を分筆する際に対象となる筆界は、筆界という意義においては筆界特定における筆界と同一のものを指すのであるが、隣接する土地すべてについての立会いが必要であることは、筆界特定制度が創設されたか否かにかかわらず、維持されているとするのが相当である。

解説

1　筆界特定制度における筆界の概念

(1) 対象土地と関係土地の相互の関係

現地において既存の筆界を探し出して認定することが筆界特定制度の目的であることから、この筆界特定制度においては、筆界特定の対象となる筆界を導き出す要素として、対象土地と関係土地という相互の土地の関係を明文化している。

すなわち、対象土地とは、筆界特定の対象となる筆界で相互に隣接する1筆の土地及び他の土地（不登法123条3号）をいい、また関係土地とは、対象土地以外の土地（表題登記がない土地を含む。）であって、筆界特定の対象となる筆界上の点を含む他の筆界で対象土地の一方又は双方と接するもの（不登法123条4号）をいうと定義付けをしている。

(2) 接点隣接土地や表題登記未了土地の場合

筆界特定のルールに従えば、本問に係る1番、3番、7番、9番の各土地については、5番の土地から見れば点で接しているだけのいわゆる関係土地となるので、5番の土地の所有者から1番、3番、7番、9番の各土地の所有者あてに筆界特定の申請が提出されたとしても、相互に筆界特定の対象土地とはならない。したがって、その筆界特定申請は却下されることになる。

また，本問例示のような地番配列の公図を例にとれば，仮に，5番の位置にある土地が何らかの事情により表題登記が未了であった場合において，この土地と表題登記がいまだされていない隣接土地（仮に，8番の位置にある土地が表題登記未了であった場合を想定されたい。）との間においては，ここでいうところの筆界自体が存在しないということになる。表題登記未了の土地同士間では，筆界特定制度下においては，互いに筆界特定の対象土地にも関係土地にもなる資格がない，つまり，筆界特定制度上の適格性を欠いているということである。なぜなら，現地において既存の筆界を探し出すこと自体が本来的に原始的不能となるからである。

筆界特定の対象となる筆界は，筆界特定をしようとする土地のうち隣接するいずれか一方の土地は，表題登記がされていることが最低限必要となる。

2　分筆事前調査段階における筆界の確認

通常，分筆を行う際には，事前の現地調査段階において，原則的に関係人の立会いを求めた上で，登記事項要約書及び公図ほかの物的資料による事前調査の結果と現地及び隣接所有者等からの事情聴取，供述等の人的資料を総合的な資料として，筆界の位置，区画形状を確認しているのが実態であろう。

本問の例で言えば，5番の土地を分筆する際には，1番から9番までの各土地と5番の土地が接しているところの全筆界について，筆界の位置，形状を確認することになる。分筆事前調査段階においては，対象土地とか関係土地という概念を考慮する必要は一切ない。5番の土地に係る筆界点を，地図等の物的資料による事前調査の結果と現地及び隣接所有者等からの事情聴取，供述等の人的資料によって，再発見し確認する作業が最重要の課題ということになる。

3　本問における回答

(1)　筆界特定制度の目的は，既存の筆界を探し出して認定することにある。この制度においては，筆界特定の対象となる筆界を導き出す要素として，対象土地と関係土地という相対する互いの土地の関係を明文化している。これらは，筆界特定にまつわる土地の区別，つまり筆界特定の対象となる筆界か否かを区別するための意義を明確にするためのものである。

(2)　一方，土地を分筆する場合においても，既存の筆界を探し出して確認することがその大前提にある。土地を分筆する際に，分筆を対象とする土地とその筆界を接してまたぐ関係になる隣接土地との間に存在する筆界は，登記簿上における特定の地番（既登記の場合）ないし地図等（未登記の場合を含む。）によって表示された2つの土地の境界であると解される。

(3) これらのことから，筆界特定の対象となる既存の筆界も，分筆する際の分筆を対象とする土地の既存の筆界も（その筆界をまたぐ関係になる隣接土地との間に存在する筆界も）登記簿ないし地図等によって表示された2つの土地の境界であり意義としては同一のものを指している。

(4) ただし，分筆を対象とする場合の隣接土地との関係では，その筆界を確認すべき対象となる土地の範囲（つまりは，所有者等土地の関係者）において異なる場合があると認識すべきであろう。

　筆界特定の対象となる筆界の手続における「筆界」とは，「当該1筆の土地が登記された時にその境を構成するものとされた2以上の点及びこれらを結ぶ直線をいう。」（不登法123条1号）とされている。このことから，隣接地と1点のみで接している土地については，もともと筆界特定における土地の範囲としてはその対象とされていないのである。したがって，筆界特定制度における筆界特定のミニマムは，「2点間の直線」ということになる。

　したがって，土地を分筆する際に対象となる筆界は，筆界という意義においては筆界特定における筆界と同一のものを指すのであるが，隣接する土地すべてについての立会いが必要であることは，筆界特定制度が創設されたか否かにかかわらず，維持されているとするのが相当である。

(5) なお，「1番，3番，7番，9番の各土地については得られなかった。」とのことであるが，分筆土地の筆界が特定されない理由が存在する可能性があるとの疑念を登記官に抱かしめることになりかねないことから，①1番，3番，7番，9番の各土地の立会いが得られない理由を明確にし，②このことに対する土地家屋調査士として見聞きした事実及びそのことに対する見解を明記しておくべきであろう。

第11 筆界特定の類型について

Q14 筆界特定申請に至った原因について，類型別に整理されたものはないのですか。

Q15 筆界特定の対象となる筆界を導き出す要素として，筆界特定実務において蓄積されてきた特定要素（要件）及び重要視されている手法には，どのようなものがありますか。

図解

図25　筆界特定申請に至った原因類型の分類

原因類型		
	(1)	筆界に関する意見の対立類型
	(2)	原因を不明とする類型
	(3)	ブロック塀，コンクリート擁壁の内外をめぐる紛争類型
	(4)	筆界未定の解消類型
	(5)	関係人立会い拒否類型
	(6)	地籍調査の誤り是正類型

A14 原因類型別に分類整理してみたので，図25を参照願いたい。

A15 筆界特定は，その実務実績からは，現地及び特定資料に基づき，２点以上の特定要素を試行錯誤しながら探求し見い出していく方法，ないしこれらの要素を関連させ組み合わせる手法等により運用されてきているものと考えられる。

解説

1　動かぬ証拠の再確認

　既存の筆界を探し出して確認できたものを認定することが筆界特定の目的である。つまりは，動かぬ証拠をどのような手法によって再確認・再発見することに至ったのかを認定書に明示することに他ならない。

　そのためには，筆界特定申請に至ったその原因と問題点を抽出し，対象土地の経緯を踏

まえた上で，少なくとも2点以上の特定要素を探求し見い出していく方法ないしこれらの要素を関連させ組み合わせる手法等により，いわば，対象土地に係る合理的な認定基準（筆界認定の特定要素）を申請人，関係人に具体的に明確化することになるわけである。

そこで，この機会に，大枠ではあるが原因類型別に分類し，その対応策である特定要素をある程度絞り込んで整理することで，実務上の参考に供することとしたい。

2 筆界特定申請に至ったその原因類型 ～2点以上の特定要素を探求～

筆界特定申請に至った根本的原因に焦点を絞り整理してみると，「一方（又は双方）当事者の作為・不作為により現地における原因が作出（又は放置）されたことに起因し，筆界に関する意見の対立（又は対立同視関係）に至ったもの（下記(1)，(3)，(5)に相当）」と「官による主導により作出された成果品そのものの精度（又は粗雑）が原因となって，その成果の是正を求めるもの（下記(4)，(6)は同根）」に一応大別できる。

これをさらに細分した原因の態様別に区分して，筆界特定申請に至った原因の態様を整理してみると，おおむね次の6種類に分類できる。

(1) 筆界に関する意見の対立類型
(2) 原因を不明とする類型
(3) ブロック塀，コンクリート擁壁の内外をめぐる紛争類型
(4) 筆界未定の解消類型
(5) 関係人立会い拒否類型
(6) 地籍調査の誤り是正類型

(1)の「筆界に関する意見の対立類型」は，原因類型別中で最多の頻度数を占める態様である。占有界に固執し時効を主張するもの，また，隣接地との永年にわたる感情的対立が解消しないことに起因するものが含まれている。

(2)の「原因を不明とする類型」には，原因自体が全く不分明の場合のほか，(3)から(6)の各カテゴリーに属さないものを含んでいる。隣地との間の境界に，元々杭などの目印の類がなく，はっきりしないため，隣地所有者との協議がまとまらないものは多い。昔からの相隣関係におけるトラブルとして，未解決のまま放置されてきたものを，筆界特定制度の創設を契機に，この制度を利用して解決を図ろうと意図し申請したものである。

(3)の「ブロック塀，コンクリート擁壁の内外をめぐる紛争類型」には，一方の当事者が隣地の協力を求めず単独でこれら工作物を設置したことに起因するものが多い。中には，(1)又は(2)の境界問題のもやもやを一気に解決するため，自力救済のためと称して，単独で(3)のブロック塀を設置するという複合原因作出型のケースもある。このことに起因して，採光，日照，通風，目隠しの紛争に発展拡大する等の問題を内包している場合もあり，人間関係の修復が容易でない事案も懸念されるところである。また，ブロック塀には幅があ

るので，その内外側のどこか，あるいは中心なのかの特定は，設置経緯，設置費用負担者，設置後のメンテナンスの調査にまで及ぶことになろう。

次に，(4)の「国調筆界未定の解消類型」は，法14条に指定されている国土調査の地籍図や法務局作成の地図において，筆界未定となっている筆界の解消を目的とする申請類型である。この問題の解決には，種々の方法があるが（詳細はQ34，Q35を参照），そのうちの一解決方策として筆界特定が選択されたものである。

(5)の「関係人立会い拒否類型」には，申請人としては分筆なり地積更正等を希望しているものの，①転居先が判明せず，相手方への連絡が不能となっているもの，②関係人への通知が不到達であったり，関係人が行方不明であるもの，また，③相手方なり関係人の立会い拒否という反射的な事情から分筆不能の状態にあったり，さらには，④対測地所有者には利害関係がないとの独自の考えから立会いなりそこでの承諾が得られない等の障害があることから，境界確定に至らないため，その目的が達成できないための代替措置として筆界特定を利用するものである。都会型の人間関係の希薄化（不作為）が，隣地所有者の経済活動にまで深く投影してくるのである。世代が変われば逆の立場になる可能性があるのにもかかわらず，である。この意味において，従来とは異なる新型類型と位置付けることもできよう。

(6)の「地籍調査の誤り是正類型」は，①以前に実施済みである地籍調査の誤りを指摘し，公図により復元した筆界を主張するものであるとか，②筆界確認不能地につき地籍図の誤りを指摘し，その是正のために筆界特定を利用するものもある。正確かつ確実な調査が実施されていたかどうかが問われるのである。昭和40年代から50年代の当初にかけての地籍図を対象として散見される類型であって，過去の国土調査の成果について，実施機関における内部資料を含めての検証・再評価が迫られる申請と位置付けられよう。

3 筆界特定の特定要素 〜認定には2点以上の特定要素を探求〜

ここでは，筆界特定申請に至った原因の類型別に，どのような判断資料に基づいて特定要素（根拠）としたかの主要部を整理してみたい。

(1) **筆界に関する意見の対立類型**

① 基礎となる地図が公図のほか土地区画等の確定図が存在する場合

まず，土地の屈曲点ほかの現地における地形・筆界標識ほかの地物の存在を探索・収集し，実測距離と確定図の読取距離の対比であるとか公簿面積と実測面積の検討から入り，土地区画確定図が存在する場合は，確定図に基づく復元するわけであるが，このほか土地分筆申告図添付図を検討資料を特定要素として認定している。

② 基礎となる地図が法14条地図である場合

現地において区画整理事業当時のコンクリート杭，金属鋲を探索し，区画整理事業

の際の街区換地図，土地分譲会社から図面を入手するなどの資料のほか地積測量図，実測辺長，実測面積，現況等を加味して総合的に判断している。

なお，公図及び国土調査の地籍図の辺長読み取り，敷石の存在を特定要素としているものもある。

③ 基礎地図が公図のみである場合

コンクリート塀，ぐり石等構造物，境界石・境木・ぐり石の現地における地物の存在を探索・収集し，公簿面積と実測面積の検討から入り，地積測量図が存在する場合は，公図上の辺長の按分比率等を試み，そこからの復元したり，土地分筆申告図添付図や筆界確認書，境界協定見取図の検討を行ったり，また，空中写真と公図合成図を作成したり，公図上の形状から仮想方向線の検討，占有利用状況による判断を加味している手法が多い。また，構造物等の設置の沿革を検討し同位置への合理的判断をしているものもある。

公図以外に基礎付ける資料がない場合には，実測面積と公簿面積の検討がウエイトを占めるのは否めないことであるが，より明白な一段階上の決定打が望まれる。

空中写真と公図の合成図を作成することは，遠過去の公図上の情報と近過去の空中写真上の視認地物（識別情報）を見い出し同定することであり，今後とも活用が期待できる手法である。

香川県の老練な土地家屋調査士から，池沼の樋門位置を基準の標識としているとの示唆を受けたことがある。

(2) 原因を不明とする類型

① 基礎地図が公図のみである場合

金属プレート，プラスチック杭の筆界標の存在，ブロック塀の現地における構造物の存在を現地において探索・収集し，公図形状を特定の基本地図に置き，公図上の読み取り辺長，公図読取面積と実測面積の検討を行い，地積測量図が存在する場合は，それを検討資料に加味して，同図に基づき復元する手法が一般的で標準的な特定方法である。

敷衍すると，基礎地図が現地復元能力のない公図（地積測量図を含む。）のみである地域にあっては，書証，物証及び人証等の収集資料と現地との一致の度合いから，それぞれの収集資料につき実地検証等を行い，その真偽と良否（つまりは，収集資料そのものの証拠能力）を鑑定し，各土地の位置，形状，地物及び占有状態に加え，公簿面積，公図読取面積の求積及び実測値の対比，本件土地の経緯等をも考量し，客観的で合理的に判断して現地における筆界の位置を特定することになる。

また，構造物の存在，立会証明書の存在を筆界を基礎付ける資料として活用したり，公図と空中写真を比較照合の上で検討している手法も多くの事例で採用されている。

この場合，不一致（食い違い）が起きている筆界点について，筆界を後発的に移動した事実のないことが確認できた場合には，画地調整を行い，筆界点を導き出し総合的に判断する方法が採用されている。画地調整とは，各土地の位置，形状，筆界点間の辺長の按分比率，地積の対比等を比較考量して，客観的で合理的な筆界点の真の位置を探究する調整手法である。

② 基礎地図が公図のほか土地区画確定図がある場合

土地区画確定図辺長と実測距離を検討している。また，金属プレートの存在を探索・収集しているものもある。

(3) ブロック塀，コンクリート擁壁の内外をめぐる紛争類型

まず，地物としてのコンクリートブロック杭の存在及びブロック塀の設置費用負担を手掛かりとして，公図の寸法値の読み取り，分筆申告書と公図の照合，公図における筆界線の形状，地積測量図の辺長の検討，公図と空中写真の重ね合わせ，公簿面積と実測面積の検討がされている。

また，官民境界査定書の検討もされている。

(4) 国調筆界未定の解消類型

法14条に指定されている法務局作成地図が存在する地域や国土調査において筆界未定となっている筆界の解消を目的とする類型である。

法務局作成地図や国土調査の地籍図を基礎資料として，構造物等の存在，金属プレート等の存在を探索・収集し，公簿面積と実測面積の検討をしていくことになる。地積測量図，閉鎖準地図等も検討の対象となる。大規模の分譲地では分譲図の検討も必要となろう。

このほか，地域の慣習をも加味したものも見受けられる。

(5) 関係人立会い拒否類型

申請人としては，分筆・地積更正等を希望しているものの相手方への連絡が不能であるとか，関係人への通知が不到達であったり，関係人が行方不明であったり，また，関係人の立会い拒否により，分筆不能の状況にあったり，あるいは，対測地所有者の承諾が得られないまま長期にわたり手をつかねている等の状況にあって，境界確定にまで至らないことからその目的が達成できないための措置として筆界特定を利用するものである。

公図と空中写真の重ね合わせる手法を用いての公簿面積と実測面積の検討のほか地積測量図を検討し，地積測量図の復元を実施する手法を用いている。

(6) 地籍調査の誤り指摘類型

地籍調査の誤りを指摘し公図復元の筆界を主張するものとか，筆界確認不能地につき地籍図の誤りを指摘し，その是正のため筆界特定を利用するものもある。

地籍図と公図の対査，公図と地積測量図の対査，公図と空中写真の検討等が実践されている。国土調査後において，筆界を後発的に移動した事実を含め多角的に検討することも一つの要素となる。

第3編 土地台帳と登記簿

第12 土地台帳の様式について

Q16 友次英樹著「土地台帳の沿革と読み方」（日本加除出版）によれば，「土地台帳の様式は明治22年様式が一番古い」と書かれているが，徳島県では明治17年様式の方が多く見受けられる。そうであれば，明治17年様式が一番古いとするべきではないか。

Q17 また，登記所と土地台帳所管庁間の連絡は，どのようにされていたのか。

図解 質問の趣旨を明確にし，理解を深めるために，明治17年式（図26）及び明治22年式（図27）の双方の様式を掲載し比較する。

図26　地券台帳様式

（参考掲記：明治9年3月13日地租改正事務局別報第16号達）
明治17年12月16日大蔵省達第89号「地租ニ関スル諸帳簿様式」別冊第19号様式
（本様式は「土地台帳の沿革と読み方」4頁掲載　友次英樹　日本加除出版）

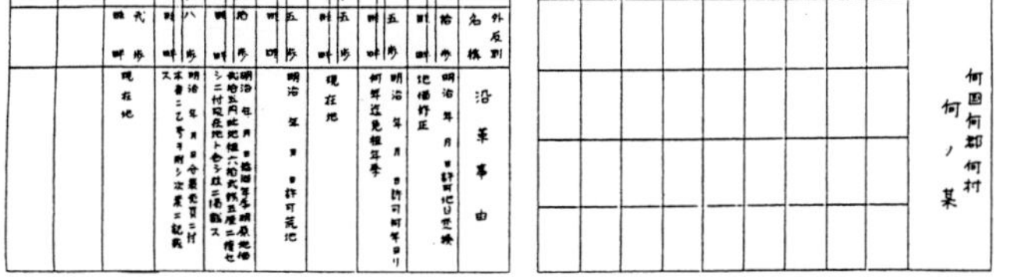

（注）　明治22年3月26日大蔵省訓令第11号により「土地台帳は従前の地券台帳を整理修補し」充当した。

第3編　土地台帳と登記簿

図27　明治22年式土地台帳の様式

明治22年7月1日大蔵省訓令第49号「土地台帳様式及び調製方」別紙様式
（本様式は「登記研究」422号62頁掲載　新井克美）

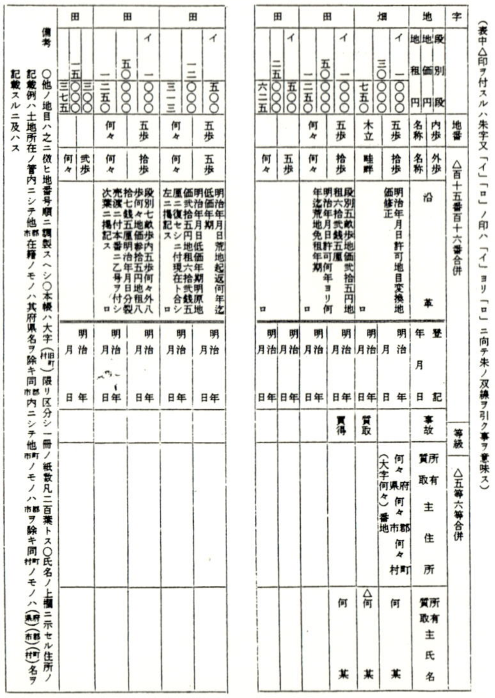

A16　土地台帳は，「従前の地券台帳を整理修補し之に充」てられたもの（これはあくまで代用したもの）であって，明治22年様式は，正式な土地台帳様式としては，様式中最初のものという意味において記述されているものと考えられる。

A17　登記所において土地所有権の移転及び質入の登記をしたとき及び初めて土地につき登記をしたときは，土地台帳所管庁にこれを通知し，一方，土地台帳所管庁においては，土地について分・合筆，地番号又は地目の変更があるごとに，このことを登記所に通知し，その通知を受けた登記所は，登記簿にその変更の旨を追記するというルールになっていた。

解説

1 地租条例による土地台帳制度

地租改正事業の進展を受けて，明治17年3月15日太政官布告第7号をもって「地租条例」が定められ，丈量（測量）方法，有租地と免租地の区別，地価の定め方，地租の率，地目変換等の場合の届出等につき規定が設けられることになった。この時代の様式（図26）は，上段から地番，段別，地価，地租の表示が縦列に表示されたものとなっている。

さらに進捗度が進んだ明治22年3月22日（法律第13号）になって，明治政府は，地券制度を廃止して土地台帳制度を設けることになった。この法律により「地券を廃し地租は土地台帳に登録したる地価に依り其記名者より之を徴収」することとなり，同時に，同年3月22日には勅令第39号により「土地台帳規則」が，また，同年4月1日には大蔵省令第6号によって「土地台帳規則施行細則」がそれぞれ定められ，今日に至るまで継続することとなる土地台帳法及びその附属法令の基礎が固まってきたわけである。

その際，明治22年3月26日には，「勅令第39号土地台帳は従前の地券台帳を整理修補し之に充つべし」とする大蔵省訓令第11号が出され，地券台帳を土地台帳に充当することになった。この土地台帳規則の定めに従い，市の土地台帳は府県庁において，町村の土地台帳は島庁郡役所において備え付けられ，その事務を取り扱うこととなった。

2 土地台帳様式中最初のものは明治17年様式

以上のことから，土地台帳は，「従前の地券台帳を整理修補し之に充」てられたもの（これはあくまで代用したもの）であって，正式な「初代」の土地台帳様式としては，明治22年様式（図27）は，様式中最初のものという意味において記述されているものと考えらる。この様式では，上段に段別，地価，地租の表示が並列されているものとなっている。

3 登記所と土地台帳所管庁間の通知

登記所において土地所有権の移転及び質入の登記をしたときは，土地台帳所管庁にこれを通知することになったのであるが，これに関連するかたちで，明治23年9月1日法律第78号によって登記法（明治19年法律第1号，明治23年11月1日施行）の一部が改正され，登記所が初めて土地につき登記をしたときは，このことを管轄する地の土地台帳所管庁に通知し，その一方で土地台帳所管庁においては，土地について分・合筆，地番号又は地目の変更があるごとに，このことを登記所に通知し，その通知を受けた登記所は，登記簿にその変更の旨を追記するというルールになった（同法41条）。

図28　土地台帳制度の沿革

地租改正条例	明治6年7月28日太政官布告第272号
	・地租改正事業実施（地価を課税標準） ・改正地券の発行
地券大(台)帳雛形	明治9年3月13日地租改正事務局別報第16号達
	・地券制度における大(台)帳　＊土地台帳の以前の形
地租条例	明治17年3月15日太政官布告第7号
	・地租率，有租地と免租地の区別，丈量方法，地価の定め方，地目変換等の場合の届出等 ・全国地押調査
地租ニ関スル諸帳簿様式	明治17年12月16日大蔵省達第89号
	・府県庁に地租台帳，反別地価台帳，地図，野取絵図 ・郡役所に地租台帳，地券台帳 ・戸長役場に土地台帳，反別地価台帳，地図，野取絵図 　所有者名寄帳　―各備付
土地台帳制度創設	明治22年3月22日法律第13号
	・「地券ヲ廃シ地租ハ土地台帳ニ登録シタル地価ニ依リ其記名者ヨリ之ヲ徴収ス」＊地券制度廃止
土地台帳規則	明治22年3月22日勅令第39号
	・市の土地台帳は府県庁，町村の土地台帳は島庁郡役所で事務取扱 ・地租は土地台帳に登録した地価により徴収
地券台帳を代用	明治22年3月26日大蔵省訓令第11号
	・「勅令第39号土地台帳ハ従前ノ地券台帳ヲ整理修補シ之ニ充ツヘシ」＊地券大（台）帳を土地台帳に充て代用 ＊明治17年様式は，土地台帳様式としては様式中最初のものとの意
土地台帳規則施行細則	明治22年4月1日大蔵省令第6号
	・土地台帳には，土地の字番号ほかも登録
土地台帳様式調製方	明治22年7月1日大蔵省訓令第49号
	・土地台帳の様式及び調製方の指示
税務管理局官制	明治29年10月21日勅令第337号
	・税務管理局及び税務署が設置され，土地台帳事務を府県収税部及び収税署から移管

―太政官制度―

　明治元年閏4月21日の政體書で太政官の制度が復活され，「天下の権力總て之を太政官に歸す」のとおり，国政の中心は，太政官に集中された。太政官から公布される法令は，（規定は見当たらないが）「布告」と称された。明治6年7月18日太政官達第254号によって，①全国一般に達すべきものと，②各庁限りで相心得べきものに区別し，①は「布告」，②は達（又は布達）と呼ばれることになった。

　①の結文例は「此旨布告（可相心得）候事」，②の結文例は「此旨相達（可相心得）候事」とされた。

　この後，明治18年12月に官制改革があり，太政官制度は廃止されることとなり内閣制度が設けられた。翌年2月24日勅令第1号により憲法制定に対応するために公文式が制定され，「法律，勅令，閣令，省令」等の書式が定められた。公文式は明治40年2月1日に，公式令も昭和22年5月3日に廃止されている。

　　―法律学辞典第1巻699頁（宮澤俊義）昭和10年発行，第5巻1799頁（宮澤俊義）昭和11年発行
　　岩波書店（各巻共に定価7円）―

第3編　土地台帳と登記簿

第13　一元化前の土地台帳

　土地台帳一元化前（二元化時代）における下記の事項について，当時の書式及び雛形を示す等により具体的に説明してもらいたい。

Q18　分筆・合筆等をする場合に，土地台帳へ登載するための申告手続について

Q19　当時における分筆申告書等の申告方法，添付図面及び公図への記入の仕方について

Q20　また，そのことを登記簿へどのような方法で反映していったのかについて

Q21　法務局と税務署との連絡体制について

Q22　また，土地台帳と登記簿の記載年月日にずれがあるのは，どうしてなのかについても併せて教えてもらいたい。

図解　質問の趣旨を明確にし，理解を深めるために，当時の「第二種地成申告書」（書-5）及び「土地分筆申告書」（書-6）及び「分筆に係る登記申請書」（書-7）の各書式を掲載する。

書-5　第二種地成申告書書式

第13　一元化前の土地台帳

書-6　土地分筆申告書書式

(「改訂土地家屋台帳法解説」復刻版230頁〜新谷正夫・川島一郎共著　テイハン)

図29　分筆申告等に係る地積測量図雛形

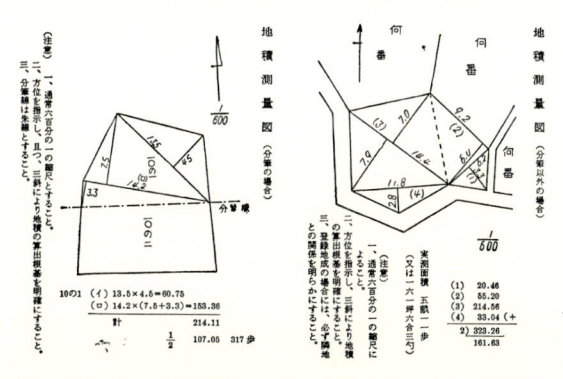

(「改訂土地家屋台帳法解説」復刻版230頁〜新谷正夫・川島一郎共著　テイハン)

書-7　分筆に係る登記申請書書式

分筆ニ付登記申請（不三六、七九、八〇、八一、八三ノ三項、九〇但書、施三八）

一　分割前ノ土地　何郡何村何番地宅地七百五拾坪
一　分割シタル土地　何郡何村何番地ノ壱宅地参百六拾坪
　　　　　　　　　何郡何村何番地ノ弐宅地参百九拾坪
一　現在ノ土地
一　登記ノ目的　分筆ノ登記
一　登記原因及ヒ其日附　明治何年何月何日分割
一　登録税　金何拾銭

右登記相成度別紙土地台帳謄本及ヒ分割シタル土地ニ付抵当権者何某カ其権利ノ消滅ヲ承諾シタル書面相添此段申請候也
明治何年何月何日

　　　　何郡何村何番地
　　　　　　　　何某㊞

某区裁判所「某出張所」御中

(「登記先例解説集」25巻7.8号合併号155頁　金融財政事情研究会)

第3編　土地台帳と登記簿

A18　分筆又は合筆は，土地台帳上の登録（又は登録の修正）処分であって，分筆又は合筆の申告は，土地台帳上の処分を求める行為である。
　このことから，所有者が申告をすることが前提にあって，その申告に基づいて土地台帳の訂正，修正登録を了した後に初めて，登記の変更申請手続ができることとされていた。

A19　申告方法は，申告書に①異動の種類，②異動前の土地の所在，地番，地目及び地積，③異動後の土地の所在，地番，地目及び地積をそれぞれ記載して提出することとされていた。
　なお，分筆の申告書には，地積の測量図を添付しなければならないこととされていた。

A20　申告によって土地台帳の修正・訂正等の登録が完了した後に，これに相応するように，不動産の表示変更登記申請をすることとされていた。

A21　土地台帳所管庁から登記所あての連絡については，土地台帳所管庁は，土地の分・合筆，地目変更等があったときは，その旨を登記所に通知することとされ，登記所側としてはその旨の通知を得て確認できていた。大正2年からは，不動産の表示変更登記申請には，土地台帳謄本を添付することに改められた。

A22　登記簿に登載される土地の表示は，土地台帳に依存しており，また，原則的には，土地台帳に登録される権利者は，登記簿の記載に依存するシステムとなっていたことから，登記簿に登載される時期と土地台帳に登録される時期には，どうしてもタイムラグが生じることとなるわけである。これは二元化システムを採用していた制度の宿命である。

解説

　本問に入る前に，土地台帳は，昭和初期の地租法から第二次世界大戦後の土地台帳法に至るまでの間の改正を受けて，どのような変遷を経てきたのかについて，下記の項目1及び2において説明する。その後に，項目3において，二元化時代の分割申告書等の申請方法，添付図面，公図への記入等の質問について説明を加えることとする。

1　地租法による土地台帳

　昭和6年3月31日法律第28号により地租の課税標準となるべき土地の賃貸価格の均衡・適正を図るために「地租法」が制定され，税務署に土地台帳を備えて，「土地の所在，地

番，地目，地積，賃貸価格，所有者の住所氏名」を登録することとなった。この法律は，同年4月1日から施行された。

このことにより，明治17年3月15日制定の地租条例は廃止され，地租条例による土地台帳は，これを地租法による土地台帳とみなされることになった（同附則101）。合理的な法の処理を貫くために，土地台帳として取り扱わしめることとしたのである。

2 土地台帳法による土地台帳

明治初期の全産業の中では，農業が大きな比率を占有していたので，租税収入に占める地租の比率は，極端に多く，明治初期の地租改正以後における租税（国税）の主要財源と位置付けられてきた。その後，近代産業，ことに第二次産業の目覚ましい進展に伴ってその比率は減少し，昭和22年3月地方税法（昭和15年3月29日法律第60号）の改正によって，これまでの地租が府県税となったことから，昭和22年3月31日法律第30号によって新しく土地台帳法が制定された。

この土地台帳法では，地租法の内容とほとんど同じ規定が設けられた上，同年4月1日から直ちに施行された。そうして，これまでの地租法による土地台帳は，これをこの法律による土地台帳とみなされ（附則2），地租法の地租徴収に関する部分の規定は廃止されることとなった。

シャウプ勧告を受けた昭和25年の税制改革により，府県税であった地租を廃止し，これに代替するものとして新規に市町村税たる固定資産税制度が採用されることになった。この制度改革を受けて，昭和25年7月31日地方税法の成立と同時に同年法律第227号で土地台帳法の一部が改正され，この改正を起点として，土地台帳の性格が，課税のためのものから土地の現況を登録する地籍簿的なものへと変革することになったわけである。

これに伴って土地台帳及び同附属地図が登記所に移管され，この結果，次の7つの措置が講じられることとなった。

① 登記所に土地台帳を備え付け，管轄内の土地につき登記事務を所掌する。
② 市町村には土地台帳の副本を備え付ける。
③ 市町村長からの通知により（賃貸価格に代えて），土地の価格を土地台帳に登録する。
④ 土地の異動に関する申告は，市町村経由ですることができる。
⑤ （不動産登記の場合と同様に）土地の異動申告は，代位によることができる。
⑥ 登記所が土地の所有権，質権若しくは地上権の得喪変更（又は家屋の所有権の得喪変更）に関する登記を実行したときは，その登記事項を職権で土地台帳（又は家屋台帳）に登録する。
⑦ 手数料を納付すれば，何人でも土地台帳の閲覧又は謄抄本の交付を請求することができる。

3 │ 二元化時代の分筆申告書等の申告方法，添付図面，公図への記入

(1) 規　定

　土地の分筆又は合筆の申告に関する規定としては，「分筆又は合筆をしようとするときは，土地所有者は，これを登記所に申告しなければならない。」とされていた（土地台帳法26条）。

　これらの場合，その地積の定め方は，「分筆をしたときは，測量して各筆の地積を定める。」，「合筆をしたときは，合筆前の各筆の地積を合算したものを以て，その地積とする。」のが実務の取扱い方法とされていた（同法29条）。

　分筆の場合は，土地の特定のために「測量」することが義務付けられており，そのためには各筆界が確認されていることがその大前提にあったことは，分筆の性格から当然のことであり，このことは現行不登法においても継承されている。合筆の際には，各筆の地積を単純に合算するのみであり，これも現行法と差異はなかった。同時に，土地台帳附属地図に分筆又は合筆の処理がされていたわけである。

(2) 分筆，合筆の申告

　分筆又は合筆は，土地台帳上の登録（又は登録の修正）処分であって，分筆又は合筆の申告は，土地台帳上の処分を求める行為である。

　第一種地（課税する土地，第二種地以外の土地のこと。）と第二種地（非課税土地，公衆用道路とか県・市町村の所有する土地のこと。）との転換，地目変換のように，先行する事実行為に基づき客観的に生じている土地の異動の事実を，事後報告的に申し出る行為とは当然にその性質を異にする。

　分筆又は合筆は，土地台帳上の処分を求める場合に限り申告することが要請された。所有者がその処分を求めない場合には，実態上，いくら土地の区画を変更したという事実行為があったとしても，申告する必要はないということである。つまり，分筆又は合筆の申告という行為は，一種の権利行使と解されていたのである。

　申告方法は，申告書に①異動の種類，②異動前の土地の所在，地番，地目及び地積，③異動後の土地の所在，地番，地目及び地積をそれぞれ記載して提出することとされていた。異動の年月日（土地台帳法施行細則12条1項2号）は，分筆又は合筆の場合には，土地台帳上の処分の年月日を指すので，申告書（書-6）には，異動年月日は記載することを要しないこととされていた。

　なお，分筆の申告書には，地積の測量図（図29）を添付しなければならないこととされていた。共有土地の分筆又は合筆については，共有者全員が共同して申告することを要した（要領第40第1項5号）。分筆又は合筆が処分行為であることからの当然の帰結である。

(3) 分筆，合筆の方法

　分筆の方法は，分筆前の土地については，土地台帳の登録を修正して分筆後の一筆の土地を表示し，分筆後の土地（すなわち，他の一筆）については，土地台帳用紙に新規に登録する方法によって表示することとされていた。

　合筆の方法は，地番の筆頭（首位）の土地について，土地台帳の登録を修正して合筆後の土地を表示し（地番は，筆頭地番が維持されることになる。），他の土地については，その土地台帳を閉鎖することとされていた。

(4) 不動産登記の申請

　上記(3)によって土地台帳の修正・訂正等の登録が完了した後に，これに相応するように，不動産の表示変更登記申請をすることとされていた（明治32年２月24日法律第24号による旧不登法79条）。その後の不登法の一部改正により，不動産の表示変更登記申請には，「土地台帳謄本を添付すること」とされた（大正２年４月９日法律第18号不登法中改正法80条）。登記の真正を担保するための措置である。しかし，この旧不登法79条の登記は，必ずしも申請が励行されていない実態であったことから，登記簿の不動産の表示が土地台帳と符合しない場合は，不動産の表示変更登記を経由しなければ，その不動産につき他の登記の申請をすることができないものとされた（昭和25年７月31日法律第227号土地台帳法等の一部改正法による不登法の一部改正法49条11号，49条ノ２）。この改正法は，土地台帳事務が登記所において取り扱われることとなることを受け，改正されたものである。

　なお，前記の昭和25年７月土地台帳法等の一部改正に伴い，若干ではあるが，手続上の簡素化が図られることとされた。それが，登記併用申告である。

　登記併用申告というのは，土地台帳に登録されている者が，名義人の表示変更を申告した場合（例；住所又は氏名等の変更のような場合）には，登録税（当時）を別途納付しさえすれば，当該表示変更の申告自体に登記名義人表示変更の登記申請をしたものと擬制されたのである（昭和25年７月31日法律第227号土地台帳法等の一部改正法による不登法の一部改正法39条ノ２）。この登記は，土地台帳の記載を基礎としてされるので，登記併用申告の場合には，まず，土地台帳の登録をした後に登記がされることが明定されていた（同法90条１項）。

(5) 分筆と地積の決定

　分筆する場合，分筆された各筆の土地を双方ともに測量し，それぞれに各筆の土地の地積を決定するのが本来的な取扱いである。

　しかし，実務上の実際は，土地台帳事務取扱要領（昭和29年６月30日民事甲第1321号民事局長通達）により，「分筆地の地積を定めるには，その一方の地積を測量し，これを原地の地積から控除した残部をもって他の一方の地積とすることができる」（同要領第

9）とされていた。分筆された土地の一方のみを測量して，この現地測量された成果値（B）を，現地の地積（A）から机上で差引計算し得られた算出値（A－B）をもって他の一方の土地（実務上は，「元番」ないし「残地」と呼称）の地積としても差し支えないことになっていたのである。

なお，分筆した各筆のそれぞれの土地を測量した結果，その地積の合計値が，土地台帳に登録した分筆前の地積と比較して大差がある場合（宅地については100分の5以上，その他の土地については100分の10以上の開差が生じている場合）には，分筆に先行して，土地台帳法施行細則（昭和25年7月31日法務府令第88号）による誤謬訂正の手続（同細則15条）によって，地積の訂正をすべきものとされていた（同要領第64第2項）。このことは，測量誤差の範囲内にあるか否かが地積訂正をするかどうかのメルクマールということであり，測量費用の負担の観点（要するに，経済性）からは，わざわざ高い費用を支払って正確な地積を申告する実益のない地積の訂正の手続を求める事例があったかどうかは，大いに疑問ではある。前記分筆において，現地測量された成果値（B）を，差引計算し得られた算出値（A－B）がマイナスとなった場合には，分筆の申告を受け付けてもらえないことから，これを回避するための万やむを得ない措置として，実務処理として機能していたことはあり得たことと思われる。

(6) 地図の整理

土地の異動を対象とする処分，その他地図に関係する処分をしたため，地図を整理する必要が生じた場合の地図の取扱いは，次のとおりとされていた（同要領第51）。

① 土地の異動を対象とするものについては，地図に貼紙をして整理していた。ただし，地図の鮮明さを損なわない限り，次の各号によって処理して差し支えないとされていた。

　ア　国有地，河川敷地等で民有となったもの又は公有水面埋立法によって民有となった土地については，各筆の境界線を画し，地番を記入する。

　イ　分筆の場合には，地図に黒線を画し，地番を記入する。

　ウ　合筆の場合には，その境界線を朱抹し，存続地番はそのまま存置し，その他の地番を朱抹する。

　エ　地番又は境界線の訂正の場合には，訂正すべき境界線若しくは地番を朱抹し，所要の黒線を画し，又は地番を記入する。

② 地積の狭小なもの又は地図の区画が狭小で地番の記入が困難なものについては，適宜の符号（例　ア，イ，ウ）を附して，余白にこれを記載する。

③ 土地の異動が頻繁で地図が錯雑している土地にあっては，原図を謄写して余白に貼付し，これによって整理する。

④ 土地改良事業（換地処分）又は土地区画整理事業の施行地域の地図は，確定図を

もって更正図に代える。地図の一部に当たる土地について土地改良事業又は土地区画整理事業を施行した場合には，その部分に貼紙をして「昭和何年何月何日土地改良事業（又は土地区画整理事業）施行地」と朱書する。

なお，地図を新設する場合は，地図の適当な箇所に「昭和何年何月何日調製」と記載するものとされていた（同要領第18）。この場合において，旧地図があるときは，これを30年間保存しなければならないとされていたので，今日の段階においては，旧地図を探索する必要に迫られた場合には，この保存期間を念頭に対処する必要がある。

(7) 法務局と税務署との連絡体制

土地台帳所管庁から登記所あての連絡は，旧不登法（明治32年2月24日法律第24号）11条2項の規定によれば，「土地台帳所管庁は，土地の分・合筆，地目変更等があったときは，その旨を登記所に通知する。」こととされ，登記所側としてはその旨の通知を得て確認できていた。

ところが，(4)で説明したとおり，その後の不登法の一部改正（大正2年4月9日法律第18号不登法中改正法）により，不動産の表示変更登記申請には，「土地台帳謄本を添付する」（同法80条，90条）こととされた結果，この旧不登法11条2項の規定は削除された。

一方，登記所から土地台帳所管庁への連絡は，当初は土地台帳規則（明治22年3月22日大蔵省勅令第39号）3条に，「登記所において土地所有の移転及び質入の登記をしたときは土地台帳所管庁に通知すべし」と規定されていたのであるが，その後における不登法中改正法律（明治38年3月1日法律第39号）11条1項において，「①所有権の保存，移転，②質権の設定，移転，消滅，③100年より長い存続期間の定めのある地上権の設定，移転，消滅等の登記」の項目が追加されて改正している。上記の権利に関する事項は，原則として，登記を先行させ，その後にこれを土地台帳に登録するというシステムが採用されていたということになる。したがって，土地台帳所管庁はこの通知に基づき，土地台帳に登録していたのである。

なお，上記の「土地の所有権，質権，地上権の得喪に関する事項」は，土地台帳の登録とその登記との関係は，登記を先行させなければ，土地台帳に登録をすることができないものとされていた（昭和25年7月31日法律第227号土地台帳法等の一部を改正する法律43条の2第1項）。この改正法は，土地台帳事務が登記所において取り扱われることとなることを受け，改正されたものである。

以上のように，登記簿に登載される土地の表示は，土地台帳に依存しており，また，原則的には，土地台帳に登録される権利者は，登記簿の記載に依存するシステムとなっていたことから，登記簿に登載される時期と土地台帳に登録される時期にはどうしてもタイムラグが生じることとなるわけである。これは二元化システムを採用していた制度の宿命である。

このほか，土地台帳法，家屋台帳法上には法務局と税務署との連絡体制に関する規定は見当たらない。

　このことから，一般的な方法としては，国又は地方の職員が，職務上請求理由を記載して，土地台帳又は家屋台帳の閲覧ないし謄本の交付を請求する方法によっていたことになる。この場合，請求の手数料を徴収することは要しないこととされていた（同要領第93）。

第14 戦災地域の回復登記

Q23 戦災地域の回復登記の手続について教えていただきたい。

図解 質問の趣旨を明確にし，理解を深めるために，回復登記の流れの変遷を図解（図30）する。

図30 回復登記の流れの変遷

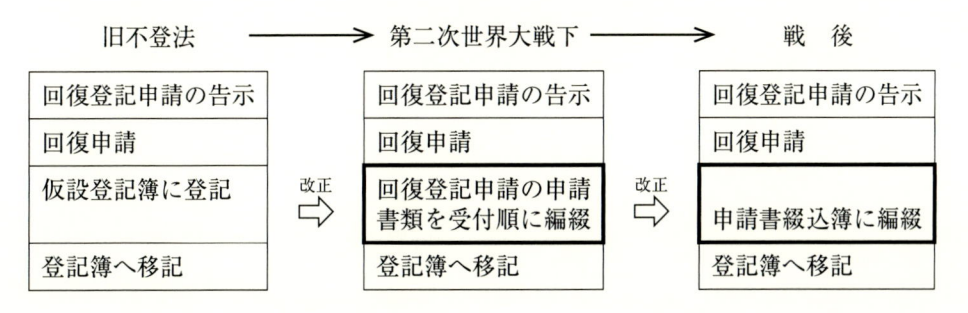

旧不登法	第二次世界大戦下	戦 後
回復登記申請の告示	回復登記申請の告示	回復登記申請の告示
回復申請	回復申請	回復申請
仮設登記簿に登記	回復登記申請の申請書類を受付順に編綴	申請書綴込簿に編綴
登記簿へ移記	登記簿へ移記	登記簿へ移記

（旧不登法→改正→第二次世界大戦下→改正→戦後）

A 旧不登法下では，「回復登記申請の告示」→「回復申請」→「仮設登記簿に登記」→「登記簿へ移記」との手続を要していたが，第二次世界大戦下における戦災被害に起因して「仮設登記簿に登記する」ことに代えて，「回復登記申請の申請書類を受付順に編綴する」こと自体で「登記」の効力が認められるようになり，戦後は，「受付順に編綴する」との文言を「申請書綴込簿に編綴する」ことに改められたという経緯がある。

解 説

1 旧不登法下での滅失回復登記の処理方法

　明治32年2月24日法律第24号により制定された旧不動産登記法では，「登記簿の全部又は一部が滅失したる場合に於ては司法大臣は3か月より少なからざる期間を定めその期間内に登記の回復を申請する者はなおその登記簿に於ける順位を有すべき旨を告示することを要す」と定められていた（旧不登法23条）。

　また，「法23条の規定によりて定めたる期間中新登記の申請ありたるときは仮設登記簿

第3編　土地台帳と登記簿

に其の登記をなすことを要す」とされ（旧不登法72条），同法73条では「仮設登記簿に為したる登記は法23条に定めた期間満了の後，遅滞なくこれを登記簿に移す」こととされていた。

つまり，登記簿の滅失事実が発生した場合には，「回復登記申請の告示」→「回復申請」→「仮設登記簿に登記」→「登記簿へ移記」との手続を要していたのである。

2 戦災地域の回復登記の処理方法等

ところが，第二次世界大戦下における戦災被害に起因して，①戦時民事特別法中改正法律（昭和20年2月14日法律第9号）22条の規定により「登記の申請書に添付すべき書類，登記の申請人及び登記を移し又は転写する場合に関しては勅令を以て別段の定めを為すことを得」とされ，引き続いて，②戦時登記特別手続令（昭和20年3月28日勅令第154号），③戦時登記特別取扱手続（昭和20年3月28日司法省令第10号），④戦時民事特別法及び戦時刑事特別法中改正法律（昭和20年6月20日勅令第37号）1条，⑤戦時登記特別手続令中改正ノ件（昭和20年7月4日勅令第399号）4条ノ2，⑥戦時登記特別手続令中改正（昭和20年7月4日司法省令第30号）が矢継ぎ早やに発せられ，⑤の勅令により「同法72条による登記は之をなさず，登記簿の全部又は一部が滅失した登記所に申請書綴込帳を備え，法23条の規定により定められた期間中に受け付けた新登記の申請書類を受付番号順に編綴する」こととされた。この編綴のあったときに登記すべき事項については登記ありと同一効力が生ずることとされ，法23条の期間満了後遅滞なく登記簿に記載することとされた。

つまり，前段記載中の「仮設登記簿に登記する」ことに代えて，回復登記申請の申請書類を受付順に編綴する」こと自体で「登記」の効力を認めたのである。登記経済の要請に応えたものであろう。

さらに，同年12月には，⑦戦時民事特別法廃止法律（昭和20年12月20日法律第46号）付則第2項の規定により「法22条の規定は本法施行後と雖も当分の内なお効力を有する」とされた。

その後，昭和24年には，⑧（地方）法務局設置に伴う関係法律の整理等に関する法律（昭和24年5月31日法律第137号）による不登法の一部改正がなされ，戦時登記特別手続令及び戦時登記特別取扱手続による規定を盛り込んだ改正がされ，同年6月1日から施行された。

主要な改正点としては，司法事務局を改組し（地方）法務局を設置したこと，及び不動産の滅失回復登記申請期間中における新たな登記申請手続を簡素・合理化したことである。

具体的には，「登記簿の全部又は一部の滅失したる登記所に申請書綴込簿を備え」付け（旧不登法19条ノ2），「法23条の規定により定められた期間（3か月）中に受け付けた新登

記の申請書類を受付番号順に編綴する」こととされ（同法72条1項），「法23条の規定により定められた期間（3か月）満了したるときは遅滞なく法72条1項に掲げたる書面に基づき登記簿に記載をなすことを要す」とされた（同法74条1項）。ここで，旧不登法72条1項に掲げたる書面とは，新登記の申請書，通知書，許可書等申請書綴込簿に編綴したものを指す。

申請書綴込簿に編綴がなされたときに，登記すべき事項については登記があったものと同一の効力が生ずることとされた（旧不登法72条2項）。

この後において，申請当事者に登記済証が交付されることになるわけである。

第15 土地台帳と登記の事務の流れについて

Q24 戦後から一元化に至るまでの間の土地台帳と登記の事務の流れの概要について教えてほしい。

Q25 台帳制度と登記制度の相互関係について承知しておきたい。

図解 質問の趣旨を明確にし，理解を深めるために，戦後から一元化に至るまでの間の土地台帳と土地登記簿の事務の流れ（図31）を掲載する。

図31 戦後から一元化に至るまでの間の土地台帳と土地登記簿の事務の流れ

土 地 台 帳 事 務	土 地 登 記 事 務
① シャウプ勧告 昭和25年の税制改革 土 地 台 帳 法 昭和22年3月31日法律第30号 ① 地租法による土地台帳はこの法律による土地台帳とみなされた（附則2） ② 賃貸価格は税務署が継続し認定 ③ 1種地課税土地，2種地非課税土地 ② 土地台帳法の一部改正 昭和25年7月31日法律第227号 ① 台帳の性格が，課税のためから土地の状況を登録するための地籍簿に変更 ② 土地（家屋）台帳は登記所に移管	

第15 土地台帳と登記の事務の流れについて

③ 不登法等一部を改正する法律

昭和26年4月20日法律第150号

昭和26年7月1日施行

① 登記番号及び見出し帳を廃止
② 共同人名簿を廃止し，これに代えて共同人名登記簿に編綴
③ 閉鎖登記用紙は登記簿から除却して閉鎖登記簿に編綴し，30年間保存
④ 表示変更の登記を申請する場合は，その所有権以外の権利の登記名義人の承諾書の添付が不要

不登法施行細則中改正府令

昭和26年6月29日法務府令第110号

① バインダー式登記簿に改製作業実施
② 表題部と甲区を別用紙に様式改正
③ 登記番号順から地番順に編綴

A24　戦後から一元化に至るまでの間の土地台帳と土地登記簿の事務の流れの外観を図解式にまとめた（図31）ので参照願いたい。

A25　台帳制度と登記制度の相互関係について，次の4点につき説明することとしたい。

① 土地台帳と所有権保存登記の関係
② 土地台帳と不動産の表示変更の登記
③ 土地台帳と登記簿における不動産又は名義人が不符合の場合の登記
④ 土地台帳法による申告と登記申請を同時に兼ねる併用申告制度

> **解 説**

1 戦後から一元化直前までの間の台帳と登記の事務の流れの外観

(1) シャウプ勧告

　シャウプ勧告を受けた昭和25年の税制改革によって，府県税である地租は廃止され，地租に代わる制度として新規に市町村税である固定資産税制度が導入されることになった。

　このことに伴い，昭和25年7月31日の地方税法の成立と同時に同年法律第227号で土地台帳法の一部が改正された。この改正によって，土地台帳の性格が，課税のための台帳から土地の現況を登録する地籍簿的な台帳へと様変わりし，これに伴い土地台帳は同附属地図とともに登記所に移管された。

(2) 登記簿のバインダー化作業への道筋

　税務署から移管を受けた土地台帳（及び家屋台帳）は，その内容を盛り込むことを大前提として，不動産登記簿をベースに，不動産登記制度と台帳制度の両制度を統合し，これらの一元化を図ることとされた。

　そのための第一段階の作業として，まず，①和綴じの大幅帳形式で編綴されている固定式登記簿をバラバラに解体した上で，②新たにバインダーに編綴し直して，③登記簿の表題部用紙と土地台帳（又は家屋台帳）とを一本化する工程が必要であった。この作業は，全国の登記所において「登記簿のバインダー化作業」と呼ばれ，歴史的な大作業であったと評価されている。

　ここで，従前の登記簿冊のスタイルは，大福帳形式で調製されており，登記用紙の加除が一切できないシステムとなっていたため，登記用紙は土地（又は建物）について初めて登記をした順序に従って設け，その順序を登記番号として登記用紙に記載することになっていた。従前の登記簿は，いわば，登記番号編綴主義が採用されていたということができる。

　これを，①登記簿はバインダー形式の帳簿とするとともに，②登記用紙を，表題部，甲区及び乙区の三区分とした上で，それぞれを別用紙に分離して（実務上，この3点セットを一括して「1登記用紙」と呼んでいる。），③土地の登記簿は地番の順に，建物の登記簿は家屋番号の順にそれぞれ編綴することとしたのである。この意味において，バインダー式に改製された登記簿は，物的編綴主義が採用されることになったということができる。

　このような趣旨から不動産登記法等の一部を改正する法律（昭和26年4月20日法律第150号）が昭和26年7月1日から施行されたのであるが，その主要なものを列挙すると，次の6点が挙げられる。

① 登記番号及び見出帳を廃止した（16条，19条，20条等）。
② （地方）法務局の長による登記簿の枚数の記載及び契印を廃止した（18条）。
③ 従前は独立の帳簿であった共同人名簿を廃止し，これに代えて共同人名登記簿に編綴することとなった（20条，51条）。
④ 閉鎖した登記用紙はその登記簿から除却の上，これを閉鎖登記簿に編綴し，閉鎖の日から30年間保存することとした（24条ノ2）。
⑤ 不動産の表示変更の登記を申請する場合には，所有権以外の権利の登記名義人の承諾書の添付を不要とした（81条，93条）。
⑥ 土地の番号又は家屋番号の変更登記は，それが行政区画又は字の変更に伴わない場合にも，登記官が職権で行うものとされた（79条ないし81条，91条，92条，100条ノ2）。

ところで，登記簿のバインダー化作業を全国の全登記所において，しかも，短期間に実施することは，人的にも予算的にも困難な事情にあったことから，改正法律附則3項において，この作業について必要な事項は法務府令で定めることとされた。これを受けて，同年法務府令第110号附則2項において，この作業は各登記所ごとに法務総裁が指定することとされ，各登記所単位で計画的にバインダー化作業は進められた。

なお，この作業が完了したことにより土地台帳と登記簿を統合するための環境が整うこととなった。つまり，表示の登記という側面から象徴的に言うならば，「登記申告」の時代から「登記申請」の時代へと制度大転換の準備作業が完了したということができる。

Coffee Break

—地積測量図の有無の見分け方—

一元化を登記実務面から把握すると，一元化作業完了庁においては分筆登記申請があれば，必ず地積測量図が備え付けられているということを意味することになる。枝番の付いた土地に地積測量図が存在するか否かを見分ける簡便法は，次の2点に収束される。

① 枝番の付いた土地がいつ分筆されたかを登記簿の表題部で確認する。コンピュータ化が完了した今日においては，コンピュータ移記前のブック登記簿に遡り調査しなければならないケースもあろう。
② その登記所の一元化作業完了年月日（指定期日という。）を聴取しておく。老練な登記官なら承知しているはずである。

2 | 台帳制度と登記制度の相互関係

　戦後から一元化作業が完了するまでは，土地の公示制度は，2つの制度が存在していた。

　すなわち，土地台帳法に基づく土地台帳制度と不動産登記法に基づく土地登記制度である。

　土地台帳は，土地の物理的な状況を登録し，現在の状況を把握するための公の簿冊として機能してきており，また，土地の登記簿は，土地に関する物権の変動（得喪及び変更）を登記することによって，民法177条に規定する第三者への対抗要件を具備する（備える）ための公簿として機能してきた。

　登記制度と台帳制度を比較すると，各制度の目的とするところ及び機能する場面は共に異なっているものの，各制度の性質上，以下のように相互に密接に関連していた。

(1) 土地台帳と所有権保存登記の関係

　未登記となっている土地について，初めてする所有権保存の登記は，「土地台帳に自己又は被相続人が所有者として登録せられた者」が申請する（明治32年2月24日法律第24号不登法105条1号，以下本不登法を「改正前の不登法」という。）こととされていた（改正前の不登法105条1号）。

　所有権の保存登記の申請ができる適格者は，土地台帳に，①自分自身が所有者として登録されている者，あるいは，②被相続人が所有者として登録されている場合であって，かつ，被相続人から相続したことが証明できる者，のいずれかの者であった。土地台帳への登録を経由しないと所有権の保存登記の申請権限がなかったということである。

(2) 土地台帳と不動産の表示変更登記の関係

　土地の分筆，合筆，地目変更，滅失，坪数若しくは反別に増減があって，土地台帳にこれらに対応する登録がされたときは，その土地の所有権の登記名義人は，遅滞なくその登記の申請を要するものとされていた（改正前の不登法79条）。

　したがって，これらに対応する変更の登記を申請せずに（省略して），他の登記を申請したときは，その登記申請は却下することとされていた（改正前の不登法49条11号，昭和25年7月31日法律第227号により改正され追加）。

　土地台帳制度と不動産登記制度という独立した両制度が併存する下では，土地の表示変更登録申告後，土地の表示変更登記の申請が共に必須であったわけである。

(3) 土地台帳と登記簿相互間の不動産の表示（又は名義人）が不符合の場合

　土地台帳と登記簿相互間の不動産の表示なり名義人が不一致である場合には，どのような取扱いがされていたのであろうか。

　まず，土地台帳の土地の表示と登記簿の土地の表示が相互に符合しない場合には，符

合しない土地のその所有権登記名義人は，不動産の表示の変更を登記申請して，土地台帳における土地の表示と合致させなければ，その土地についてその他の登記を申請できないものとされていた（改正前の不登法49条ノ2第1項，昭和25年7月31日法律第227号により改正され追加）。

　また，土地台帳と登記簿に登載されている登記名義人（所有者，質権者，地上権者）の表示が相互に符合しない場合は，符合しない土地のその登記名義人は，登記名義人の表示変更（又は更正）の登記を申請しなければ，その土地については，その他の登記を申請できないものとされていた（改正前の不登法49条ノ2第2項，昭和25年7月31日法律第227号により改正され追加）。

　一元化作業が完了するまでは，正に二重手間を要する迂遠な制度だったわけである。

(4) 併用申告制度（登記申請を兼用する申告制度）

① 登記名義人の表示変更

　土地台帳に登録された者が，住所又は氏名若しくは名称に変更があったときは，その旨を登記所に申告しなければならないとされていた（土地台帳法37条ノ2）のであるが，この場合において，別途に登録税法2条1項20号の規定による登録税を納付したときに限り，その申告のほかに，登記名義人表示変更の登記を申請したものとみなされていた（改正前の不登法39条ノ2，昭和25年7月31日法律第227号により改正され追加）。

　つまり，土地台帳に登録された者が，名義人の表示変更を申告した場合であって，登録税を別途納付しさえすれば，その表示変更の申告自体に登記名義人表示変更の登記申請行為があったものと擬制されていたのである。

② 不動産の表示変更

　分筆，合筆又は地目変更若しくは土地の滅失の申告をする場合に，別途に登録税法2条1項20号の規定による登録税を納付したときは，その申告のほかにその土地の分筆，合筆又は地目変更若しくは土地の滅失の登記を申請したものとみなされていた（改正前の不登法80条ノ2第1項，昭和25年7月31日法律第227号により改正され追加）。

　権利の客体である土地の物理的状況が変更した場合，あるいは所有者の意思により創設的に土地の単位を変更する場合には，登録税を別途納付しさえすれば，当該表示の変更の申告自体に，同様の登記申請行為があったものと擬制されていたのである。

(5) 権利の得喪変更に関する一定事項の登記と土地台帳の登録修正の関係

　上記(1)から(4)までは，手続の大きな流れに着目すれば，「土地台帳の登録 → 登記申請」となっており，これが共通原則となっている。ところが，権利の得喪変更に関する一定事項については，この流れが逆転しており，「登記申請 → 土地台帳の登録」となっていたのである。

　すなわち，権利の得喪変更に関する事項のうち土地の所有権，質権及び地上権は，登

記を基として土地台帳に登録するとの基本原則が採用されていたため，原則として，これらの登記をした後でなければ，土地台帳に登録できないこととされていた。

例外のない規定はない。上記の例外とされたのは，次の場合である（土地台帳法43条の2）。

① 新規に土地台帳に登録すべき土地が生じたとき

例えば，私人が畦畔，道路，水路等の国有地の譲与，売払いを受けた（民有地となった）場合等には，新規に土地台帳に登録すべき土地が生じることとなる。この場合には，その土地について登記がされていなくても新所有者の所有名義による土地台帳に登録ができるものとした。

② 未登記の土地が収用されたとき

土地が収用された場合，原始的取得となるが，収用の登記は所有権移転の形式で実行されている。

ところで，未登記の土地が収用された場合，本来的には被収用者が自己名義で所有権保存の登記を完了した後に，収用による所有権移転の登記がされるべきはずのものである。しかし，このような場合，被収用者が自己名義で所有権保存の登記申請をすることは現実問題としてはないというのが実態であろう。

このことから，未登記の土地が収用された場合，所有権の取得に関する事項は，登記がされなくても土地台帳に登録できるものとした。

③ 未登記の土地が土地台帳に登録することを要しない土地となったとき

例えば，民有地（国有地でない土地）が国有となった場合，その土地は土地台帳に登録することを要しない土地となる。

既登記の民有地が，買収その他の原因によって，国名義に所有権移転登記が実行されたときは，その土地台帳は閉鎖すべきものとされていた（土地台帳法44条）。

この場合において，その土地が未登記であるときは，土地台帳上の記載が旧所有者名義であるかどうかに関係なく，所管庁は，いつでも単独に国名義で所有権保存登記を嘱託することができるのである。しかも，その所有権保存登記がされるまで，土地台帳の登録を旧所有者名義のまま恣意的に放置して置いた場合には，旧所有者は，実体的には無権利者であるのにもかかわらず，固定資産税を継続して徴収されるという不合理な結果が発生する。

そこで，その不合理な結果の発生を回避するため，未登記の土地が国有地となった場合には，登記がされていなくても直ちに土地台帳の登録を修正して，国有となった旨の記載をした上で，これを閉鎖すべきものとしたのである。

④ 土地が滅失したとき

例えば，土地が海没等により滅失した場合には，当然のことながら，その土地の所

有権その他の権利も消滅することになる。

　このことから，これらの登記の申請手続を待つまでもなく，土地台帳上で土地の滅失手続（つまり，閉鎖）をすればその申告だけで足りるものとした。

　本来的には，既登記の土地が滅失した場合，所有権の登記名義人は，滅失の登記を申請しなければならないのであるが，その登記申請書の記載は，土地台帳の登録と符合することを要すると規定されていた（改正前の不登法49条10号，79条，昭和25年7月31日法律第227号により改正され追加）ので，滅失の登記を申請する以前に，土地台帳の登録が修正されていることが必要とされていた。この不合理な結果の発生を回避するため，登記の有無にかかわらず土地台帳上の処分ができるものと改められたのである。

第3編　土地台帳と登記簿

第16　土地台帳と登記簿の一元化について

Q26　土地台帳と登記簿の統合について教えてほしい。

Q27　その具体的な方法についても説明してもらいたい。

図解　質問の趣旨を明確にし，理解を深めるために，「土地台帳と土地登記簿の統合一元化の流れ」（図32）を掲載する。

一元化の具体的方法については，その概要を図32に示したので，併せて参照願いたい。

図32　土地台帳と土地登記簿の統合一元化の流れ

土　地　台　帳　の　流　れ	土　地　登　記　簿　の　流　れ
① 地租法による土地台帳 　**地　租　法** 　昭和6年3月31日法律第28号 　①地租条例による土地台帳は地租法による土地台帳とみなされた（101条） 　②地租の課税標準たる地価を賃貸価格に改正し税務署が認定 ② 土地台帳法による土地台帳 　**土　地　台　帳　法** 　昭和22年3月31日法律第30号 　①地租法による土地台帳はこの法律による土地台帳とみなされた（附則2） 　②賃貸価格は税務署が継続し認定 　**土地台帳法の一部改正** 　昭和25年7月31日法律第227号 　①台帳の性格が，課税のためから土地の状況を登録するための地籍簿に変化 　②このため土地台帳は登記所に移管	 ③ 不動産登記法等一部を改正する法律 　　昭和26年4月20日法律第150号

第16　土地台帳と登記簿の一元化について

| | (昭和26年7月1日施行)
①登記番号及び見出し帳を廃止
②共同人名簿を廃止し，これに代えて共同人名登記簿に編綴
③閉鎖登記用紙は登記簿から除却して閉鎖登記簿に編綴し，30年間保存
④表示変更の登記を申請する場合は，その所有権以外の権利の登記名義人の承諾書の添付が不要 |
| | 不登法施行細則中改正府令
昭和26年6月29日法務府令第110号
①バインダー式登記簿に改製作業実施
②様式改正し表題部と甲区を別用紙に |

④　台帳制度と登記制度を統合し一元化

不動産登記法の一部改正する等の法律

昭和35年3月31日法律第14号（昭和35年4月1日施行）
①一元化作業は，昭和35年度から10か年計画
②一元化完了庁から順次土地台帳法（及び家屋台帳法）の適用を廃止し，作業完了庁から順次土地台帳法及び家屋台帳法の適用を廃止
③改止後の不登法を全面的に適用

A26　台帳制度と登記制度という密接不可分の関係にあった両制度を統合一元化して（以下「一元化」という。），登記手続の合理化とその簡素化を図るため，昭和35年3月31日法律第14号によって不登法の一部改正が行われることとなった。

この一元化するための作業は，昭和35年度から10か年の計画で全国の各（地方）法務局の登記所ごとに実施され，一元化が完了した登記所から順に土地台帳法及び家屋台帳法の適用を廃止し，改正後の不登法が全面的に適用された。

A27　登記制度と台帳制度を統合し，一元化するための作業の具体的作業の方法は，登記簿上で既登記であるか未登記であるかの分類に従って，表題部の改製ないし表題部の新設が行われた。

【解説】

1　土地台帳と登記簿の統合

不動産登記制度の合理化を図るために，昭和35年3月31日法律第14号により「不動産登記法の一部改正する等の法律」が公布され，昭和35年4月1日から施行された。

これを遡る9年前の昭和26年4月の段階において，「不動産登記法等の一部を改正する

法律」（昭和26年4月20日法律第150号）が昭和26年7月1日から施行されており，一元化するための準備段階の作業として，①登記用紙の加除ができない大幅帳形式で編綴されている登記簿をバラバラに解体した上で，②新たにバインダーに編綴し直す「登記簿のバインダー化作業」が，これまでの期間をかけて全国の登記所で実施されていた。土地台帳と登記簿を統合するための環境整備であったこのバインダー化作業が完了したことを受けて，そのための法律改正が，昭和35年に改正された「不動産登記法の一部を改正する等の法律」（以下「改正法律」という。）であった。

　この改正法により従来二元的に取り扱われてきた台帳制度と登記制度の両制度を統合し，一元化するための作業を実施する法的根拠が定められた。

2 土地台帳と登記簿の統合メリット

　この一元化作業の実施の成果を得て，不動産の表示について台帳申告をした上で，さらに申告と類似した登記申請を再度しなければならないという二段階の手続（費用を含む。）を省略することができることになった。それのみならず，現実的なメリットとして，不動産取引関係の事前調査をする際に，土地台帳の閲覧，謄・抄本の交付を請求した上で，さらに登記簿の閲覧，謄・抄本の交付を請求するというダブルチェックをするための手続（二重負担及び労力を含む。）を省力化することができることとなった。

　一方，登記所サイドにおいても，台帳事務と登記事務という永年の二重行政が改められて，登記事務のみに集中できるという体制の基礎が形成されることとなったのである。

　全国的には，この一元化実施作業は，昭和35年度から10か年の計画で各（地方）法務局の登記所ごとに順次実施され，一元化が完了した登記所から順に土地台帳法及び家屋台帳法の適用を廃止し，改正後の不登法（昭和35年3月31日法律第14号）が全面的に適用された（同法附則2条，3条）のである。

3 一元化することの意味

　ここで，一元化することの意味とその具体的方法について詳述する。

(1) 一元化することの意味

　　第二次世界大戦後における政府は，行政目的の異なる二制度を併存してきた。

　　その一つは，不動産を公示する制度として，権利の主体とその権利関係のみを明確化する不登法に基づく不動産登記制度（土地登記簿，建物登記簿）である。今一つは，権利の客体である不動産自体の現況を明確化する土地台帳法及び家屋台帳法に基づく台帳制度である。

　　この両制度が併存していたので，対応してその事務も別個に二元的に取り扱われてきたわけである。もともと両制度は，互いに密接不可分の一体的な関係であるところから，

両制度は相互に重複し記録する部分が散見された。その上，昭和25年7月31日以降，土地台帳（及び家屋台帳）の事務は，税務署から移管を受けたので，両制度における各事務は，同一の登記所においてしかも同一の登記官において二元的に取り扱われることになった。

　そこで，密接不可分の関係にあるこれら両制度を統合一元化して，登記手続の合理化とその簡素化を図るために，前記昭和35年法律第14号によって不登法の一部改正が行われることとなったのである。

(2)　一元化することの意味

①　国民の負担軽減

　これまでの二元的な台帳申告制度及び登記申請制度は，この制度の利用者である国民に，その都度，この二重行政の手続と経費の二重負担をもさせてきたのであるが，それのみならず，この制度の直接の実施機関である登記所における事務も，二重の事務を負担する実態であったわけである。

　そこで，一元化を実施することによって，以下のように事務の効率化と能率化を図り，国民の負担軽減が図られることとなった。

　第1に，台帳及び登記事務の処理に必要とされていた両方の事務量が，登記事務処理のみの事務量となったことである。

　第2に，台帳及び登記簿の閲覧，謄・抄本作成のための二重の手続とその事務が，登記簿のみの閲覧，謄・抄本作成に限定された事務になったことである。

　第3は，台帳制度が廃止されたため，書庫等における台帳及び同関連用紙等の保管管理スペースが相当規模で緩和された結果，狭隘倉庫の解消に資することとなったことである。

②　登記申請主義という制度と現況公示との乖離

　本来的に，不動産登記制度を具現化した登記簿は不動産の主体である権利関係を，台帳制度を具現化した台帳は権利の客体である土地，建物の現況を，それぞれに明確化することをその目的としていた。

　目的としてはそうであったが，台帳自体は，登記官（それ以前は税務署担当官）の職権による調査に基づいてでも，現況を反映させるための登録がされていた。これに対して，不動産の表示の登記は，登記申請主義が基本原則であった。この制度上の根本的な差異があったことから，表示に関する登記申請は，登記を促す経済的必要性等の要請がなければ，法が期待したとおりには申請行為がされない実情であった。こういった事情もあって，不動産の現況と確実に一致し，その事実を公示すべきはずの登記事項が，申請主義を基本原則として採用したため，実際は不動産の現況を正確に公示し切れておらず，取引等で利用するに際し，現況を正確に反映したものではない場

合がある（制度上，現況を反映していない部分が内在する）との公示制度上の矛盾を抱えていたのである。

③　登記事務の適正・迅速な処理

戦後復興期にあったことから台帳及び登記事件が毎年増加傾向にあったが，事件量に対応する事務を処理する職員数は不足していた。制度の抜本的な改革である一元化の実施によって事務量の軽減が図られることになったので，その不足が一定程度緩和された。この結果，登記事務の適正・迅速な処理が図られる体制がこの時期から整備されるようになった。

④　メートル法の実施

昭和41年4月1日からのメートル法の完全実施を直近に控え，登記所では，台帳上及び登記簿上の尺貫法により表示されている地積及び床面積の記載を，メートル法による（計量）単位に書き換える必要に迫られていた。台帳及び登記簿の各々について，対応する事務を処理するとなると，事務の手数及び経費が二重に必要となるところから，一元化作業の完了を待って，メートル法による書換え作業を実施して，事務処理の手数を縮減し，併せて経費の節減を図るという現実的かつ切迫した要請があったわけである。

4　一元化の具体的方法

それでは，登記制度と台帳制度を統合し，一元化するための作業の具体的方法について説明する。

一元化に向けた作業の方法は，次の手順により行われた。

登記簿上で既登記であるか未登記であるかの分類に従って，表題部の改製ないし表題部の新設（改正法律附則2条1項）が行われた。

(1)　表題部の改製

表題部の改製というのは，既登記の土地（又は建物）について，改正前の不登法及び同施行細則の規定による登記用紙の表題部（以下「旧表題部」という。）に代えて，改正後の不登法及び同施行細則の規定による登記用紙の表題部（以下「新表題部」という。）を登記簿に編綴すること（昭和35年3月31日法務省令第10号改正施行細則附則2条1項，以下「改正細則」という。）をいう。つまり，表題部の改製とは，既登記の土地（又は建物）について，新表題部を作成し，それを旧表題部と取り替える作業を行ったということである。

この新表題部を作成する場合には，次の①及び②の分類基準に従って改製された。

①　土地台帳（又は家屋台帳）に登録されている土地（又は建物）については，土地台帳（又は家屋台帳）に基づき改製

② 土地台帳（又は家屋台帳）に登録されていない土地（又は建物）については，登記用紙の旧表題部に基づき改製

この①及び②の分類基準とも，それぞれに（改正法律1条の規定による）改正後の不登法78条1号から5号までに掲げる事項で，現に効力を有するもののみを新表題部の用紙に記載し，登記の日付欄に登記官が押印することとされた（改正細則附則2条2項）。したがって，この段階で現に効力を有しなくなっている過去の台帳への登録事実ないし登記簿記載の履歴事項については，反映されていないことに注意する必要がある。

なお，今日時点においては，各登記所に保管されている「旧土地台帳」を閲覧する方法により，その土地の過去の履歴事項について調査・確認できるということになる。

ところで，土地台帳上，分筆若しくは合筆のされている土地であって，登記簿上においても，これら分筆若しくは合筆の登記がされているものは，登記官が職権で，これらの登記の手続実行過程において，登記用紙の甲区及び乙区につきなすべき記載をしなければならないものとされていた（改正細則附則2条3項）。

家屋台帳上，分割若しくは合併のされている建物についても同様の手続がされていることになる。

(2) 表題部の新設

表題部の新設というのは，土地台帳上は登録されている土地（又は建物）であるが，登記簿上は未登記であるものについて，その土地（又は建物）の登記用紙として新表題部を作成して登記簿に編綴すること（改正細則附則3条1項）をいう。

この新表題部を作成する場合，土地台帳（又は家屋台帳）に基づいて，（改正法律1条の規定による）改正後の不登法78条（又は91条）に掲げる事項であって，現に効力を有するものを新表題部の用紙に記載し，登記の日附欄に登記官が押印するものとされた（改正細則附則3条1項）。したがって，この段階で現に効力を有しなくなっている過去の台帳への登録事実については，反映されていない。

(3) 表題部の改製又は新設の例外

ところで，表題部の改製又は新設する場合の例外が設けられている。

例外の1として，改正法律附則3条3号ただし書の合筆（又は合併）がされている土地（又は建物）であるが，その登記がされていないものについては，その合筆（又は合併）がされなかったものとみなして，表題部の改製又は新設をしなければならないこと（改正細則附則4条）とされた。

これは，台帳上の処分として合筆（又は合併）がされていても，登記簿上の手続である合筆（又は合併）登記申請手続がされていないのであるから，合筆（又は合併）未了として処理されるのは自明の理であろう。

例外の2として，既登記の土地（又は建物）で土地台帳（又は家屋台帳）に滅失の登録

がされているものについては，表題部の改製をすることを要しないこと（改正細則附則5条）とされた。

例外の3として，土地台帳法施行細則等の一部を改正する場合（昭和34年法務省令第4号）による改正後の規定による土地台帳（又は家屋台帳）の用紙に登録されている土地（又は建物）については，土地台帳（又は家屋台帳）を新表題部とみなして，当該台帳用紙をそのまま登記簿に編綴する方法によってすること（改正細則附則6条）とされた。

登記経済と事務合理化を図る観点からの要請である。

図33　一元化の具体的方法

(1) 表題部の改製

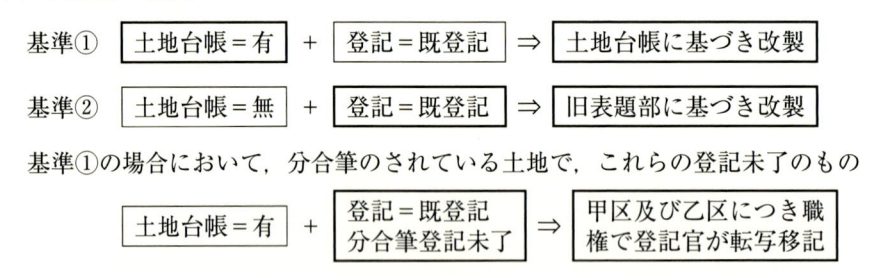

基準①　土地台帳＝有　＋　登記＝既登記　⇒　土地台帳に基づき改製

基準②　土地台帳＝無　＋　登記＝既登記　⇒　旧表題部に基づき改製

基準①の場合において，分合筆のされている土地で，これらの登記未了のもの

土地台帳＝有　＋　登記＝既登記 分合筆登記未了　⇒　甲区及び乙区につき職権で登記官が転写移記

(2) 表題部の新設

土地台帳＝有　＋　登記＝未登記　⇒　土地台帳に基づき新設

(3) 表題部の改製又は新設の例外

例外の1

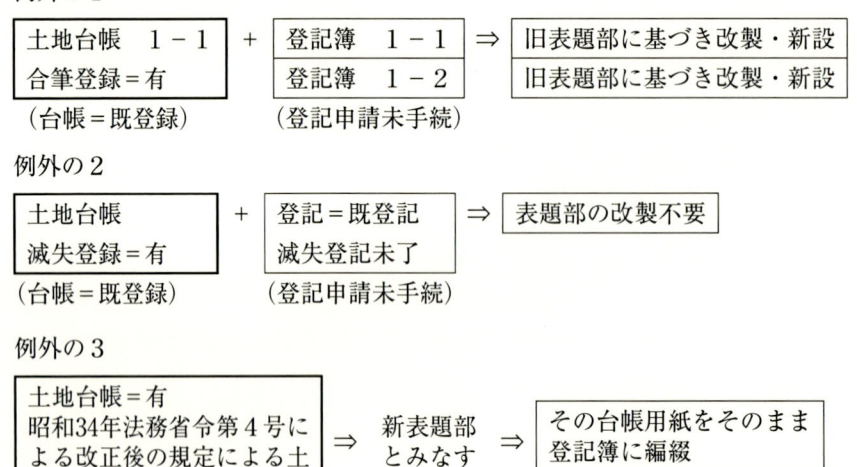

土地台帳　1－1
合筆登録＝有
（台帳＝既登録）
＋
登記簿　1－1
登記簿　1－2
（登記申請未手続）
⇒
旧表題部に基づき改製・新設
旧表題部に基づき改製・新設

例外の2

土地台帳
滅失登録＝有
（台帳＝既登録）
＋
登記＝既登記
滅失登記未了
（登記申請未手続）
⇒　表題部の改製不要

例外の3

土地台帳＝有
昭和34年法務省令第4号による改正後の規定による土地台帳用紙に登録
⇒　新表題部とみなす　⇒　その台帳用紙をそのまま登記簿に編綴

Coffee Break

―一元化作業の完了はいつ？―

　表題部の改製及び新設作業は，予算的措置の関係から昭和35年度から10か年計画で全国の各登記所ごとに順次実施された。
　一登記所における表題部の改製及び新設の作業実施期間は，保管簿冊数の多寡によるもののおおむね2か年として，この作業が完了した登記所の管轄区域内の土地・建物について，順次改正後の不登法を全面的に適用することとされた（改正不登法附則2条2項，3項）。
　この一元化作業は，昭和44年度をもって全国の登記所のすべてがこれを完了した。各登記所では，完了期日の翌日から台帳は廃止された。

第3編　土地台帳と登記簿

第17　一元化に伴う最重要改正は何か

Q28 一元化に伴う最も重要な改正は，何であったのかについて教えてください。

図解

図34　一元化に伴う最重要改正

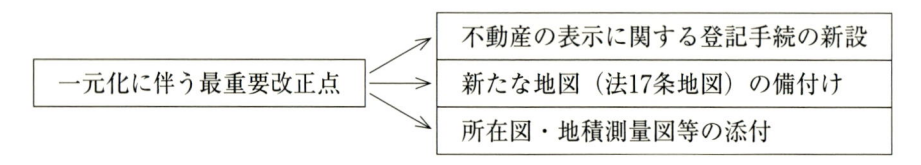

一元化に伴う最重要改正点 →　不動産の表示に関する登記手続の新設
　　　　　　　　　　　　　→　新たな地図（法17条地図）の備付け
　　　　　　　　　　　　　→　所在図・地積測量図等の添付

A　一元化の実施に伴う最も重要な改正は，表示に関する登記の独立化を図ったことにある。また，この改正を受けて，一定の登記申請書には，添付書面として，地積測量図，また，建物図面及び各階の形状と床面積を明示した各階平面図等の添付が義務付けられた。

解説

1　一元化に伴う最重要改正点

(1)　不動産の表示に関する登記手続の新設

　一元化に伴う最も重要な改正点は，表示に関する登記の独立化を図ったことにある。

　一元化前においても，登記簿の表題部には，不動産の表示に関する登記がされていた。しかしながら，これは，所有権に関する登記の一部であると理解されており，その所有権の登記の一部として所有権の客体を特定する上での前置きの登記と考えられていた。

　このことから，所有権の保存の登記（登記は申請主義であることに留意）が実行されない限り，不動産の表示に関する登記もまた実行されることはなかったのである。

　つまり，不動産の表示に関する登記は，権利関係の登記から独立した登記ではなく，権利の登記の従的な関係にある登記でしかなかったといえる。

　ところが，一元化の実施に伴い，登記簿の表題部自体に，従来の土地台帳（又は家屋台帳）の機能を持たせるものとした。そうすると，これを権利の登記から切り離して独

立させ，権利の客体である土地（又は建物）自体の物理的状況を把握し，その現況を登記簿上で明確に公示するための登記が必要となってくる。

　このような意味で，新たに不動産の表示に関する登記を独立させ登記する規定を新設したこと（改正法律1条，79条〜99条ノ4）が，一元化に伴う最も重要な改正点であったということができる。

　このことに関連する具体的な改正としては，不動産の表示に関する登記手続が新設され，また，登記簿の表題部の様式が改正されたこと（同法16条，同施行細則2条），登記簿様式の改正が図られたことが挙げられよう。

(2)　所在図・地積測量図，建物図面・各階平面図等の提出

　不動産の表示に関する登記の新設を受けて，一定の登記申請書には，添付書面として，①土地の表示の登記申請の場合は，土地の所在図，地積及びその求積の方法を明示した地積測量図（同法80条2項，81条2項，81条ノ2第2項，81条ノ5）を，また，②建物の表示の登記申請の場合は，所在する位置を特定するため建物図面，各階の形状と床面積を明示した各階平面図等の添付が義務付けされた（同法93条2項，93条ノ5第2項，93条ノ8第2項，101条2項）。

　このことから，地積測量図及び各階平面図等の図面が保管されているのは，その登記所における一元化実施以降からということになり，一元化実施以前の時期に登記がされている場合には，（当然のことながら）その備え付けはないということになる。

(3)　新たな地図（法17条地図），建物所在図の備付け

　新たに不動産の表示に関する登記を独立させ登記する規定を新設したことに伴い，各筆の土地について，これらの筆界を図上に表示して，その区画，位置，地番等を明確に特定明示し，公示機能を果たさせる目的から，登記所に地図（以下「法17条地図」という。）を備え付けさせることとした。これまで登記所には，税務署から移管を受けた土地台帳附属地図（土地台帳法施行細則2条，以下「旧土地台帳附属地図」という。）が備え付けられてきたが，これまでのこれらの地図とは比較にならない精度の高い地図（同準則25条ないし27条）及び建物所在図の作製，備付けを法17条地図に規定したわけである。

　この地図の精度維持を図るために，表示に関する登記を申請する場合には，(2)に掲げた図面の提出を義務付けしたのである（同法17条，18条）。

　ところで，法17条地図の備付けが完了するまでには，人員，予算等を投入して，しかも相当長期間を要することが想定されることから，多くの登記所では，一部の例外を除き，現実には備えられていない。したがって，法17条地図の備付けのない地域においては，この旧土地台帳附属地図（いわゆる公図）が土地を特定するための唯一の公的資料として，不動産取引のための基礎資料等としての機能を事実上果たしていること，また，これまでも便宜的措置としてこの原本を一般の閲覧の利便に供してきたことから，登記

所においては永年にわたり，これら旧土地台帳附属地図の維持管理に努めてきている。
　なお，この後，平成5年の不登法の一部改正（平成5年4月23日法律第22号）により，昭和35年同法改正以前から登記所において保管・管理されてきた前記旧土地台帳附属地図等を，「地図に準ずる図面」として備え付ける旨の規定が新設されることとされ，次いで，平成13年4月1日から情報公開法の施行に伴う不登法の一部改正がされ，新たに地図に準ずる図面等の写しの交付制度がスタートした。その後の登記所における地図管理システムの時代を経て，平成16年6月18日法律第123号による不登法の大改正，及びそれに引き続く平成17年4月13日法律第29号による筆界特定制度の導入があって，マイラー化再製後の地図情報を基礎として，デジタルデータ化が進められてきたとの経緯がある（この詳細は，「第1　地図のコンピュータ化について」の解説（2頁～）を参照願いたい）。

第18 農地解放時における登記の取扱いについて

Q29 下記の土地台帳では，隣接する土地にもかかわらず，民への所有権移転登記まで了している筆（151番2）と官有地（農林省）名義のままで存置されている，いわゆる解放漏れの筆（151番1）の二種類がある。
このような処理がされることとなった農地解放時における登記簿の取扱いなどについて教示願いたい。

図解

図35　土地台帳　151番1

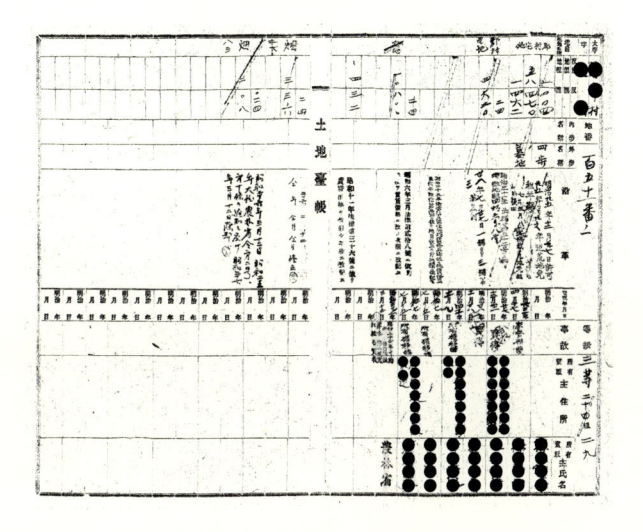

図36　土地台帳　151番2

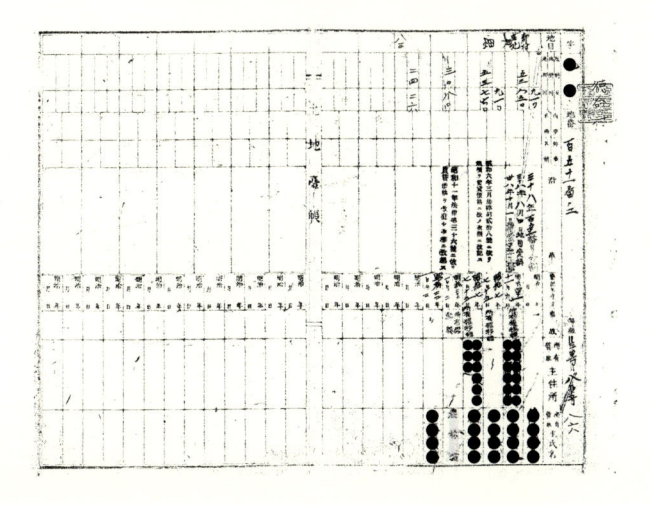

第3編　土地台帳と登記簿

A　自作農創設特別措置法による買収は、すべて国が強制的に買上げを行うものであって、買収による所有権移転登記は、都道府県知事が単独で嘱託することとされていた。

このことを前提として、質問の「官地（農林省）名義のままで残ってしまっている」との登記事項からは、国の側において何らかの事情があって、その土地が売渡し、交換、買取等による所有権移転の対象にならなかった場合が考えられよう。

また、買収による所有権移転登記という登記簿への記載を原則省略しているものの、買収嘱託書綴込帳へ編綴されている買収による権利取得の登記の効力がその土地においては既に発生していることを承知した上で、対応すべきものと考えられる。

「農林省名義のまま」＝「解放漏れ」との評価を直ちにせず、その土地の利用目的（地目）に着目し調査すればその理由が判明する場合も考えられる。

解説

1　農地改革の目的

「農地改革は、耕作者の地位を安定し、その労働の成果を公正に享受させるため自作農を急速・広範に創設し、農業生産力の発展と農村の民主的傾向の促進を図る目的」（「農地改革における登記」1頁　新谷正夫著、帝国判例法規出版社）とするものであった。このため「土地の強制的開放をテーマとし、加えて耕作権の確立、農地の利用関係の調節等」（同前）を行った。

このための法律である自作農創設特別措置法（以下「措置法」という。）が、昭和21年10月21日法律第43号として制定・公布、同年12月29日から施行され、同法は昭和27年7月15日まで効力を有した。

この農地改革を確実に成し遂げるためには、全国規模で存在する膨大な農地にかかる登記手続の簡素迅速化を図ることが必要不可欠となり、不登法の特例として、自作農創設特別措置登記令（昭和22年3月13日勅令第79号、以下「登記令」という。）及び自作農創設特別措置登記令施行細則（以下「施行細則」という。）（昭和22年3月13日司法省令第23号、改正昭和23年6月11日法務庁令第31号）が制定公布された。

2　農地改革に伴う物権変動

国が、自作農創設特別措置法の規定により、所有者の意思を問わないで強制的に、不在

地主又は大地主から農地，未墾地等の不動産を一旦買収して，これらの土地を農地の耕作者（小作者）に売り渡す場合において，抵当権，賃借権，地上権，永小作権等の権利が設定されていると，完全な所有権を取得できず，その農地の使用収益に支障を来すことになる。このため，国が買収した農地等については，国の所有権を除き，一切の権利が原則的に消滅するものとされた（措置法12条1項）。措置法により所有権を原始取得することとしたのである。そうすると，原始取得した所有権を画することになる筆界についても同様ということになる。

ただし，その農地が賃借権，地上権，永小作権等の権利に基づき耕作がされている場合（つまりは，小作地）には，これらの小作関係を消滅させることとなるので，一旦消滅したこの権利を，従前の権利の残存期間を存続期間とするほか従前と同一条件で，国と新たな権利者の間で復活させる（措置法12条2項，3項）こととした。抵当権等の担保権が付いている場合も同様とされた（措置法15条2項）。したがって，これらの場合は，上記小作権等にかかる登記が抹消された後，復活した上記小作権等の設定登記がされているはずである。なお，未墾地については権利の復活は認められなかった。

3 農地改革に伴う登記手続

農地改革に伴う登記手続とその登記の取扱いの概要は，次の7点にまとめられる。

(1) 自作農創設特別措置法の規定による買収又は売渡し等によって所有権その他の権利が取得又は移転した場合，都道府県知事が，職権でその登記手続を嘱託することとされていた。買収に付随して発生する権利の変動は，その登記事項を同時に一括して登記嘱託書に記載し，登記官が職権でその登記を実行した。

　　　登記原因　「年月日自作農創設特別措置法第何条の規定による買収」

　　登記原因は，「年月日買収」のほか「自作農創設特別措置法第何条」を表示したのは，買収に付随して発生する権利の変動が多様であるため，自作農創設特別措置法の根拠規定を明示することとしたのである（登記令5条1項前段）。

　　なお，不動産の登記用紙中表題部欄外には「自作農創設特別措置法による買収のあった旨並びにその買収による権利取得登記嘱託書が編綴された綴込帳の冊数及び丁数」の旨が表示されているが，この記載自体は登記ではない。買収に係る嘱託書は嘱託書綴込帳に編綴したときに登記簿の一部とみなされたため，本来の（つまり，従前からの）登記簿とみなされたこの登記簿との相互連絡のための便宜手段であることから欄外に記載しているものである。「自農法による買収，綴込帳何冊何丁」と略記されているものもある。この登記は，表題部欄外に記載されているため「耳登記」と呼ばれている。所有者が農林省であることを表示している。耳登記後に登記がされていないものは，買収登

記嘱託書綴込帳に基づき登記用紙に移記することとされている（昭和43年4月6日民事甲第1224号民事局長回答，昭和55年9月19日民三第5519号通達）。

(2) 国が不動産を買収（交換を含む。）した場合は，中間の登記を省略し，直ちに国等のために所有権取得の登記ができるものとされた（登記令9条）。この場合，買収された農地と登記嘱託のあった農地の同一性を明白にするための措置として，「登記名義人　甲　買収当時の所有者　乙」と嘱託書に併記することとされた（登記令5条1項後段）。

また，不動産が同一登記所の管轄内にある場合は，これを一括して1通の嘱託書で登記嘱託ができることとされた。そのため，必要があれば，所有者に代位して，前提となる登記の嘱託をすることができた。一物一件主義の例外（つまり，緩和策）として，農地改革におけるおびただしい量の登記手続を迅速に遂行するための措置である（登記令8条）。

(3) 買収による権利取得の登記は，嘱託書を買収登記嘱託書綴込帳（土地，建物及び立木の3種類がある。）に編綴すること（登記令10条1項）とされた。

このように嘱託書綴込帳に編綴されたときに，その綴込帳を登記簿の一部とみなすこと（登記令10条2項）とし，登記簿への記載は省略したままで登記の効力が発生することとした。したがって，嘱託書綴込帳は，登記簿の一部とみなされるので永久保存（改正前の不登法20条1項）となっており，登記所で厳重に保管されている。

ところで，国が前記の登記をした後，その農地の売渡しに先行して，分・合筆，地目変更等の登記を嘱託する必要があった場合，これらの登記は，いずれも登記簿に記載する必要がある。ところが，前記綴込帳に編綴された段階で，その綴込帳に記載されている登記事項は登記簿の一部とみなされるので，後発的な事由によってその記載を変更することは許されない。そこで，分・合筆，地目変更等の登記の嘱託があった場合には，その綴込帳に記載されている一定の登記事項を登記簿に移記した（登記令12条1項）後に，新たに嘱託があった登記をすることにした。

(4) 売渡しによる権利移転の登記も，買収の場合とほぼ同じ手続によった。ただし，この場合には，嘱託書を売渡登記嘱託書綴込帳（土地，建物及び立木の3種類がある。）に編綴すること（登記令18条，10条）とされた。なお，売渡登記嘱託書綴込帳は永久保存されている。

このように嘱託書綴込帳に編綴されたときに，その綴込帳を登記簿の一部とみなすこと（登記令18条，10条2項）とし，登記の効力を発生することとした。登記簿への記載を省略したままで速やかに登記の効力を生じさせようと意図したものである。ここまでは，買収の場合と同様である。

自作農創設の目的である売渡しが完了した後は，売渡しにかかる登記のあったものとみなされた事項を，改めて登記簿に移記して（登記令19条1項），登記本来の記載に復元

させた。

　　　登記原因　「年月日自作農創設特別措置法第何条の規定による売渡」

　登記原因中，措置法第何条の規定を掲げるのは買収の場合と同様の理由による。「民への所有権移転が了している筆」というのは，このことを指す。

(5)　措置法によって未登記の不動産を売り渡した場合は，国は売渡しの相手方のために直接所有権保存の登記を嘱託できること（登記令19条の2）とした。

(6)　売渡しのために必要があるときは，都道府県知事は，国所有に属する土地でその所有権の登記のあるものの登記用紙の閉鎖を求めることができること（登記令14条）とした。登記用紙を閉鎖するのは，未登記の状態に置き，売渡しのために土地の分合筆を必要とする場合である。

(7)　所有権，賃借権，永小作権の交換による権利移転登記は，登記簿に記載してなされるが，この場合の担保権の移転は，登記官が職権で登記した。所有権の移転を登記の目的とした場合の登記原因は，次のとおりである。

　　　登記原因　「年月日自作農創設特別措置法第23条の規定による交換」

　なお，自作農創設特別措置法は，昭和27年7月15日に失効し，その後は，農地法がそれを引き継いでいる（措置法76条）。これに基づく登記手続である農地法による不動産登記に関する政令（昭和28年8月8日政令第173号）は，自作農創設特別措置登記令とほぼ同じ内容となっている。

4　農地改革に伴う分筆，合筆手続

　分筆又は合筆は，原則として土地所有者の意思に基づき税務署に申告して初めて土地台帳に記載される（土地台帳法26条）こととされている。

　一方，農地改革に伴う買収（措置法3条，15条，30条1項，36条，37条，40条の2），交換（措置法23条），買取（措置法28条1項）をする場合において，前提となる土地の分筆又は合筆を伴う手続が必要となることがある。土地所有者の意思が農地改革の推進する際の障害となるわけである。

　このことから，前記のような手続が必要となった場合には，都道府県知事が土地所有者に代位して税務署に申告することができること（措置法44条の3）とされた。この結果，土地台帳における分筆又は合筆，さらに進んで，これを前提とする分筆又は合筆の登記をも，代位によって行えることとなり，手続の簡素合理化が図られることになった。

　なお，未墾地（非農地）について，買収後に開墾し農地として売り渡した場合には，特例として当該土地台帳を閉鎖し，新たに土地台帳に登録することとされていた。分合筆の

登記を中間省略するための便法である。この場合，自作農創設特別措置法の施行に伴う土地台帳の特例に関する政令（昭和23年5月14日政令第115号）に基づき地積測量図が送付されている。

5　回　答

　自作農創設特別措置法による買収は，すべて国が強制的に買上げを行うものであって，買収による所有権移転登記は，都道府県知事が単独で嘱託することとされていた。つまり，買収される前の所有者（いわゆる不在地主又は大地主等）の承諾なり登記協力が求められることはなく，買収の結果，国がその農地の所有権を取得（措置法12条1項）した。自作農創設特別措置法の規定により国が所有権を原始取得したのである（本項「**2　農地改革に伴う物権変動**」参照）。

　このことを前提として，質問の「官地（農林省）名義のままで残ってしまっている」との登記されている事項からは，国の側において，何らかの事情があって，その土地が売渡し，交換，買取等による所有権移転の対象にならなかった場合が考えられよう。また，買収による所有権移転登記という登記簿への記載を原則省略しているものの，買収嘱託書綴込帳へ編綴されている買収による権利取得の登記の効力が，その土地においては既に発生していることを承知した上で対応すべき場合も考えられる。

　「農林省名義のまま」＝「解放漏れ」との評価を直ちにされず，その土地の利用目的（地目）に着目し，調査すればその理由が判明する場合（例：ため池，用悪水路）がある。

　なお，国の所有名義で所有権の登記がされている土地については，売渡しのために必要がなかったため，登記用紙の閉鎖を求めること（登記令14条）をしなかった，つまり，未登記の状態に置き，売渡しのために土地の分合筆を必要とする場合でもなかったものとの一応の推察が可能であろう。

第19 無番地の土地について

Q30 書-8の土地は、公図上無番地になっているのですが、その部分と思われる土地の旧土地台帳に「官有成」の表示がされた後に除却されています。また、書-9の土地台帳では、内務省名義になってから除却している実例があります。

ところで、官有地として表記されたものが台帳から除却されると登記簿に記載されない取扱いがされてきましたが、非課税かつ官有地という理由だけで登記をしないのは疑問に思います。これについて考えをお聞かせください。

図解

書-8 「官有成」の表示後、除却された土地台帳

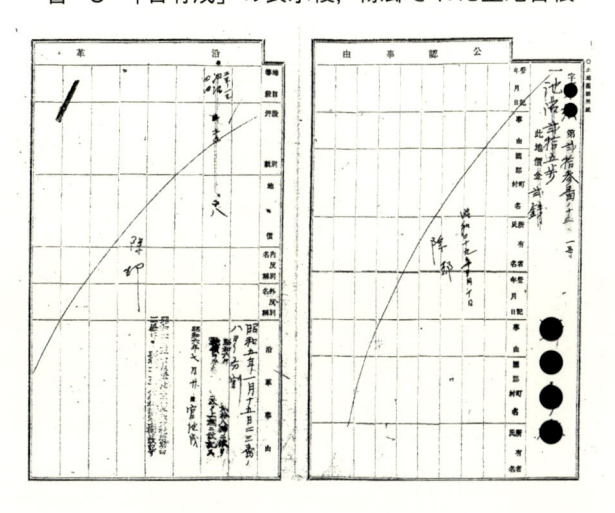

書-9 内務省名義になってから除却された土地台帳

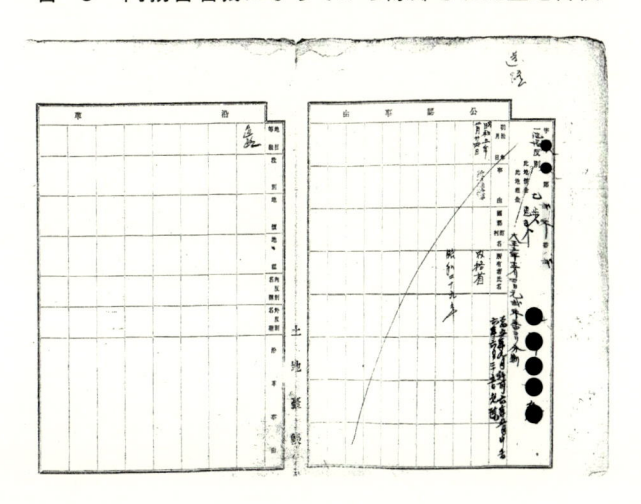

第3編　土地台帳と登記簿

図37

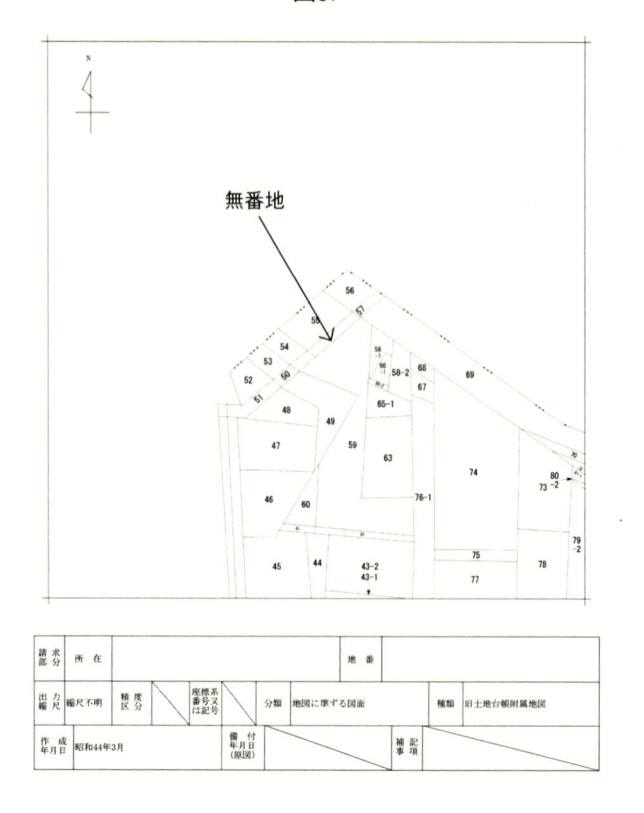

A 御指摘のとおり土地の客観的状況を把握するための制度設計としては，全不動産を対象とすることが課題となるが，終戦直後という当時の時代背景から，将来課題としたものと思われる。

解説

1　土地台帳の性格

　土地台帳法（昭和22年3月31日法律第30号）上における国有地の取扱いは，「この法律は，国有地には，これを適用しない。」（同法44条）こととされていた。その理由として，同法が公布された当時には，土地台帳は国税である地租の課税台帳との性格があって，民有地の登録をその使命としていたことがある。

　一方，国有地の登録は，国有財産台帳で行っていたことから，国有地を土地台帳に重複して登録することは，制度として二律背反しており，その対象になるものとは想定していなかった。

　したがって，土地台帳は，国有地には適用しないこととし，従前から国有地であった土

110

地，新規に国有地になったものの両方とも，土地台帳の登録を行うことなく，新規に国有地になった土地については，この当時，土地台帳が閉鎖される取扱いとなっていた。

その後，シャウプ勧告に基づき昭和25年に地方税法の改正があって，それまで府県税であった地租は廃止され，市町村が固定資産税として課税することとなった。

前記期間を通じ，国有地自体は地租としてはその課税対象とはならなかったので，制度の目的に合致しないものであることから登載対象として把握する必要がなかったのである。

2 買収，売渡しの対抗要件としての登記

上記には例外があった。

自作農創設特別措置法の特定の規定により買収，交換，買取りをした土地は，農業委員会の特別の申出がない限りは，土地台帳法の適用があり，また，国が農地法9条，14条，15条，16条により買収した土地及び政令3条1項の規定により政府が譲り受けた土地は，知事の特別の許可がない限り土地台帳法の適用を受けること（土地台帳事務取扱要領第4第1項1号）とされていた。国鉄，専売，電電公社が当事者になる場合も同様であった。

これら土地台帳への登録制度とは別個に，不動産上の権利に変動があった場合に公示するための制度である不動産登記法（明治19年8月13日法律第1号）が併存しており，権利の得喪変更は，登記することによって第三者に対抗（主張）できるものとされ，完全な権利変動の効果を生じるもの（民法177条）とされている。

したがって，登記をしない限り完全な権利変動の効果が生じないので，所有権の得喪変更である上記の買収，交換，買取等の事項も，土地台帳に登録するについても，前提として登記して初めて完全なものになることになる。つまり，権利の得喪変更は，まず第1に登記，次いで第2に土地台帳への登録をすべきものとされていたのである。

なお，権利の得喪変更について登記が完了したときは，登記所は，その登記に基づいて職権でもって土地台帳に登録していた（土地台帳法43条の2第2項）。ただし，権利者の住所，氏名等の表示のみの変更があったときは，土地台帳への申告義務が課されていた。

3 例外規定

しかしながら，すべての場合に第1に登記，その登記を基礎にして第2に土地台帳への登録をすべきものとの原則を貫くことは困難であることから，不登法との関係又は事柄の性質上，次の4つの場合に例外が設けられていた（土地台帳法43条の2第1項）。

(1) あらたに土地台帳に登録すべき土地が生じたとき
(2) 未登記の土地が収用されたとき
(3) 未登記の土地が土地台帳に登録することを要しない土地となったとき
(4) 土地が滅失したとき

4 「官地として表記されたものが台帳から除却されると登記簿に記載されない取扱いは疑問」ということについて

(1) 上記3(3)の「未登記の土地が土地台帳に登録することを要しない土地となったとき」とは，例えば一般の民有地（国有地以外の土地）が国有地となった場合をいう。国有地となった土地が既にそれ以前に登記されていた（つまり，既登記の）場合は，原則どおり所管庁において所有権移転登記の嘱託（不登法31条）をして，国有地の登記を了し対抗要件を備えた後に，土地台帳を閉鎖すべきもの（土地台帳法44条）とされていた。

登録することを要しない土地となった場合の土地台帳の記載例

「昭和年月日不登録地成年月日閉鎖㊞」

(2) ところが，国有地となった土地が未登記であった場合には，土地台帳の記載（旧所有者名義）に関わらず，所管庁において任意の時期に単独で，国の名義で保存登記の嘱託ができる（不登法110条）。ということは，その保存登記が未了のまま時が経過した場合は，土地台帳の記載はそのまま放置されることとなり，元の所有者は保存登記が完了するまで固定資産税が徴収されることになる。この不合理を回避するために，「未登記の土地が（国有地となって）土地台帳に登録することを要しない土地となったとき」は，登記がなくても，直ちに土地台帳の登録を修正して国有となった旨を記し，これを閉鎖すべきものとしたのである。

(3) したがって，「国有地となった土地が未登記のものであるときは」「登記がなくても，直ちに土地台帳の登録を修正して国有となった旨を記し，これを閉鎖」していたわけで，「もともと未登記の国有地」は土地台帳法43条の2第1項の4つの例外のいずれにも該当しないものであるから，この例外規定の対象外ということになる。

5 「非課税かつ官地という理由だけで登記をしないのは疑問」ということについて

国有地について土地台帳に登録しない理由としては，形式的理由と実質的理由の2つのことを挙げることができる。

1つ目（形式的理由）は，国有地は，国有財産台帳に登録してその地籍を明らかにする建前になっているということである。2つ目（実質的理由）は，国有地の全部を土地台帳に登録することは面積膨大につき事実上の困難を伴う，現実的に困難ということである。以上のことから，旧来のまま据え置かれたものと考えられている。登記についても同様である。

しかしながら，土地台帳法は，当初には課税台帳という性質があったが，土地の客観的状況を明確に公証することを目的とする公簿である地籍簿としての存在に変革したのであ

るから，この変革時点を境目として，国有地が課税対象かどうかの観点から土地台帳法の適用の有無を定めるのは，不適切になったというべきであろう。

御指摘のとおり土地の客観的状況を把握するための制度設計としては，全不動産を対象とすることが課題となるが，終戦直後という当時の時代背景から，将来課題としたものと思われる。

6 書-8及び書-9の土地台帳の読み方

(1) 書-8及び書-9は，土地台帳（様式は明治9年の様式）の具体的記載である。

書-8及び書-9は，いずれも民有から官有地になったものの具体的記載であって，この当時の土地台帳法では，地目に関連するものとして，沿革欄に年月日第一種地成との記載のあるものがある。課税する土地を第一種地，非課税土地が第二種である。土地台帳は地租徴収のための台帳であることから，台帳上，明示したものである。第二種地は国，県の公用地，墓，公衆用道路，用悪水路，ため池など（土地台帳法3条に具体的区分の規定，7条に地目の定め方の規定がある。）である。

なお，新たに国有地になった土地については，土地台帳が閉鎖される取扱いとなっていた。

(2) 書-8中，23番13の土地台帳は，昭和6年7月20日に民有から官有（内務省名義が多い。）への所有権移転登記を行った登記所からの通知に基づき，土地台帳保管庁が所要の登録修正をしたものである。

民有地から官有地になったこと，具体的には第二種地（土地台帳法2条，3条）である官有溜池になったこと，つまり，課税しない（固定資産税を課さない）土地となったことを表示して除却している。

所有者欄に官有となった経緯の記載がないが，税務署所管当時は，非課税地であることが判明すれば足りるとの事務取扱いであったものと思われる。一般に，所有権移転の経緯まで記載していないものが多い。

書-9中，23番2の土地台帳は，昭和5年2月24日に内務省名義に所有権移転登記を行った登記所からの通知に基づき，土地台帳保管庁が所要の登録修正をしたものである。

民有地から官有地になったこと，具体的には第二種地（土地台帳法2条，3条）である道路敷になったこと，つまり，課税しない（固定資産税を課さない）土地となったことを表示している。

(3) なお，昭和28年に至り，農地の買収又は売渡しをする場合の農地法による不動産登記に関する政令（昭和28年8月8日政令第173号）によって，不動産の表示の登記について嘱託の認められる登記にあっては，その不動産を特定し明確にするため，土地の所在図及び地積測量図が提出されることになった。

第4編　地積測量図

第20　昭和52年以前の地積測量図の取扱いについて

Q31　地積測量図は，作成された時代によって取扱いに注意を要するところです。昭和30年代後半から現在まで，幾多の変遷を経て現在の地積測量図があります。一番大きく変わったのが，昭和52年10月1日から施行された「表示登記事務取扱要領」ができてからと思われます。その後も「要領」は，幾度も改正されてきました。今は，分筆前の土地を明らかにすることが求められ，法律の原則論がそのまま生かされるようになりました。

　規則は変わらなくても，運用（取扱実務）面で最初から厳格にできていたわけではないことから，筆界調査委員，資格者として筆界の判断に苦慮する場合があります。

　筆界探しは，最初に創設された筆界がいつできたもので，現地のどこにあたるかを求めて資料を収集したり，現地の構造物や占有状況を調査します。個性を殺し客観的に，あるいは事務的に進めた結果，どの方向からしても結論が同じとなる確証を得る場合は多いのでしょうか？

　そのような中で，昭和52年以前の地積測量図の取扱いについて悩ましさを覚えます。地積測量図は，登記申請書に添付され，登記処理と同時に公示され，一般の閲覧に供することになっています。また，分筆線は初めて創設された筆界であります。見方によっては，地積測量図の外周の筆界線の表示は，隣接地所有者との境界立会や意思確認がされていなかったことや，必ずしも熟練された資格者が作成されたとも思えないものもあります。

　しかし，法務局は，登記官が不動産登記法，同規則にのっとり受理し分筆処理したものは，適法に行われており正しいものと見ています。永年国民に公示してきて異論もなく安定しているものを誤った地積測量図として扱わないのです。点間距離の三角スケールの誤読や求積の誤りは認めるものの，地積測量図の取扱いや，地籍調査の送り込みによってできた法14条1項地図や地積については誤りを認めません。土地家屋調査士の立場と表示登記（専門）官の立場とは，基本的に考え方が違うのかなと疑問を持つことがあります。

　上記の点につきご意見をお聞きしたい。

第4編　地積測量図

図解　地積測量図訂正申出書の雛形（書-10）を掲出する。

書-10　地積測量図訂正申出書

```
                    地積測量図訂正申出書

訂正の目的　　地積測量図の訂正
訂正を要する部分　別紙地積測量図のとおり
添付書類
　申出書副本
　承諾書
　代理権限証書
平成　年　月　日　申出
                            地積測量図
申出人　甲市乙町三丁目四番地
　　　　　　　　　　甲池太郎
代理人　乙市丙町一丁目参番地
　　　　　　　　　　乙沼三郎
不動産の表示
　所　在　甲市乙町三丁目
　地　番　四番五
                    甲地方法務局乙支局
```

（「登記所に提出する各種図面等の作成例及び地図等の訂正事例集」89頁　京都地方法務局登記事務研究会）

A　登記所に備え付けられている既存の地積測量図は，登記申請の受否にあたり登記官が適法なものとみて受理し備え付けられているものである。

　このことを，行政の一体性からみると，一義的には既提出の地積測量図が正しいものとして取り扱い，違うのであれば地積測量図の訂正の申出をして（当時の不動産登記準則114条），既存の地積測量図を除却してもらうということになる。それで公示することになる。

　したがって，誤っているという判断は，実地調査を行って，既存の地積測量図における筆界点が移動していないこと，又は，新たに訂正の申出のされた地積測量図について，当時の筆界点を再確認した上で測量しているかどうかについても調査を尽くし，その結果，既存の地積測量図が間違っていたという確かな根拠を登記官に提示し，それらに基づいて登記官が客観的かつ合理的に確認・認識できることが必要となる。

　前の地積測量図がどういった根拠で作成されたのかを調査・点検した上でなければ，次の測量ができないはずだからである。

> **解 説**

1 現行における地積測量図 ―平成16年の不登法改正以降―

　地積測量図は，一筆の土地の地積に関する測量の結果を明らかにする図面である（不動産登記令2条3号）。測量の結果を投影した地積及び求積の方法を明らかにすることで，申請する土地自体（形状）を特定させることがその目的である。また，それに加えて，方位や隣地の地番等を併せて記録事項として要求していることから，現地（位置）を特定する機能をも求めている。

　以上のことから，地積測量図の果たすべき役割は，申請する土地の地積及び求積の方法を明らかにするとともに，現地の位置，形状を具体的かつ明確に特定することであり，これを主たる目的としているわけである。

(1) 地積測量図の作成方法

　地積測量図は，1筆の土地ごとに作成しなければならない（不動産登記規則75条1項）こととされている。書面で提出される地積測量図は，B列4番の丈夫な用紙を用い（同規則74条3項），0.2mm以下の細線によって，鮮明に図形を表示（同条1項）し，測量年月日（同規則77条1項10号）及び作成年月日を記録した上で，申請人の記名及び作成者の署名（又は記名）押印するもの（同規則74条2項）としている。

(2) 地積測量図の記録方法

① 土地の表題登記の申請には，地積測量図を添付しなければならない（令別表の四の項添付情報欄ロ）ものとされている。

　地積測量図は，縮尺250分の1で作成し（規則77条4項），地番区域の名称，方位，縮尺，（隣接）地番，地積及びその求積方法，境界標あるときはその表示のほか，筆界点間の距離及び筆界点の座標値（基本三角点等に基づくもの又は近傍の恒久的地物に基づくもの）の記録を義務付けている（同条1項，2項）。

　（注）座標値とは，基本三角点等に基づいて測量された成果のことである。公共座標値と呼ばれている。

　なお，近傍に基本三角点等がない場合や基本三角点等に基づく測量ができない特段の事情がある場合には，近傍の恒久的地物に基づく測量成果による筆界点の座標値（いわゆる任意座標値）を記録すること（同規則77条2項）とされている。この場合に，永続性のある石杭又は金属標等の境界標（地物）があるときは，その地物の記録を義務付けている。この境界標の表示方法は，境界標のある筆界点に符号を付し，その符号及び境界標の種類を記録する方法又はこれに準ずる方法による（同条3項）こととしている。

　これら公共座標値を持った地積測量図は，これまでの地積測量図を超える現地特定

性と現地復元能力を併せ持ったものとなる。しかし、前提として、測量の対象土地の近傍に基本三角点等が存在することが前提となっており、申請人の負担と測量に要する経費との比較考量から、近傍に基本三角点等が存在しない等の特別な事情がある場合には、近傍の恒久的地物に基づく測量の成果による筆界点の任意座標でも差し支えない（同規則77条1項7号）ものとされている。

② また、分筆の登記の申請には、分筆後の土地の地積測量図を添付しなければならない（令別表の八の項添付情報欄イ）ものとされている。

地積測量図の記録方法は、前述の表題登記の申請時に添付する地積測量図とほぼ同様であるが、分筆の登記の申請に特有のものは、分筆前の土地を図示表示し、分筆線を明示した分筆後のそれぞれの土地を表示した上で、これらに符号を付さなければならない（規則78条）ものとしている。

なお、分筆前の土地が広大な土地で、分筆後の土地のその一方がわずかである等特別の事情があるときに限定して、分筆後のその1筆の土地につき地積測量図の記録事項（規則77条1項5号から8号までの事項）を記録する必要がない（準則72条2項）としている。つまり、特別な事情がないときは、分筆後の土地につき地積測量図の記録事項の全事項を記録しなければならないということである。

2　昭和37年以降平成16年不登法改正に至るまでの地積測量図の機能

　地積測量図の果たすべき役割の1つは、現地の位置、形状を具体的かつ明確に特定することにある。地積測量図における現地特定性と現地復元能力保持に至る歩みが、不登法施行細則改正等の推移を点検することによって読み取れるのである。

(1) **地積測量の結果の明確化　―昭和37年不登法施行細則の改正―**

　昭和37年の不登法施行細則の改正（昭和37年4月28日法務省令第39号）によって、それまで「測量図ハ地積ノ測量ノ結果ヲ明確ニスルモノナルコトヲ要ス」とされていた地積の測量図の取扱いが、「測量図ハ方位、地番、隣地ノ地番並ニ地積及ビ求積ノ方法ヲ記載シタルモノナルコトヲ要ス」（細則42条ノ4第1項）と改められた。測量の結果のみを明らかにすることが目的とされていた地積測量図が、この改正によって、最小限度であるにせよ現地における土地区画の形状を把握することのできる事項が定められることになったわけである。

(2) **境界標の記載　―昭和52年不登法施行細則の改正―**

　昭和52年の不登法施行細則の改正（昭和52年9月3日法務省令第54号）によって、「地積ノ測量図ニハ土地ノ筆界ニ境界標アルトキハ之ヲ記載スベシ」（細則42条ノ4第2項）とする規定が設けられ、測量の前提となる各筆界について、現地で適正に確認された事実を担保する物証としての境界標を地積測量図上においても明確にすべきものとし、こ

れによって現地における土地の位置関係を明らかにすることとされた。

　この境界標は，永続性を持った標識が埋設されていること，つまりは，耐久性のある材質で，かつ，容易に移転しない（換言すると，堅固性のある）標識であることが必要とされ，単なる木杭，根巻き等の施されていない杭等には永続性が伴っていない（旧準則98条1項）ものとされている。その例示として，耐久性のある材質としては，石，コンクリート，合成樹脂等を，また，堅固性のある埋設としては，コンクリート根巻きが施されている等が掲げられている。さらに，コンクリート基礎，基盤，側壁等に施された刻印も永続性がある標識とされている。

　なお，永続性のある境界標がない場合は，これに代えて，その土地の適宜の筆界点と近傍の恒久的地物との距離，角度等の位置関係を記載して差し支えない（旧準則98条3項）ものとされている。

(3) 近傍恒久的地物との位置関係の記載　―平成5年不登法施行細則の改正―

　けれども，現地の筆界には，境界標の埋設が未了である場合が数多く存在することもまた事実であることから，平成5年の不登法施行細則の改正（平成5年7月29日法務省令第32号）によって，細則42条ノ4第2項が次のように改正補強され，地積測量図の果たすべき役割の1つである現地における土地の位置，形状を具体的かつ明確に特定する機能の一層の充実が図られることとされた。

　　　「土地ノ筆界ニ境界標アルトキハ之ヲ，境界標ナキトキハ適宜ノ筆界点ト近傍ノ恒久的ナル地物トノ位置関係ヲ記載スベシ」

（平成5年不登法施行細則42条ノ4第2項）

　ここでいう恒久的なる地物とは，基本三角点（図根点を含む。）基準点測量によって設置された水準点若しくは多角点，又は恒久性のある鉄橋，橋梁等，土地の筆界を現地において特定する場合の基礎になり得るものをいう（昭和52年9月3日民三第4474号民事局第三課長依命通知第二の五の(2)）とされている。

(4) 全筆調査測量と実務の乖離（かいり）　―昭和52年不登法準則の改正―

　昭和52年に不動産登記事務取扱手続準則（昭和52年9月3日民三第4473号民事局長通達，以下「旧準則」という。）の大幅改正があって，地積測量図の作製について，旧準則123条では次のように定められていた。

　　　「分筆の登記の申請書には，分筆前の土地を図示し，分割線を明らかにした分割後の土地の地積の測量図を添付するものとする。ただし，分割後の土地のうち1筆については，必ずしも求積及びその方法を明らかにすることを要しない」（旧準則123条）。

分筆の登記を申請する場合には，分筆後の全地について調査，測量するのが原則であるが，地積測量図上に表示する分筆後の土地のうちいずれか1筆（残地）は，必ずしも実測したものであることを要しない（昭和37年3月12日民事甲第671号民事局長通達）ことと解され，前記事案につき概測によるものでも差し支えない（昭和53年3月14日民三第1479号民事局第三課長回答等）こととされていた。

　ところで，この旧準則123条は，本文の規定に対峙した形でただし書の規定が定められており，分筆の登記の申請には，分筆後の全筆について求積及びその方法が明示した地積測量図を添付するのが原則となっている。つまり，土地区画の正確性の担保及び公図精度の維持管理の観点から分筆後の全地について調査・測量するのが本文の取扱いであり，ただし書の規定は例外的取扱いである。

　しかしながら，登記実務の実態としては，登記申請に添付される地積測量図は，現実に直面している申請人の手数及び費用負担を配慮し，便宜主義的な取扱いとして，残地の形状は既存の地図に基づいて図示したり，既存の公図が不正確の場合は，現地を目測した程度の見取図的概要を図示したものでもよいことと矮小化されて，永年運用されてきた実態にあったのである。

　このように，分筆の登記申請の対象である土地区画の正確性の担保の伴わない地積測量図により公図の手入れが行われ，公図精度の維持管理措置が図られない状態のまま，それが公開されてきたために，現地混乱地区や地図混乱地区の発生の一因にもなっているとの指摘がされ，実務の是正が強く求められてきたのである。

3│全筆調査測量と特別事情の明確化　―平成16年不登法改正―

　このような実情を踏まえて，平成16年の不動産登記法の改正に併せて，従来どおり地積測量図は1筆ごとに作成しなければならない（規則75条1項）との原則は維持しながら，特例措置として，下記のように特別の事情がある場合に限定して認められる（準則72条2項）ものと規定された。

　したがって，特別の事情がある場合には，地積測量図の作成は，具体的には「地番区域の名称，方位，縮尺，（隣接）地番（規則77条1項1号から4号までに掲げる事項）」のみの記録でよく，「地積及びその求積方法，境界標あるときはその表示のほか，筆界点間の距離及び筆界点の座標値（基本三角点等に基づくもの又は近傍の恒久的地物に基づくもの）」の記録を省略することができる（規則77条1項，2項）ということになる。

　　「分筆の登記を申請する場合において提供する分筆後の土地の地積測量図には，分筆前の土地が広大な土地であって，分筆後の土地の一方がわずかであるなど特別の事情があるときに限り，分筆後の土地のうち1筆について規則第77条第1項第5号から

第8号までに掲げる事項（同項第5号の地積を除く。）を記録することを便宜省略して差し支えない。」（不登準則（平成17年2月25日民二第456号民事局長通達）72条2項）

　これにより，分筆の登記の申請には，上記のような特別な事情がない限り，分筆後の全筆について調査，測量の結果を地積測量図に表示すべきことが明確化された。この是正によって，分筆の登記申請の対象である土地区画の正確性が担保されることとなり，地積測量図により公図への手入れが正確に行われ，公図精度の維持管理が図られた状態で，それが公開されることにつながっていくものと思われる。

4　【回答】地積測量図の訂正

(1)　登記所に備え付けられている既存の地積測量図は，登記申請の受否にあたり登記官が適法なものとみて受理し備え付けられているものである。

　このことを，行政の一体性からみると，一義的には既提出の地積測量図が正しいものとして取扱い，違うのであれば地積測量図の訂正の申出をして（当時の準則114条），既存の地積測量図を除却してもらうということになる。それで公示することになる。

　この申出手続は，不登法上特に規定されたものでなく，登記官に対する地積測量図の訂正についての職権活動を促すものであって，登記官が関係書類によってその誤りを確認したときは，職権によって所要の訂正処理ができる性質のものである。

(2)　問題は，それを何に基づいてどのように確認するかである。

　誤っているという判断は，実地調査を行って，既存の地積測量図における筆界点が移動していないこと，又は，新たに訂正の申出のされた地積測量図について，当時の筆界点を再確認した上で測量しているかどうかについても調査を尽くし，その結果，既存の地積測量図が間違っていたという確かな根拠（以下，「誤りを証する資料」という。例えば，「既存の地積測量図には辺長の記載がない。現地における当時設置の不動標識で判明するので，辺長，不動標識等を補完した。」等）を登記官に提示し，それらに基づいて登記官が客観的かつ合理的に確認・認識できることが必要となる。既存の地積測量図がどういった根拠で作成されたのかを調査・点検した上でなければ，次からの測量は容易にできないはずだからである。

(3)　昭和52年6月に訓令7条で定められた徳島地方法務局の表示登記事務取扱要領（全国の法務局において，同時期に，ほぼ同趣旨の要領が定められているものと思われる。）12条では，「分筆等申請書に添付された地積測量図が，先に提出された地積測量図と抵触する場合には，その原因が先に提出された地積測量図の誤りによるものであるときは，その誤りを証する資料の添付を求めるものとする。」と定められた。表示登記事務の適正，円滑な処理を図ることを目的として制定されたのが，本要領の趣旨である。昭和57年7

月の同要領一部改正（訓令4号）時においても，この条項は維持されている。
　参考までに，昭和52年当時の四国ブロック（地方）法務局管内における「誤りを証する資料」に関する質疑回答の主要なものを次に掲げる。

質疑1　誤りを証する資料とはどのようなものか。
回答(A)　測量原図，計算手簿，野帳等である（徳島，高知）。
　　　(B)　筆界点，辺長，角度等の作図に錯誤がある場合に，12条が適用されるので，先に提出された地積の測量図の測量原図，野帳計算手簿等が考えられる（高松）。

質疑2　分筆登記申請に添付された地積の測量図が先に提出された地積測量図と抵触し，その原因が先に提出された測量図の誤りによるものである場合，関係土地所有者の申出書（既提出の測量図に誤りのある事由が記載されているもの，印鑑証明付）は，その誤りを証する資料になると解して差し支えないか。
回答2　前問のような確認が得られる内容のものなら可（高松）。

質疑3　境界確認，境界査定の証明書が，要領第12条の誤りを証する資料となるか（提出済の測量図によって表示登記をしたものに何等の手当をすることもなく，境界線の確認，査定が誤りを証する資料とした場合，提出済のものと測点が異なっても受理することになり，復元すれば提出済のものと重なり合うとか空地ができる）。
回答3　同前，なお，第12条の資料を添付して地積測量図が提出された場合には，先に提出された地積測量図の欄外に，「昭和年月提出○○番の地積測量図と一部抵触」等の記載をして，当該地積測量図に一部誤りがある旨明確にすべき（高松）。

質疑4　誤りを証する資料が添付された場合，前に提出された測量図の筆界線は変更されたものと考えなければならないか。
回答4　同前（高松）。

質疑5　地積更正の登記で先に提出してある隣接地の地積測量図と今回の地積測量図に不一致を発見した場合，登記官は今回添付された境界線証明書から先の地積測量図が誤りであると判断した場合には，特に誤りを証する資料を求める必要はないと考えるがどうか。なお，実務上先の地積測量図はそのままにしておく取扱いでよいか。
回答5　誤りを証する資料が必要であり，先の地積測量図には前問協議結果の記載をしておくこと（高松）。

質疑6 分筆登記の申請書に添付された地積測量図が，先に提出された分筆による地積測量図と抵触する場合において，地積測量図の訂正申出書又は，土地分筆登記の抹消申請書の提出を求めることができるか。

回答6 要領12条は先に提出された地積測量図に作図又は計算等の誤りがある場合に限り，その誤りを証する資料を求めて処理することにしたものであり，所問の申請又は申出は要しない。

　なお，先に提出された地積の測量図には「昭和年月提出○○番地積測量図と一部抵触」の記載をするものとする（高松）。

地積測量図については，以上のとおりの方法で今後も是正されていくものと思われる。

Coffee Break

―ゆうれい土地―

　昭和46年頃の大阪での話である。

　ある弁護士事務所の職員から「ゆうれい土地」というのがあって，「金融機関から登記がないと融資はできないと言われた。何とか永年住み続けている私の敷地を，公図上で見つけ出してほしい。」と言われて探しているがよく分からない，どうしたものかとの相談を受けた。

　その土地は，戦前の元大地主が所有していたもので，宅地造成ブームに伴い数百筆に分筆し分譲されたものであった。公図によっては判明しないので，それまでに分筆された地積測量図を，コピーして切り抜き，それらを根気強く貼り合わせていった。その全体像を把握した段階で，その原因が判明した。

　十数年にわたり隣地周辺が切り売りされ分筆した際に，「対象土地の区画については，既登記である。」と地主及び土地家屋調査士が錯覚し，対象土地を親番（元番）から未登記，未分割のままで分離してしまっていたのである。登記所でもそのことに気付かず，そのまま分筆登記を実行したために，さまよう土地を現出させてしまったのである。

　その後も，さらに分筆登記が繰り返されており，当然のことながら，いずれも所有権移転，抵当権設定及び停止条件付賃借権の登記を経由している事案であった。ぞっとしたのは土地家屋調査士のみでなかったはずである。

　―ゆうれいを捉えてみれば分筆錯誤なり―

第21　公図の訂正について

Q32　公図の訂正が認められる場合と，そうでない場合がありますが，どのような場合に公図の訂正が行われているのでしょうか。

Q33　また，その是正方法の概要について示してもらいたい。

図解　地図訂正申出書の雛形（書-11）を掲出する。

書-11　地図訂正申出書

```
地図訂正申出書

　　　　　　　　　　　　　　甲地方法務局乙支局

訂正の目的　　土地の所在位置の訂正
訂正を要する部分　別紙土地所在図のとおり
添付書類
　申出書副本
　証明書　　　土地所在図
　代理権限証書　承諾書

平成年月日申出

申出人　甲郡乙村大字丙弐参四番地
　　　　　　甲山太郎

代理人　甲郡乙村大字丁五六七番地
　　　　　　乙川二郎　㊞

不動産の表示
　所　在　甲郡乙村大字丙
　地　番　弐参四番五
　地図番号　何号
```

（「登記所に提出する各種図面等の作成例及び地図等の訂正事例集」85頁　京都地方法務局登記事務研究会）

A32　現況の土地の区画と地図の示す境界が相違するに至った原因を大別すると，(1)公図の記載が当初から相違していた場合，(2)土地の乱開発に対応した登記手続や公図の処理がされていない場合，(3)土地の造成があり，登記手続もされたが，その内容が実態と一致せず，かつ，公図の修正も誤記がある場合の３つに分類できるものと思われる。

第21 公図の訂正について

A33　これらを是正する手続としては，(1)の場合には，当該土地につき正確な境界を調査して地図作成当初の記載誤りであることが確認されると，その結果を公図に反映する地図訂正の申出をすることができる。

　(2)の場合には，土地の変動に対応する登記手続が未了であるから，開発前の固有の筆界が判明する場合には，開発に伴う現在の占有界について調査を行い，それらに対応する分・合筆登記及び地目変更の登記を追認的に経由する方法により，乱開発された全地域につき新たに地図を作成するほかない。

　(3)の場合には，まず，現在の実態に合致する境界につき調査を先行して行い，実態と一致しない地域を確定の上，この地域につき新規に地図を作成する。次に，内容が実態と合致しない不正確な全部の登記を，錯誤を原因として抹消した上で，新規に作成した地図を基礎として，現在の土地の権利及び利用の実態に合致する正確な登記を改めて経由する方法により是正を行うことになる。

解説

1　公図の訂正の類型

　質問の趣旨は，公図の訂正に至る原因には，どのようなものがあるのかということである。

　境界とは，個々の土地を区画する公法上の区分線であり，境界はこれを地図に描き示すことによって公示される（不登法14条）ことになる。この公示されている境界を調査して，地図作成当初の記載誤りであることが確認されると，その結果を公図に反映する地図訂正の申出（書-11）をすることができる。

　現在の権利関係・利用関係による土地の区画と地図の示す境界が大きく相違することになった原因を調査してみると，おおむね原因別に次の3類型に分類できるものと思われる。

(1)　【類型1】　公図の記載が当初から相違していた場合

　　現在，登記所に保管されている多くの公図は，地租改正の際に作成された改租図（野取絵図，字限図，字切図）を基礎として作製された更正図（地押調査図）がベースとなっているといわれている。

　　当時の技術水準による測量であったことから，現地と不符合な改租図も相当数存在した。このため，明治20年から同22年の間に，不符合な改租図は，平板測量により再測量して作製された。なお，その時点において，改租図が正確であると判断された場合には，更正図が作製されなかった地方もあった。したがって，精度上の問題を抱えた更正図も存在することもまた事実である。本来的な目的が租税徴収であったことから，市街地，農耕地域については，相当高程度の精度が維持されているものの，山林，原野について

125

は，目測，歩測とか面積広大につき省略と記載されたものがあって，正確性に疑問を抱くものがあることもまた事実である。

　公図の記載が当初から相違していた場合に，それを是正する手続は，該当の土地について，正確な境界を調査して地図作成当初の記載誤りであることが確認されると，その結果を公図に反映する方法により行う地図訂正の申出をすることができる。

　例えば，公図の位置，形状（土地の区画，境界の表示等）が，当初からの現地の位置，形状（固有の境界）と相違している場合には，訂正後の土地の所在図及び地積測量図を添付し，地図訂正の申出を行い，登記官に職権活動を促すことになる。立件調査の結果，このことが登記官において確認されると，申出どおりにその結果が公図に反映され，職権により地図訂正が行われる。反対に，立件調査の結果，公図の記載間違いが登記官において確認できない場合は，その立件は中止され，処理しない取扱いとされることになる。

(2) **【類型２】　乱開発によって権利と利用の両面で土地の異動事実があるが，それらに対応した登記手続や公図の処理が経由されていない場合**

　現況は，既に宅地開発が行われ，山林などが宅地や公衆用道路等になってしまっているのに，「列島改造」の時代からその登記手続がほとんど経由されていない地域がある。また，戦時中における土地の異動では，土地台帳法上の登録処理がされていないものが散見される。

　このような場合に，これを今日時点において是正する手続としては，その土地の変動に応じた登録手続，また，登記手続が未了となっているのであるから，開発前の固有の筆界が判明している場合には，宅地開発に伴う現在の利用関係に合致した境界（事実上の土地の境界，つまりは占有界）について調査を行い，占有界に対応する分・合筆登記及び地目変更の登記を追認的に経由する方法により，乱開発が行われてきた全地域について，新規に地図を作成するほかないものと思われる。

(3) **【類型３】　土地の権利と利用の両面で異動事実があり，登記手続もされたが，その内容が実態と一致せず不正確で，かつ，公図の修正にも誤記がある場合**

　このような場合に是正する手続としては，前提として，内容が実態と合致しない不正確な登記を現出させた原因を究明した上で，まずは実態と一致しない地域を確定する必要がある。その後に，現在の実態に合致する境界について調査を行い，新規に地図を作成することになる。

　次いで，内容が実態と合致しない不正確な全部の登記を，錯誤を原因として抹消した上で，新規に作成した地図を基礎として，現在の土地の権利関係及び利用関係の実態に合致する正確な登記を改めて経由することにより是正を行うことになる。

(4) **地図訂正は，上記の３類型かその複合体に分類整理**

　　地図の訂正は，原因別に上記(1)から(3)の類型か若しくはその複合体に分類整理できる。

　　地図が作成当初から相違している場合には，その土地を含む隣接土地について正確な境界の調査を行い，地図作成当初の記載誤りであることが確認されると，その結果を地図に反映することになる。

　　当該地図作成当時の素図，市町村保管の地図，航空写真等の物証を中心として資料を探索することになる。今日的には，その資料収集が困難となってきており，どのような原因・理由によって相違する結果に至ったのか不明の場合もある。現場の登記官の知見の見せ所でもある。

2 これまでの解決手法 ―集団和解方式による地図作成―

　関係者全員が集団和解する方法により権利関係の合意をし，一方，その境界については，合意に基づく区画を境界として調査する手法，私設区画整理による区画を新たな境界として調査する方法等工夫し地図整備が進められてきた。これらは，法的根拠はないものの，集団和解の実施により紛争予防措置を図ったり，区画整理事業の換地処分手続を借用したりして，現在の権利関係・利用関係に合致した地図作成を追求する試みであった。その途上において，調査不能として放置されてきているものもある。

　平成地籍整備の推進の中で，上記のような英知を集積すれば，地図整備について，更に大きな成果が得られるものと期待している。

3 これからの筆界紛争の解決手法 ―筆界特定制度の活用―

　ところで，平成17年には，土地の筆界特定制度を主な内容とする不動産登記法等の一部を改正する法律（平成17年法律第29号）が，平成17年４月13日に公布された。

　筆界特定制度とは，土地の筆界の迅速で，しかも適正な特定を図り，筆界をめぐる紛争の解決に資するため，筆界特定登記官が土地の所有権登記名義人等の申請に基づいて，筆界の現地における位置を特定する制度である。この制度は，裁判による解決を待つまでもなく，行政機関である筆界特定登記官の行為によって，筆界について迅速で適正な判断（つまりは特定）を公的に明示し，法務局が特定した筆界の位置を証明することによって，筆界をめぐる紛争を予防し，ひいては紛争の早期解決を可能にすることに意義がある。

　この制度を有効に活用し得るよう更なる制度的発展をも視野に入れられるものと大いに期待している。目標は，法14条地図の整備である。

第5編　国土調査図面

第22　精度の悪い国土調査図面の取扱い

Q34　平板測量による精度の悪い国土調査図面が法14条地図として備え付けられている場合，それに基づいて現地復元しなければならない状況には甚だ疑問を感じますし，専門家である土地家屋調査士がこういう作業を強いられている状況をどう思われますか？

Q35　原始筆界や「里道・水路」を一切考慮せず，ただただ現況によってのみ作成された国土調査図面が法14条地図として備えられている場合で，誰の目に見ても誤りが明らかな場合，公共団体が費用を出すことにより地図訂正すれば良いと思うのですがどう思われますか？

Q36　隣接地の所有者が亡くなっている場合，隣接地所有者の承諾書に推定相続人全員の承諾は必要でしょうか？共有の場合でも共有者全員の承諾は必要なのでしょうか？

図解　「地籍調査の作業工程」（図38）及び「地籍図の是正方法」（図39）を下記に図解する。

図38　地籍調査の作業工程図

```
┌─────────────┐
│ 地籍図根三角測量 │   ・粗密度に配置した地籍図根三角点を設定
└─────────────┘   ・四等三角点等の基準点を基礎に，地籍図根三角点位置を測量
       ↓
┌─────────────┐
│ 地籍図根多角測量 │   ・中密度に配置した地籍図根多角点を設定
└─────────────┘   ・地籍図根三角点を基礎に，地籍図根多角点位置を測量
       ↓
┌─────────────┐
│   一筆地調査   │   ・土地登記簿と地図写しを基礎に，現地で所有者等の立会いを
└─────────────┘     得て，各筆の土地の地番，地目，境界，所有者を調査（地籍
       ↓             準則3条1号）・確認
```

第5編　国土調査図面

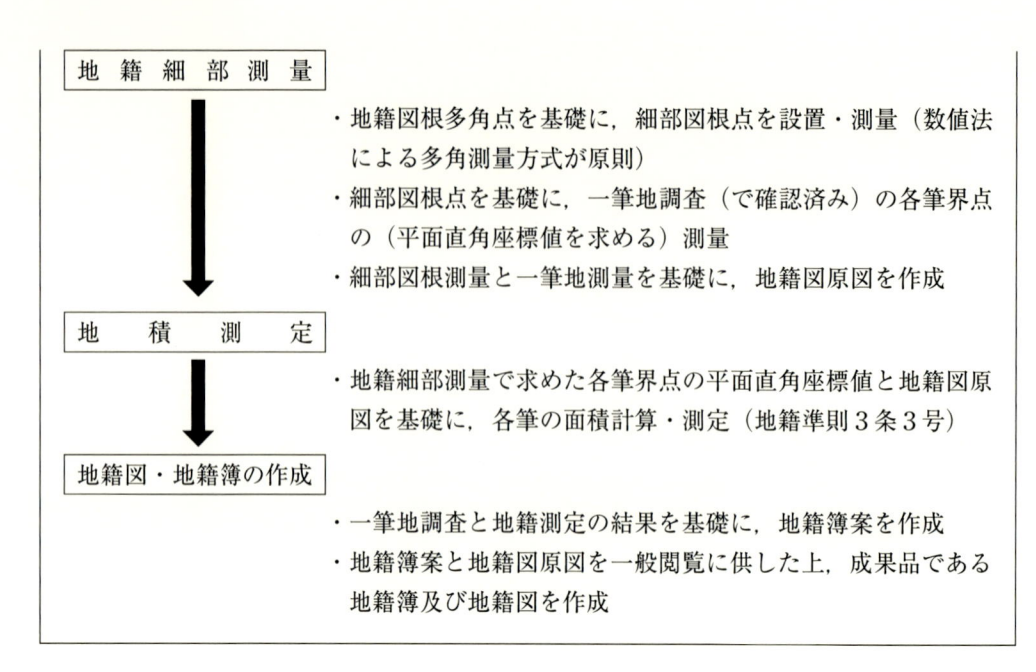

```
┌─────────────┐
│ 地 籍 細 部 測 量 │
└─────────────┘
        │   ・地籍図根多角点を基礎に，細部図根点を設置・測量（数値法
        │     による多角測量方式が原則）
        │   ・細部図根点を基礎に，一筆地調査（で確認済み）の各筆界点
        │     の（平面直角座標値を求める）測量
        ▼   ・細部図根測量と一筆地測量を基礎に，地籍図原図を作成
┌─────────────┐
│ 地 積 測 定 │
└─────────────┘
        │   ・地籍細部測量で求めた各筆界点の平面直角座標値と地籍図原
        │     図を基礎に，各筆の面積計算・測定（地籍準則3条3号）
        ▼
┌─────────────────┐
│ 地籍図・地籍簿の作成 │
└─────────────────┘
            ・一筆地調査と地籍測定の結果を基礎に，地籍簿案を作成
            ・地籍簿案と地籍図原図を一般閲覧に供した上，成果品である
              地籍簿及び地籍図を作成
```

図39　地籍図の是正方法

```
┌────────────────────────────────────────────────┐
│ 地籍図の是正方法(1)                              │
│   ①　地図の訂正又は地積更正の申出（成果の誤りを訂正する申出） │
│   ②　地方税法381条7項による市町村長からの地図の修正等申出 │
│   ③　所有者からの不登法の手続による地図の訂正の申出，地積更正の登記申請 │
│                                                │
│ 地籍図の是正方法(2)                              │
│   境界確定の訴え                                  │
└────────────────────────────────────────────────┘
```

第22　精度の悪い国土調査図面の取扱い

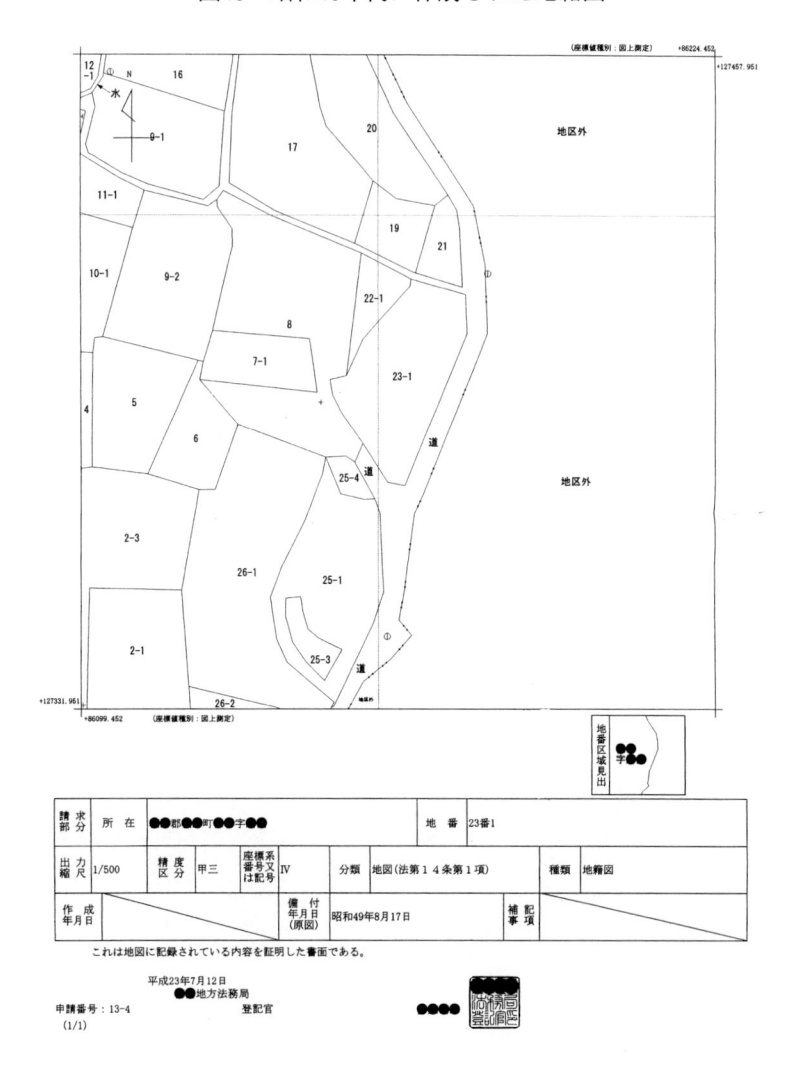

図40　昭和40年代に作成された地籍図

A34・35　所管大臣・都道府県知事の認証を受けて登記所に送付されてきた地籍図が，登記所において，利害関係人や一般市民から正確性に疑問がある，成果が不正確で筆界に誤りがあるとの指摘を受けているという実態が，今日においてもなお存在する。

　一般的には，国土調査の成果の誤りを修正する場合は，実施機関が市町村のときは，市町村長から登記所に対し，地図の訂正又は地積更正の申出，つまり成果の誤りを訂正する申出ができる。また，地方税法381条7項に準じて修正等申出もできる。

　本来的には，国土調査の成果の誤りの修正は，実施機関が解決すべき問題であるが，所有者からも不登法の手続により地図の訂正の申出，地積更正の登記申請

第 5 編　国土調査図面

もできる。

A36　隣接地の所有者が死亡しており，かつ，相続等の登記が未了となっている場合には，当該隣接地の所有者が誰であるかは第三者にとって容易には判明しない事柄である。このような場合に，当該土地の所有者が隣接地の所有者の立会いによって確実に境界について確認を行った証拠として，承諾書等の書面にして保存しておくというのが実務の取扱いとなっている。境界について確認を行った事実に間違いがないということを担保させるものである。

本問のようなケースの場合，後日における紛争予防の立場からは，隣接地所有者の相続人の承諾は，相続人全員の承諾が望ましいと考える。当該土地は，相続登記が経由されるまでは遺産分割未了の土地ということになることから，隣接地所有者の地位を承継した相続人全員の共有の土地と把握される。このことから，隣接地所有者の承諾の真正を担保する趣旨で相続人全員の承諾を得ておくことが相当であろう。

解説

1 国土調査の目的とその流れ

昭和26年 6 月 1 日法律第180号により国土調査法（以下「法」という。）は制定された。「この法律は，国土の開発及び保全並びにその利用の高度化に資するとともに，あわせて地籍の明確化を図るため，国土の実態を科学的且つ総合的に調査すること」（法 1 条）を目的とするとされている。

国土調査において実施する調査の一つとして，地籍調査の定義が示されている（法 2 条）。地籍調査とは，「毎筆の土地について，その所有者，地番及び地目の調査並びに境界及び地積に関する測量を行い，その結果を地図及び簿冊に作成することをいう。」と規定されている。つまりは，①登記簿に記載されている所有者に関する確認，②境界と面積測量の実施・計算であり，その調査結果を地籍図と名付けた地図（以下「地籍図」という。）及び地籍簿と名付けた簿冊（以下「地籍簿」という。）を作成することがその内容となっており（法17条 1 項），言わば土地に関する戸籍調査である。

作成された成果品である地籍図及び地籍簿は，

① 作成したことを公告，
② 実施機関における20日間の一般閲覧（法17条 1 項），
③ 所管大臣・都道府県知事に送付（法18条），
④ 所管庁が精度，測量・調査の正確性を審査（法19条 2 項），

⑤　合格成果品は所管大臣・都道府県知事の名において認証の上，公告（法19条4項）
との流れとなる。①②により，調査結果を公告することで一応の正確性を担保しようとするものであり，③から⑤までは，所管庁内部の認証に至るまでの事務の取扱いである。なお，④は，統計学的に有効な抽出的な確認方法を採っているとのことである。

2 | 国土調査の成果に基づく登記

　その成果品である地籍図及び地籍簿の写しが登記所に送付される（法20条1項）と，この地籍簿及び地籍図に基づき，登記所は政令1条（昭和32年6月3日政令130号「国土調査法による不動産登記に関する政令」）の規定に従って，職権立件により「国土調査による成果」の登記をする（同条2項）ことになる。登記の種類としては，
①　土地の表示に関する登記，
②　所有権の登記名義人の氏名・名称，住所についての変更・更正の登記，
③　分筆又は合筆の登記
である。これらの登記は，登記官あてに義務付けされた規定となっている。
　なお，実施機関は，国土調査法32条の2の規定により合併の調査を行う場合に，必要があるときは，所有権の登記名義人等に代位して，土地の表示，登記名義人表示変更，所有権保存，相続による移転の登記を申請することができる。これらの申請について，登記官は上記政令2条の規定に従って「代位登記」を行うことになる。

3 | 昭和40年代における地籍図の問題点

　地籍図を不登法14条地図として備え付けた場合は，登記官は監督（地方）法務局長にその報告書を提出するもの（不登準則14条）とされている。
　昭和40年代から50年代初頭までの時期には，登記所に送付されてきた平板測量により測量された地籍図の中には，
①　不登法の測量精度と地籍図のそれが異なっている，
②　筆界の調査・確認が不十分で，地籍図の成果を直ちに採用できない土地が登記所において頻出するなどで閲覧利用に耐えない，
③　国土調査実施地区内の土地と地区外の土地との合筆登記があり，地図に準ずる図面と地籍図との整合性が不明，
④　地籍図と地積測量図の実測部分が一致しない，
⑤　地籍図に筆界未定と表示された土地，
⑥　調査後登記までの間に分筆・合筆の登記が申請されその登記ができなくなった土地，
⑦　現地確認不能地とされた土地の登記の可否，
に加え，

⑧　調査時点における土地の現況のみに頼って原因調査をせずに筆界を確定している。
　⑨　不登法の手続と無関係に現地の利用状況を強調する所有者の意見に偏っている。
との苦情もあって，果たして地籍図の整備はどうなるのか等の問題点が混在しており，結果として地図に準ずる図面ないし参考図として留めざるを得ないものが少なからず存在したこともまた事実である。

　このように，所管大臣・都道府県知事の認証を受けて登記所に送付されてきた地籍図が，登記所において，利害関係人や一般市民から正確性に疑問がある，成果が不正確で筆界に誤りがある等との指摘を受けているという実態が，今日においてもなお存在する。このことは，もとより法律上は予定されておらず，正確な地籍図を前提としての規定となっている。

　しかし，実施機関による地籍図における境界の調査が不正確であったことに起因する上記のような是正措置を要する問題が課題として取り残されているのである。

　なお，この時代の地図の紙質は，ケント紙ないしアルミケント紙が多く用いられていたため，マイラー図のような透視性はなく，重さと厚みの面で利便性に欠けるものであった。

4　地籍図の是正方法(1)　～地方税法381条7項による市町村長からの申出～

(1)　地籍図の是正措置を要するとされた問題（「3　昭和40年代における地籍図の問題点」）の所在は，実施機関が，筆界や実体の権利関係の変動経過を，登記簿及び公図によって正確に把握していなかったところにあるものと分析できる。実施機関としては，一筆地調査をする場合には，第1に，公示されている登記簿及び公図の把握を大前提として，第2に，実体との一致（又は不一致）の把握をした上で，現況の筆界や権利関係の調査に至るべきであった，はずである。また，登記所においても，地籍調査の成果の正確性には，法令上の根拠があるので，強い信頼の上に立って，登記官が実地調査をするまでもなく，その成果に基づいて直ちに登記をしてきた実態があった。なお，登記官は，職権で登記をしなければならないと義務付けされている（前記政令1条）。

　これらの是正措置として，地籍図と公図の対査を実施し，また，登記官が実地調査を行うことで，実施機関に再検討を促す機会を与えている等の対策を講じた地方法務局（昭和49年7月以降の長野局）もあった。

(2)　一般的には，国土調査の成果の誤りを修正する場合は，①実施機関が市町村のときは，市町村長から登記所に対し，地図の訂正又は地積更正の申出，つまり成果の誤りを訂正する申出ができるとされている（昭和38年4月5日経済企画庁総合開発局国土調査課長指示）。

　また，②地方税法381条7項に準じて修正等申出もでき，この場合の申出の様式と添付書類も例示されている（昭和48年10月18日民三第7689号民事局第三課長通知）。本来的に

は，国土調査の成果の誤りの修正は，実施機関が解決すべき問題であるが，③所有者からも不登法の手続により地図の訂正の申出，地積更正の登記申請もできる。

なお，国土調査の成果となった土地の地籍図は，手続手順を踏んで，しかも，所有者の立会いを得て，正確な境界であることに異存ないとの確認済のはずであるから，それが誤りであるというためには，現在の隣地所有者の証言のみしか資料が存在しないというだけでは何とも心許ない。調査に誤認があって境界の確認方法に誤りがあった，という客観的な立証資料を登記官に提示することができるかどうかである。地形，地物，証言等人的，物的証拠資料を積み重ねることによって，申出が正確であることが立証されることになるものと思われる。

一般的には，実施機関がその当時に確認したとする現地調査の資料，境界立会時の立会調書，同意書ないし当時の担当者の証言ほかの資料が必要である。これらにより，登記官は，申出の正確性を確認することになる。地形，地物，証言等人的，物的証拠資料が提出され，その証拠によって訂正する申出が正確であることが登記官によって確認されて初めて立件することができるのである。

過去の事例として，進入道路を拡幅する必要があって，隣接土地の一部を売買したが，分筆登記も売買による登記も経由せず，その部分が道路に取り込まれた形の当事者の合意によって変更した現況を追認した現況図的な地籍図が作成されたというものもあるようだ。これらは，不作為による登記未了（放置）土地であって，いくら現況図的な地籍図が作成されていたとしても，登記手続が未了のままでその土地の所有者が第三者対抗要件を具備することはあり得ず，前提となるべき前記登記手続を経由して初めてその後の登記をすることが可能となる。

5 地籍図の是正方法(2) ―境界確定の訴え―

地籍調査の性格としては，昭和39年福島地裁判決の理由中において，次のように明確に判示している。同趣旨の判決に昭和50年12月23日高松地裁判決，昭和61年4月4日最高裁第二小法廷判決，平成7年7月27日東京高裁判決等がある。

> 「（地籍調査は，）土地の現況を調査して記録するという単純な事実行為であって，調査の成果たる地籍簿・地図は行政庁の内部における一資料の意味しかなくそれらの記載によって国民の権利自由が侵害される余地は全く存しないものといわざるを得ない。従って，たまたま国土調査に際し，土地の境界を誤った事実が仮に存したとしても，そのために真実の権利者が権利を失うものでなく，逆に相手が権利を取得するものでないのであって，原告は隣地の所有者を相手どって所有権確認又は境界確定の訴えを提起すれば必要かつ充分というべきで，その訴えで国土調査の成果と異なる境界線とを主張することは何ら妨げにならない。」（昭和39年福島地裁判決）

したがって，国土調査の成果が誤っている場合には，誤っていることを主張して登記の記載を正すことができるわけである。

固有（原始）の境界は，当然のことながら動かないのであるから，その事実が認められれば，表示されている地図の表示に錯誤があったことになる。前記3の④の例で示したように，「地籍図と地積測量図の実測部分が一致しない」原因として，登記所としては，実施機関が一筆地調査の資料として「地積測量図の実測部分」を利用していないのではないかとの疑念を持つ。老練な登記官であれば，創設的な効力がある分筆登記の結果により筆界が確定したのであるから，地籍図と地積測量図の実測部分が合致しない場合には，筆界未定地として表示し処理するほかないと認定するかもしれない。実施機関には土地の境界について認定権はないからである。

6 隣接地所有者の承諾の意義

地積更正の登記申請をする場合に，実務上，隣接地の所有者の承諾書を添付する取扱いとなっている。

その意義とするところは，現地における境界を各屈曲点等のポイントごとに，隣接地の所有者に確認を求めた上，当該土地の測量を行った結果に基づき，地積測量図を作成し，当該地積測量図を登記申請書に添付することとされているところにある。つまり，隣接地の所有者に協力を求めて行う境界の確認は，隣接地所有者からの当該境界の確認行為（証言）にほかならないから，極めて信ぴょう性の高い証拠になる。この確認行為自体を私文書化したものが，いわゆる承諾書である。換言すれば，当該土地の所有者が現地において隣接地所有者の立会いを得て，確実に境界の確認を実施し，当該土地との境界線に相違ないという確認行為の証拠（人証）として承諾書（境界確認書，境界証明書という呼称の書面でも可）を提出してもらうのが登記実務の取扱いである。このことは，法律上の利害関係の問題ではなく，登記の申請内容が事実に相違ないということを担保させる趣旨である。承諾書の存在は，後日においても境界紛争を防止する上において重要な証言となるため，可能な限りこういう資料の添付を求めているのが実務の実際である。隣接地の所有者は，当該境界の位置・形状を最も知り得る証人であるから，登記官がその事実を認定する際の証拠の一つとしているわけである。

7 隣接地所有者に一般承継があった場合

隣接地の所有者が死亡しており，かつ，相続等の登記が未了となっている場合には，当該隣接地の所有者が誰であるかは第三者にとって容易に判明しない事柄である。

隣接地の所有者が死亡（又は合併により消滅）などの一般承継があった場合には，その所有者の地位は一般承継人に承継されることになるので，隣接地所有者の相続人（その他

の一般承継人）が隣接地所有者の地位を承継することになる。隣接地の所有者の地位を相続等により包括的に承継した隣接地の相続人には，登記の有無（遺産分割の未了を含む。）にかかわらず，地位の承継が認められるわけである。

　ところで，地積更正の登記手続は，当該土地の客観的な位置，形状及び範囲を明らかにすること，換言すると，境界を確認することが究極の目的であることから，隣接地の所有者について，一般承継があった場合で，かつ，一般承継を登記原因とする所有権移転登記の手続が未了の場合は，隣接地所有者の相続人（その他の一般承継人）に対し，相続等を証する情報の提供を求め，一般承継があった事実を確認することとしている。登記記録上，承継の事実を確認することができないためである。

　後日の紛争予防の立場からは，隣接地所有者の相続人の承諾は，相続人全員の承諾が望ましいと考える。当該土地は，相続登記が経由されるまでは遺産分割未了の土地ということになることから，隣接地所有者の地位を承継した相続人全員の共有の土地と把握される。このことから，隣接地所有者の承諾の真正を担保する趣旨で相続人の全員の承諾を得ておくことが相当であろう。

　なお，現地において立会いがあり境界の確認までは得られたものの，印鑑登録証明書付きの承諾書までは得られないような場合（本人は署名と認印の押印のみ）には，①境界の確認をどのような方法で行ったのか，②隣接地の所有者からどのような理由により印鑑登録証明書付きの承諾書が得られなかったのか等の事実経過の内容を記録した理由書を地積更正登記の申請人から提出してもらうのが実務の取扱いである。登記官が境界を認定するのに足りる資料の提供を得られないと地積更正登記の申請どおりの事実が存在するのかどうか確認できないからである。

Coffee Break

―原石（はるいし）について・1―
「琉球王府による土地特定の図根点」

1　原石との出会い

　沖縄本島では，原石（はるいし，ぱるいし）が時折り発見される。地元紙の地域版に報道された発見物を見に行くと，見ぬ世の人からのメッセージが伝わってきてつい顔がほころんでしまう。

2　原石とは何か

　原石（別名「印部土手石（しるべどていし）」）は，琉球王府が実施した検地の際に設置し利用された琉球に固有の図根点である。
　原石は，周辺地物より一段と高い環境（「印部土手」と呼称）にあって，周囲を根張石で保護されている。土地位置特定のための図根点となる原石は，横幅17～30cm，厚さ7～15cm，高さ30～60cmほどの石碑として設置されている。
　原石には，「小字＋原＋かな文字」によって構成されており，例えば，「小字」の冠せられた「さき原」という原名（「はる，ぱる」と呼称される小字名）の次に，「よ」と言ったいずれかの文字が原名より大きな文字で刻まれている。しかも，そのかな文字は，他の原石との関係において「い，ろ，は……」といった連続する道順文字列として配置されたと思われるのである。なお，「カタカナ」列も存在する。

3　歴史的背景

　1591年（天正19年）に，豊臣秀吉によるいわゆる「太閤検地」が行われたことは有名であるが，江戸幕府となってもこの制度は受け継がれた。琉球においても，1610年（慶長15年）の島津藩により「慶長検地」が実施されたのであるが，その後，同藩による琉球土地の再検地は行われなかった。
　このことから，琉球王府は独自で「元文検地」を実施している。
　検地の際に作成された土地台帳と土地測量簿を兼ねた成果である「竿入帳（さおいれちょう）」の記録には，土地の所在，地番，分類，地目，等級，面積，求積の方法と結果，総面積から土留めなどの面積の内引き求積の方法と結果，原石から当該土地の十字竿[*1]までの方向角と区間距離の詳細が，いずれの土地についても統一して記述されている。これらから，この検地による土地の現況調査が一定基準下で実地に行われたこと，この検地による土地の特定作業が極めて高い技術水準下で実測されたことなどが読み取れる。
　しかも，土地位置特定のための図根点となった原石が現存するのである。設置当初は沖

縄本島全体で，7,000～8,000基の原石が設置されたといわれ，250年余を経過した今日でも，その内の100基余が再発見され保護されている。印部の土手は，沖縄県土地整理法（明治32年法律第59号）に基づく土地整理事業の図根測量地点として選ばれ，時代を超えた図根点同士が並んで建っている場所もある。地域によっては，父祖伝来の「大事なもの」として保存され，信仰対象として祀られているものもある。

4 伊能忠敬の測量との比較

　原石の設置は，琉球王府の三司官であった蔡温（さいおん）が，1737年から1750年の間に，検地（「御支配」と呼称）を実施しており，それが元文検地である。具志川間切をその緒として，14年間を要し完了している。

　蔡温が検地を開始した63年後の1800年（寛政12年），55歳の伊能忠敬が3人の弟子を連れ江戸深川の自宅を出発する。これが忠敬による日本本土測量の17年間に及ぶ旅の初年であることを思えば，元文検地がいかに先進的な取組みであったかが理解できる。

　―198頁に続く―

　　＊1　検地に際し土地の縦横の辺長を測量する目安とした竿が交差した地点，つまり当該一筆の土地の交差点中央に設置されたもの。

琉球王府による原石（はるいし）

第6編　畦 畔

第23　畦畔については，実務上苦慮する場合が多くある。

Q37 ついては，今までに公表された実務上参考となる資料はありませんか。

A 畦畔，のり地等の取扱いについては，大蔵省の見解が示されている。
　畦畔，のり地等が国有であるか又は民有であるかについての取扱いに係る大蔵省の見解は，次のとおりである。

1　国有畦畔，のり地等の取扱い　～大蔵省の見解～

　畦畔，のり地等のうち，土地台帳（同附属図面を含む。）又は不動産登記簿に私人名義で登載されてなく地番の付されていないものは，明治維新後における土地制度の沿革からみて国有地である。
　畦畔，のり地等のうち，土地台帳（同附属図面を含む。）又は不動産登記簿に私人名義で登載されており地番が付されているものは，民有地である。
　したがって，土地台帳又は不動産登記簿に「内畦畔」又は「外畦畔」と記載されているものは，本地と一体として地番が付され，私人名義で登載されているものであるから，民有地である。また，土地台帳附属図面（いわゆる公図）又は不動産登記簿は，明治初年の地租改正の際に作成された地引絵図又は字限図を基礎とし，明治18年から実施された地押調査によって更正したものであるが，これらの公図において，青，薄墨等に着色されている畦畔，のり地であっても地番が付され，かつ，私人名義になっているもの，又は本地と畦畔，のり地等の間が点線，朱線等実線と区別して描かれている畦畔，のり地等は本地と同筆であって，これは民有地である。

2　道水路等公共物に接続している国有畦畔の一般的例示

　昭和42年5月31日付け関財財調第56号により，関東財務局長から各財務部長，出張所長あてに，「道水路等公共物に接続している国有畦畔の一般的例示」が示されている。
　この例示は，国有畦畔が公共物に接続している場合における，一般的な筆界の

第6編　畦　畔

認定方法及び畦畔の所属（取得時効援用の対象となるものであるかどうか，又はどの土地の占有対象となるか）についての指針として示されたものである。

なお，この例示右側鎖線枠内に，同左に掲げた例示に対応する畦畔の主たる機能を筆者限りで便宜補記し，読者諸氏の理解の一助とした。

「道水路等公共物に接続している国有畦畔の一般的例示」
（昭和42年5月31日付け関財財調第56号）

1 道路と畑及び田と接続している場合の畦畔の所属

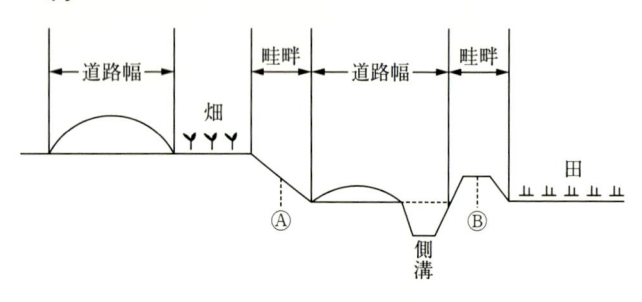

上の場合，Ⓐ畦畔は畑の所有者の占有を推定する。また，Ⓑ畦畔は田の所有者の占有を推定する（側溝は水路としては取り扱われない。道路の一部だからである。）。

2 田と道路と水路と接続している場合の筆界及び畦畔の所属

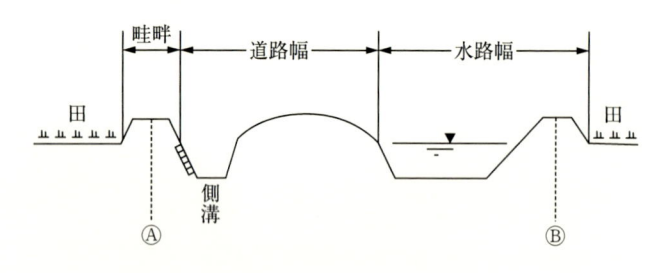

上の場合，Ⓐ畦畔は田の所有者の占有を推定するが（したがって取得時効援用の対象となる。），Ⓑ畦畔は，公共物である水路のための畦畔であるから，時効の対象とはならないものとして取り扱う。

畦畔の主たる機能

- Ⓐ畦畔は，畑の形状維持及び土流防止が主たる機能
- Ⓑ畦畔は，田の形状維持及び保水並びに耕作用通路・土揚が主たる機能
- Ⓐ畦畔Ⓑ畦畔とも，取得時効援用の対象となる。

- Ⓐ畦畔は，田の形状維持及び保水並びに耕作用通路が主たる機能
- Ⓑ畦畔は，水路の一部を構成し，水路の形状維持及び保水並びに通路・土揚が主たる機能

3　小用排水路のときの畦畔の所属（田面高の等しいとき）

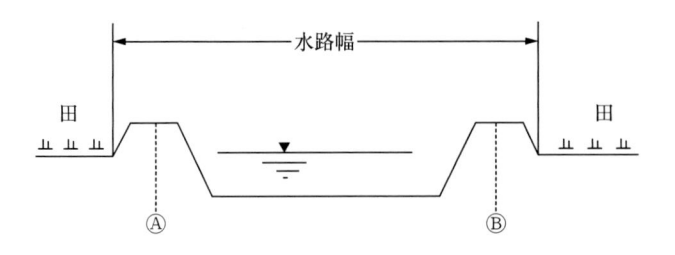

　上の場合，いずれも水路畦畔であるから，田の所有者の占有は認められない。したがって，畦畔の法尻（のりじり）が左右の田との筆界である。

・ⒶⒷ畦畔とも，水路の一部を構成し，水路の形状維持及び保水並びに通路・土揚が主たる機能

4　田面高が異なる場合の畦畔の所属

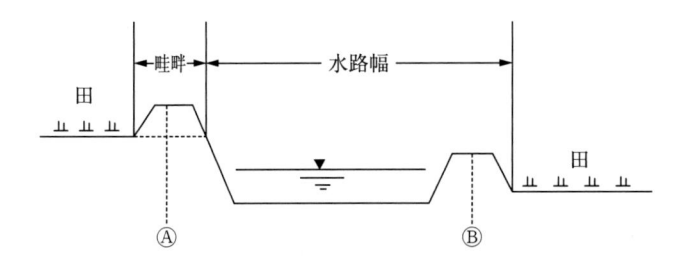

　上の場合，Ⓐ畦畔については田面を延長した部分までについて田の所有者の占有を推定する。Ⓑ畦畔は水路畦畔であるから，田の所有者の占有は認められない。

・Ⓐ畦畔は，田の形状維持及び保水並びに通路が主たる機能
・Ⓑ畦畔は，水路の一部を構成し，水路の形状維持及び保水並びに通路・土揚が主たる機能
・Ⓐ畦畔は，取得時効援用の対象となる。

5　宅地に沿う水路溝畔と畑との筆界

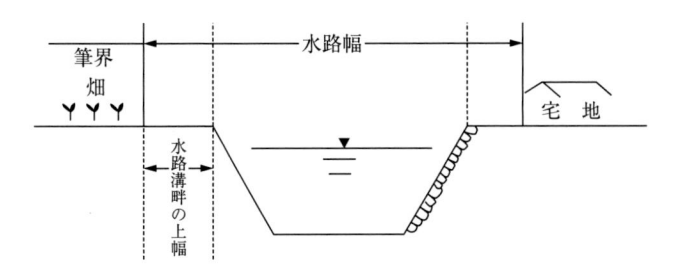

　上の場合，水路溝畔の上幅（通常45cm）については占有は認められない。

・畦畔は，水路の一部を構成し，水路の形状維持及び保水並びに通路・土揚が主たる機能

6 大用排水路の場合

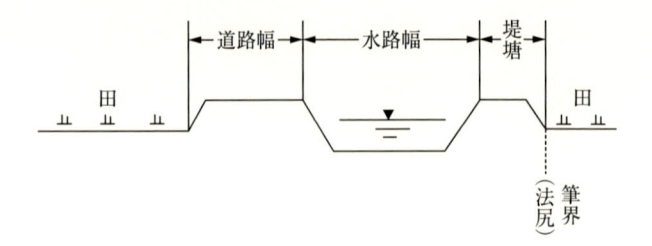

上の場合，堤塘敷については占有は認められない。したがって，田と堤塘敷との境界は，図のように堤塘敷の法尻である。また，田と道路との境界は，路畔畔の法尻である。

7 高低差のある田畑の畔畔の所属（通例）

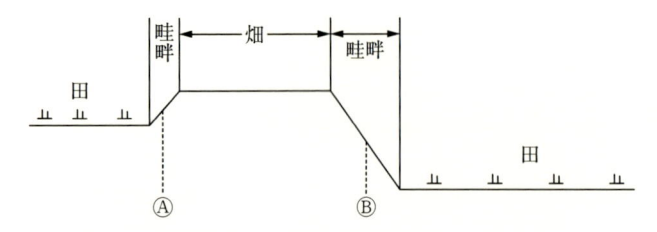

上の図の場合は，Ⓐ畔畔もⒷ畔畔も畑の所有者の占有を推定する。ただし，これと異なる慣習が地方にある場合は，その慣習に従う。

・ⒶⒷ畔畔とも，畑形状維持が主たる機能
・地域によっては，畔畔で使用収益性のある田畑（畔畔で秣草（まぐさ）等の利潤のある芝地等）は，本地である田畑に量入している慣習がある。

8 田面高の異なる場合の一般的筆界

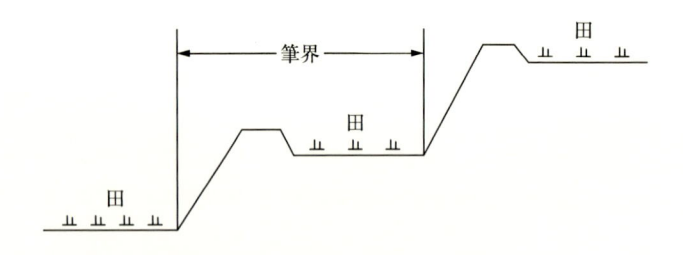

棚田式の場合の筆界は，上の図のように上方の田の畔下（くろした・法尻）が筆界である。しかし，公図が二線引の場合は，畔（斜面）の部分が二線引に該当するものとして取り扱われるから，筆界は異動する。この場合は，上方の田の所有者が斜面の部分を占有

・棚田式の畔畔は，田の形状維持及び保水並びに通路が主たる機能

しているものと推定して処理することとなる。ただし，地方にこれと異なる慣習がある場合は，その慣習による。

9 田と山林原野と畑とが接続してしている場合の筆界

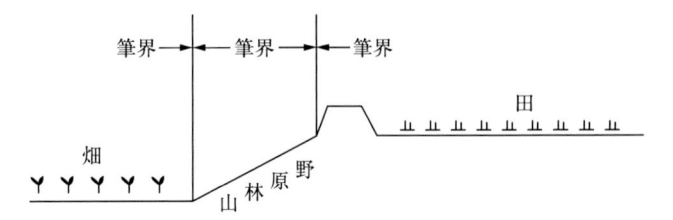

公図上の筆界が一本の線で表示されている場合の現地での筆界は上の図のように取り扱われるのが通例である。上の図で，「山林原野」の部分が持主のいない場合は，畦畔以外の土地（脱落地）として取り扱われる部分である。この場合，下方の畑との境界は，当該山林原野の法尻である。

解 説

1 畦畔は国有か，民有か ～大蔵省の見解～

畦畔，のり地等の取扱いについては，それが国有であるか又は民有であるかについて，第48国会（昭和40年衆議院大蔵委員会）における論議を通じて次の点が明らかにされ，この問題に対する大蔵省の見解は，「畦畔，のり地等の取扱い」（昭和41年1月7日蔵国有第21号大蔵省国有財産局長から各財務局長あて）として，次のとおり通達された。

記

(1) 畦畔，のり地等の定義

耕地の間に介在する畦畔，のり地等は，地方によって青地，くろ，薄墨地，くさいろ地，ぬけ地，まま地，はざま地，土手代等との俗称で呼ばれているが，国会において論議の対象となり，本通達において畦畔，のり地等といっているのは，その実態が，

① 田畑等の耕地に高低がない場合は，田畑の境界をなす一般の畦畔（あぜ），

② 田畑等の耕地に高低がある場合は，上下の田畑の傾斜地（のり地），

③ 田畑等の耕地の間に介在する農道，里道，水路等ののり敷，等であるものをいう。

ただし，現実には既に隣接地所有者等によって耕地又に宅地化されているものがあ

るもののと考えられる。

(2) 畦畔, のり地等の所有区分

① 国有地と認定されるもの

畦畔, のり地等のうち, 土地台帳 (附属図面を含む。) 又は不動産登記簿に私人名義で登載されておらず, かつ, 地番が付されていないものは, 明治維新以降における土地制度の沿革から判断して国有地である。

② 民有地と認定されるもの

畦畔, のり地等のうち, 土地台帳 (附属図面を含む。) とする又は不動産登記簿に私人名義で登載されており, かつ, 地番が付されているものは, 民有地である。

したがって, 土地台帳又は不動産登記簿に本地と一体として「内畦畔」(又は「外畦畔」)と内書(又は外書)記載されているものは, 私人名義で登載されているのであるから, 民有地である。また, 土地台帳又は不動産登記簿附属図面 (いわゆる公図) は, そもそも明治初年の地租改正の際に作成された地引絵図又は字限図を基礎とし, 明治18年から実施された地押調査によって更正したものであるが, これらの公図において, 青, 薄墨等に着色されている畦畔, のり地であっても地番が付され, かつ, 私人名義になっているもの, 又は本地と畦畔, のり地等の間が点線, 朱線, 虚線等実線と区別して画かれている畦畔, のり地等は本地と同筆であって, これは民有地である。

③ 数量の確認

畦畔, のり地等を処理する場合における境界及び数量の確認は, 原則として昭和33年4月25日付蔵管第1222号「普通財産実態調査事務の処理について」別紙「普通財産実態調査事務処理要領」に基づき, 個別に実態を調査のうえ行なうものとするが, 昭和40年4月1日蔵管第666号「宅地等造成地区に所在する旧里道, 畦畔等の処理について」通達によって特例処理をすることができるものについては, 昭和40年4月14日蔵国有第758号「宅地等造成地区に所在する旧里道, 畦畔等の処理に伴う実態調査ついて」通達によって調査の上, 前記通達に基づき処理するものとする。

2 道水路等公共物に接続している国有畦畔の一般的例示

昭和42年5月31日付け関財財調第56号により, 関東財務局長からその管轄下にある各財務部長, 出張所長あてに, 「道水路等公共物に接続している国有畦畔の一般的例示」が示されている。

この1から9までの例示は, 国有畦畔が公共物に接続している場合における, 一般的な筆界の認定方法及び畦畔の所属(取得時効援用の対象となるものであるかどうか, 又はどの土地の占有対象となるか)についての指針として示されたものである。

したがって, 必ずしも「民―民」の一般的な筆界の認定方法及び畦畔の所属についての

指針とはならないとの考えもあろうが，当該地域において，これと異なる慣習がある場合は格別として，その慣習がない場合には，実務では例示に掲げられた手法及びその組合せ等によって筆界が認定されているものと思われる。

ただし，これらの例示は，国有畦畔が取得時効援用の対象となるものであるかどうか，又はどの土地の占有対象となるかについての対応指針として例示されたものであって，これと異なる慣習があることを前提としている。つまり，これと異なる慣習がある場合には，その慣習に従った取扱いがされることを，あらかじめ許容している。例えば，地域によっては，畦畔で使用収益性のある田畑（畦畔で秣草等の利潤のある芝地等）を，本地である田畑に量入している慣習がある。

このことから，畦畔を取り巻く地域の慣習の有無を調査し承知した上で，現地における畦畔の所属について認定することが不可欠となる。

なお，この例示右側鎖線枠内に，同左に掲げた例示に対応する畦畔の主たる機能を筆者限りで便宜補記し，読者諸氏の理解の一助とした。

第6編　畦畔

第24　現在，法務局の公図が法14条１項地図として備え付けられている地域の畦畔について

　徳島市備付けの一分一間図では，赤色で塗られた実線以外に，橙色で塗られた実線の途中に短い線を上に書いている畦畔が存在します。国土調査時に，その畦畔を道とみなして表示されているところとそうでないところが見られます。旧土地台帳には内畦畔・外畦畔等は記載されておりません。法務局備付け明細図では，二線引きで記載され，市備付け明細図は一本の実線にて表示されております。国土調査以前の法務局備付けマイラー図では二線引きになっており，法14条地図の畦畔とほぼ一致します。

　同市の他の地域の一分一間図では，実線でその隣のどちらかに橙色を塗ってある畦畔が多く見られ，法14条地図の整備がまだ終わっていないのですが，境界立会い時には，その線については「民々境界」とみなして立ち会っているケースが多く見られます。

Q38　一分一間図の実線の途中に破線が記載され色が塗られている畦畔と，実線の隣に色だけ塗られている畦畔の違いについて教えてください。

図解　畦畔丈量に関する経緯を略年表にして図解する（図41）。

図41　畦畔丈量に関する経緯の略年表

地租改正以前	明定規定なし ・田畑は，畦畔を除き丈量
地租改正前期 （明治８年７月）	明治８年７月８日地租改正事務局議定 地租改正条例細目　第２章土地丈量ノ事　　【03参照】 ・「耕地を丈量するのは畦際から打詰まで」（3条）と明定
地租改正後期 （明治９年11月以降）	明治９年11月13日内務省達乙第130号　　【05参照】 ・耕地における畦畔をも地券に登載 ⇒耕地の畦畔は，耕地（本地）とともに民有地第一種に編入，地券（台帳）に歩数を内書，外書とする。
明治17年３月 明治17年４月	明治17年３月15日地租条例布達 明治17年４月５日大蔵省達号外　地租条例取扱心得書　【07参照】 ・「田畑の丈量は畦畔際より宅地は境界線より打詰になすべし」（5条）

（変更）・田畑の畦畔其地主自由に変更すべきものは之を本地に量入し其常に変更せざるものは之を除却す除却せし畦畔の歩数は之を本地の外書として反別帳に記載すべし（6条）

148

第24　現在，法務局の公図が法14条１項地図として備え付けられている地域の畦畔について

⇒畦畔で使用収益性のある耕地は，耕地（本地）に量入して内書，使用収益性のない耕地は，本地には量入せず外書

明治22年３月	明治22年３月22日法律第13号　地券制度廃止 明治22年３月22日勅令第39号　土地台帳規則 ⇒土地台帳制度創設 明治22年12月29日大蔵省令第19号　　　　　　　　【13参照】 地租条例施行細則（６条，７条） ⇒畦畔の取扱いは上記を承継
明治42年９月 畦畔の取扱いの ターニングポイント	明治42年９月22日東京税務監督局訓甲第55号 地租事務取扱心得　　　　　　　　　　　　　　　【16参照】 ・「従来外書にある用悪水路，井溝，溜池及畦畔は，異動の都度本地に量入すべし」（16条） ・「前条に依り本地に量入したものは，その段別種目を土地台帳の内歩名称欄に記入すべし」（17条） ・「土地の丈量は，総て境界線よりし，畦畔，小逕，小池の類は，これを本地に量入すべし」（38条） ・「丈量は，実地を地図及び隣地等を照査し，境界に誤りがないことを確認した上で着手すべし」（39条）
大正３年３月	大正３年３月28日東京税務監督局訓令第20号 地租事務規程　　　　　　　　　　　　　　　　　【17参照】 ・「土地台帳中外書に係る畦畔等は異動の都度本地に量入すべし」 ⇒畦畔の取扱いは上記を承継
昭和10年８月 本地の外書畦畔は 内書表示に変更	昭和10年８月１日東京税務監督局訓令第65号 （新）地租事務規程　　　　　　　　　　　　　　【18参照】 ・「従来本地の外書としていた畦畔，石塚，崖地の類は，異動の時々これを本地に編入し，該名称及び地積を内歩名称欄に記載すべし」（19条） ・「畦畔，石塚等の廃止したものであって外書に係るものは，本地の地目及地積に編入し，内書に係るものは，その名称及び地積を削除すべし」（20条） ・「距離は，総て境界点から水平に測定し，畦畔，小逕，小池の類は，これを本地に量入するものとする。」（181条３号）
昭和35年４月１日	不登法の一部改正施行 昭和35年４月１日民事甲第685号民事局長通達 登記簿・土地台帳一元化実施要領　　　　　　　【19参照】 昭和42年３月20日民事甲第666号同趣旨通達 ・すべての土地につき，外書のものを本地に編入し，内書，外書の記載そのものがなくなった。ただし，内書，外書の土地が本地と別地目のときは，分筆しない限り例外残置（第二の七・５）。

第6編　畦　畔

Ⓐ　地租改正が開始される前は，田畑は，畦畔を除き丈量され把握されていたものの，畦畔についての明定されたものはない。

【地租改正前期】　畦畔における丈量（測量）方法が初めて示されたのは，地租改正前期である明治8年7月の地租改正条例細目第2章「土地丈量ノ事」の第3条においてである。同条では，「耕地を丈量するのは畔際から打詰まで」と明定している。

【地租改正後期】　地租改正後期（明治9年11月以降）になって，これまで耕作地の丈量方法のみを示し耕作地をその課税対象として把握してきたものを，耕作地である本地とその畦畔を一体として1筆の土地を構成する単位とする，との耕地にかかる定義付けを行い，耕地における畦畔を本地へ編入し地券にも外書として登載するように内務省通達（明治9年11月13日内務省達乙第130号）が発せられた。

　このとき以来，民有地である耕地（田畑）の畦畔は，本地である耕地とともに民有地第一種へ編入して，地券（改正地券）には，歩数を内書，外書とすることとされ，併せて，地券台帳にも内書・外書で登録されることになった。

　　例；「田何畝何歩　……本地
　　　　　内畦畔何歩」……内書

【明治17年時点】　明治17年に至り，畦畔は，本地に附属する地物との取扱いがなされることを前提として，畦畔で使用収益性のある耕地（畦畔で秣草等の利潤のある芝地等）は，本地である耕地に量入して内書とし，使用収益性のないもの（水保波除のため収益のないもの等）は，本地である耕地には量入せず外書とした。

　明治17年3月には地租条例が制定され，この地租条例によって，これまでの地租改正事務局の指令は，整理・改編されることになった。明治17年4月に通達された地租条例取扱心得書では，「田畑の丈量は畦畔際より，宅地は境界線より打詰になす（丈量する）べし」（5条）として，丈量する方法を明確にした。

　この後，明治22年になって，地券制度は廃止され，これに代わって土地台帳制度が創設されることになった。

　この土地台帳制度の創設に伴って，畦畔の取扱いは，条項及び文言表現に若干の違いはあるものの，従前と全く同一の内容となっており，維持されている。

【明治42年時点】　明治42年9月22日東京税務監督局訓甲である「地租事務取扱心得」によれば，「従来外書にある用悪水路，井溝，溜池及畦畔は，異動の都度本地に量入すべし」（16条）とされ，また，「前条に依り本地に量入した

ものは，その段別種目を土地台帳の内歩名称欄に記入すべし」（17条）と土地台帳への登載を定めている。

その一方で，土地検査における土地丈量の方法が次のように訓令されている。すなわち，「土地の丈量は，総て境界線よりし，畦畔，小逕，小池の類は，これを本地に量入すべし」「丈量は，実地を地図及び隣地等を照査し，境界に誤りがないことを確認した上で着手すべし」（以上38条）と命じている。

この明治42年9月の「地租事務取扱心得書」16条及び17条が畦畔の類に係る取扱いの転換点になるのであろう。

【大正3年時点】　この「地租事務取扱心得書」は，大正3年3月の「地租事務規程」へとさらに衣替えをしていくことになるが，ここでも，畦畔の取扱いは，条項及び文言表現に若干の違いはあるものの，この訓令にあっても従前と全く同一の内容となっており，維持されている。

【昭和10年時点】　ここで，大正3年制定の地租事務規程で規定されていた畦畔等の取扱いでは，「土地台帳中外書に係る畦畔等は異動の都度本地に量入すべし」とされていたが，昭和10年8月1日付けの新しい地租事務規程では，その取扱いを変更し，「従来本地の外書としていた畦畔，石塚，崖地の類は，異動の時々これを本地に編入し，該名称及び地積を内歩名称欄に記載すべし」（19条）としたのである。このことは，畦畔を本地の外書で表示してきた従来からの取扱いは廃止して，これを本地に編入し，その上で，内書として表示する取扱いに変更したということになる。

また，「畦畔，石塚等の廃止したものであって外書に係るものは，本地の地目及び地積に編入し，内書に係るものは，その名称及び地積を削除すべし」（20条）としたのである。このことは，外書の畦畔を廃止したときは，これを本地の地目及び地積に編入し，内書の畦畔を廃止したときは，その名称及び地積を削除する取扱いに変更したということになる。

これらの条項によって，畦畔，石塚等が本地に編入された経緯が土地台帳において明確化されることになったわけである。このことは，畦畔，石塚等は，1筆の土地である本地を構成するものであると東京税務監督局によって公定解釈されたと理解できる。このことは，「距離は，総て境界点から水平に測定し，畦畔，小逕，小池の類は，これを本地に量入するものとする。」（181条）と定められていることをその根拠とすることができるからである。

【二線引畦畔との違い】　以上のことから，外畦畔及び内畦畔とも二線引畦畔には該当しないということになる。外畦畔及び内畦畔とも民有地の一部を構成する土地であって公図（原図）上の描画方法としては，帯状に一線（実線）と破線

で表現されていたり，畦畔の箇所に着色されていたりしている。二線引畦畔は，田畑の外周を二本（墨実線）の平行の長狭線により取り囲む形で描画表示されている土地であることから，改租図ないし更正図によって一線（実線）と破線ないし着色描画の存在の有無等が確認できる場合は，公図上において描画されている外畦畔ないし内畦畔ということになる。

解説

「畦畔」という文言の初出は，地租改正条例細目第2章「土地丈量ノ事」第4条，第6条，第3章第1条である。また，畦畔の定義の初出は，「地所名称区別細目」（明治9年5月18日内務省議定）である。「畦畔と称するものは田畑の界にあるものなり」とされており，筆界にあるものとされているが，それ以上のことは判然としない。畦畔は，いずれの土地に所属することになるのかがここでのテーマということになる。公図は，土地台帳と比較しながら詳細に読み解いていくことが必要となる。

以下，畦畔の所属を「地租改正期」，「地租条例期」，「土地台帳制度期」，「地租法期」及び「土地台帳法期」の5期に区分して詳述する。

1 地租改正期における畦畔の所属

畦畔の所有権が誰に帰属するのか，との疑問に明確に応える明治当初の文献には，いまだ接していない。

(1) 地租改正以前の畦畔 ～畦畔を除き丈量～

明治5年2月15日太政官布告第50号により個人の所有権が認められ，明治5年2月24日大蔵省達第25号により地券制度が発足し，壬申地券が交付されたのであるが，この個人の所有が認められた時期には，畦畔についての明定されたものはない。地券制度の発足当初においては，田畑は，畦畔際から打詰まで丈量するとの求積の方法が存在していたことから，畦畔は田畑を構成する一部と把握してされていたのか，又は，畦畔は田畑とは別個に独立した土地とみなされていたのか，いずれか一方の選択（又は慣習）に従ってきたものということになる。

いずれであったとしても，地租改正が開始される前は，田畑は，畦畔を除き丈量され把握されていたということになる。

(2) 地租改正前期の畦畔 ～畦畔を除き丈量～

その後，明治6年7月に地租改正条例（明治6年7月28日太政官布告第272号）の公布があって，改正地券が発行されることとなった。

畦畔は，明治7年11月の地所名称区別（明治7年11月7日太政官布告第120号【01】）による地種へ編入することとされた。

第24　現在，法務局の公図が法14条１項地図として備え付けられている地域の畦畔について

例えば，民有地第一種は，「地券を発し区入費を賦するを法とす。人民各自所有の確証ある耕地，宅地，山林等を云，但此地売買は人民各自の自由に任すと雖も云々」と定められた。

【01】　明治７年11月７日太政官布告第120号（抄）

　　　　　　　　　　　　　　　　　　　　　　　　　法令全書明治７年163頁

明治６年３月第114号布告地所名称区別左ノ通改定候条此旨布告候事
官有地
　第三種　地券ヲ発セス地租ヲ課セス区入費ヲ賦セサルヲ法トス
　　　　　但人民ノ願ニヨリ右地所ヲ貸渡ス時ハ其間借地料及ヒ区入費ヲ賦スヘシ
　　一　山岳丘陵林藪原野河海湖沼池澤溝渠堤塘道路田畑屋敷等其他民有地ニアラサルモノ
　　一　鉄道線路敷地　一　電信架線柱敷地　一　燈明台敷地
　　一　各所ノ旧跡名区及ヒ公園等民有他ニアラサルモノ
　　一　人民所有ノ権理ヲ失セシ土地
　　一　民有地ニアラサル堂宇敷地及ヒ墳墓地　一　行刑場　（中略）
民有地
　第一種　地券ヲ発シ地租ヲ課シ区入費ヲ賦スルヲ法トス
　　一　人民各自所有ノ確証アル耕地宅地山林等ヲ云
　　　　　但此地売買ハ人民各自ノ自由ニ任スト雖モ潰シ地開墾等ノ如キ大ニ地形ヲ変換スルハ官ノ許可ヲ乞フヲ法トス

【02】　明治８年３月24日太政官達第38号

　　　　　　　　　　　　　　　　　　　　　　　　　法令全書明治８年573頁
　　　　　　　　　　　　　　　　　　　　　　　　　院省使庁府県

　　内務大蔵両省間ニ地租改正事務局ヲ置キ地租改正ニ関スル一切ノ事務管掌セシメ候条此旨相達候事

ところで，地租改正事業における地図の作製であるが，「地租改正事業」に伴う徳島県達の１つに，「地図番号立方心得書」（明治８年７月12日名東県達第163号）が定められている。明治政府による地租改正条例施行を受けて，徳島県が発した地租改正事業に基づく地図作製にかかる基本通達である。下記ほかの基準とすべき事項が示されている。

地図番号（つまりは，地番）は，「一筆一畦畔一人持限り」が標準型であると把握している。畦畔に囲まれた一筆書きによって成り立つ土地の単位が基本の姿であって，これが原則であるとの認識を示しているのである。その上で，例外として，実地の形勢によっては，必ずしも「一畦畔持主限り」と定めがたいものであって，不都合のないものは旧慣を尊重せよと名東県権令古賀定雄代理の名において通達している。

> 第163号
>
> 　　　　　　　　　　　　　　　　　　　　　　　　阿波淡路区長戸長
>
> 　７年11月第101号ヲ以地曳図順道帳之雛形相達置候所地番立方之義追々窮出候向モ有之別冊心得書相達候條右ニ照準シ順道帳製出可致候尤即今迄ニ既ニ地曳図落成ノ分ハ改正ニ不及候此旨相達候事
> 　明治８年７月12日
>
> 　　　　　　　　　　　　　　　　　　　　　　　　名東県権令古賀定雄代理
> 　　　　　　　　　　　　　　　　　　　　　　　　名東県参事西野友保
>
> 地図番號立方心得書（抄）
> 一　地順番號ハ一筆一畦畔一人持限リヲ通例トス然レドモ実地ノ形勢ニ據リ必ス一畦畔持主限トモ難定分有之不都合無之ハ従前ノ儘据置ノ事
> 一　舊一筆一番ノ地ト雖トモ即今地所変換シ名称ノ異殊ナルモノハ各種各番ノ事但引分ケ難キ分ハ一番號ノ内訳ニ可致事
> 一　舊一筆ノ地ヲ持主三人アリテ町分ケ有ルトモ同地位ニテ強テ不都合無之ハ従前ノ儘一番トスルモ妨ナシ併シ如斯ハ本地反別ノ腹書ニ何枚ト記載スヘシ尤向後勝手ニ畝町取崩シハ難相成事
> 一　舊三筆ノ地即今畝町ナクシテ地位モ勝劣ナク一人持地続ニテ合筆ニ願フ者ハ一筆一番號トス又合筆ヲ好マザレバ従前ノ儘三筆三番號トシ筆境ニ目標ヲ入レ置ヘキ事
> 一　一筆ノ地内ニ些少ノ草竹生等有之ドモ往々開墾可相成ニ付一縄ノ内ニ調込候分ハ一番號ノ事
> 一　区画ヲ為シタル宅地内ニ藪樹生等有之共別段取分ル程ニ無之向者一番號ト可致尤山地ニ有之区画判然難相立ハ其家屋敷地ノミヲ宅地ト定メ外画ノ地形ト種類ニ応シ付番ノ事
> 一　社寺境内ハ都テ一番號トス尤除税地有税地入交リ候分ハ各番之事但有税ノ境内原幾筆ニ候共合筆一番トス若持主銘々ニテ合地ニ致シ難キハ持主限各番ニ可致事
> 　　中間省略
> 一　有税無税地共寺院境内ニ有之墓地ハ区画相立別番号トスヘシ地内ニ孕リ分離キハ内番トスヘキ事
> 　但一箇二箇ノ石佛塔墳墓ハ別書ニ不及境内敷地ト見傚候事

（3）　地租改正前期（明治８年〜明治９年）の畦畔　〜畔際から打詰まで丈量〜

　畦畔における丈量（測量）方法が初めて示されたのは，地租改正条例細目においてである。明治８年７月の地租改正条例細目（明治８年７月８日地租改正事務局議定【03】）第２章「土地丈量ノ事」の第３条によれば，「耕地を丈量するのは畔際から打詰まで」と明定している。詰とは際，果ての意味である。

> 【03】　明治８年７月８日地租改正事務局議定（抄）
> 地租改正条例細目
> 　　　第一章　出張官員心得之事（省略）
> 　　　第二章　土地丈量ノ事

> 第三条　耕地ヲ丈量スルハ畔際ヨリ打詰ト心得ヘキ事
> 第四条　数箇ノ畦畔ヲ跨リ一筆トナス地ハ総積ノ内ヨリ畦敷ノ歩合ヲ除去シテ反別ヲ定ムヘキコト（＊内畦畔の根拠規定）
> 第五条　山林原野池沼等ノ広漠タル地ニシテ実測ナリカタキモノハ四至ノ境界ヲ明白ニ記注セシメ凡ソ反別ヲ記載スヘキコト
> 第六条　道路河川堤塘及ヒ畦畔溝渠等ハ実測ヲ要セスト雖モ経界ヲ判然調査シ従前道敷道幅等ノ記録有之分ハ其旨記シ置ヘキコト
> 　　第三章　地番号ノ事
> 第一条　番号ハ従来ノ本田畑宅地新田ヲ始メ県庁裁判所等ノ敷地社寺ノ上地反高大縄場試作地社寺境内地墓地堤外不定地池沼山林秣場野地海岸空地諸物干場等地所ノ種類ニ不拘官民ノ所有ヲ不論一村所属ノ地ハ漏脱ナク地押順ヲ逐ヒ一筆限一村通シ番付ニスル歟又ハ大村ニテ地形ノ都合ニヨリ幾箇ニ区別シ別段ニ番附スルモ実地紛乱ナキ様処分スヘキ事
> 　　但道路畦敷井溝敷堤塘河川等ノ如キハ番外ニ為シ第二章第六条ノ通心得ヘキコト
> 第五条　(5)　……隣田畑ノ持主買得シテ畦畔ヲ毀チ実地一枚トナスモノハ其畔敷ヲ丈量シ本反別ニ組入レ……スヘキコト

　ところで、「一筆の土地が複数の畦畔をまたぐ場合は、総面積からまたいだ畔敷の歩合（面積）を減じて反別（地積）を求積する。」（同4条）としており、求積方法を指定して畦畔という物理的地物を一筆の土地の範囲の基準にしているのである。また、「道路河川堤塘及び畦畔溝渠等は実測を要せずと雖も経界を判然調査し従前道敷道幅等の記録有之分は其の記し置へきこと」（同6条）としている。

　これらの定めから、畦畔は、求積対象である土地丈量からは除外することを前提として議定されているということが容易に判明する。

　このことは、畦畔は、耕地を構成する（附属する）地物として評価し、位置付けたものと捉えることができるのではなかろうか。耕地という一筆の土地を、民法の概念にあえて比定するならば、主物と従物（民法87条）の概念に近似するものと想定できよう。おおよそ、地租改正事務局は、「（一筆の）耕地＝（主たる）耕作地＋（附属地物たる）畦畔」と認識したもののように思われるのである。なぜなら、地租の対象物は、使用収益性のある耕作地であり、収穫が見込めず（鍬入れさえできない）使用収益性のない附属地物たる畦畔の場合は、原則として、地租徴収の対象物と位置付けることができなかった（つまりは、非課税地）と理由付けることができるのである。なお、「道路河川堤塘及び畦畔溝渠等は、実測は不要」であるが、「経界はきっちり調査」（同6条）と念のために定めていることから、長狭物の存在（「畦畔」が明定されていることに留意）とこれらとの筆界とは、実測することとは別の観点であることが理解できるのである。

　この丈量方法は、全国一律となる取扱いを定めたものであった。

第6編　畦畔

さらに，明治9年3月25日地租改正事務局別報第18号達【04】では，「実地丈量の儀は田畑畦畔敷は，相除き総て三斜法を用いる」（第三章）と指令している。また，「畦畔等のことは，古い記録はなくとも必ず従前の慣行はある。これについて，その旧形がある箇所を準拠として，復旧の積りをもって侵墾の歩数を払い除き丈量せよ。」（第九章）と従前からの慣行に従うべき（つまり，旧慣行尊重）とした指令が示されている。

【04】　明治9年3月25日地租改正事務局別報第18号達

　　　　　　　　　　　　　　　　　　明治初年地租改正基礎資料中巻・602頁
　　　　　　　　　　　　　　　　　　　　　　　　　　　　　　熊谷県伺

［右指令］
　上申之趣別紙心得書ハ掛紙用ヒ置候通相改可申事
　　官員心得書〔854〕（抄録）
　地租改正着手第一ハ実地丈量地図ヲ成就スルヲ急要トシ次ニ地所取調帳ヲ製シ収穫ヲ精査シ而后ニ地価ヲ定ムルヲ順序トス最地価調査ニ運ヒ候節ハ地租改正事務局於テ御詮議之次第モ可有之趣ニ付地価ノ方法人民ヘ指示候テハ詐欺ノ弊害ヲ可生ニ付先ツ土地丈量ヲ以テ専務トシ取調方件々概略左之通候条派出先彼我矛盾不致様注意可致事

　　第三章
　実地丈量之儀ハ田畑畦畔敷ハ相除キ都テ三斜法ヲ用ユルヲ善良トス方面正シキハ十字法ヲ用ユルモ妨ナシ尤毎村毎筆畝杭為建置別番号字持主名前等ヲ記シ置実地派出之節反別小前帳ト引合検査致シ可申中ニモ狭隘屈曲等甚シキモノハ検査ノ際一層注意致スヘク事

　　第九章
　畦畔又ハ用水浚土揚場等之儀旧記ハ無之共必従前之慣行可有之ニ付旧形ヲ存スル箇所ヲ準拠トシ復旧之積リヲ以テ侵墾之歩数ハ蠲（けん）除シ候様可致事

明治15年2月，大蔵卿松方正義から太政大臣三条実美あての地租改正要領報告中，第2款第1項「経界の更正」によれば，地租改正の際，土地の所有を定めるに当たり検査確認すべきものは，まず境界であって，「夫れ一地（畦畔を以て一小区を成したる地）一筆（一地乃至数十地を合せ一地券中に記載したる土地）から一字一村郡国府県に至るまで土地であって経界のないものはない」，「改租の際，村吏人民を諭し種々の協議を遂げて，分合したり交換したり大率山川溝渠道路堤塘等著明不動なるものによって境界を定めた」と記録の上，報告している。

ここで，「畦畔によって一小区を形成している一地」をいわば土地の最小単位（ミニマム）とする「一地券中に記載した土地」が，一筆の耕地と定義付けているのである。同様に，「畦畔によって一小区を形成している複数の地（複数の畦畔を渡りまたぐ場合は，総面積から渡りまたいだ畦畔敷の面積を減じて地積を求積する。）」を合わせ，「一地券中に

記載した土地」もまた一筆の土地と定義付けして，大小どのような規模の土地であっても記録可能としたのである。

(4) 地租改正後期（明治9年11月以降）の畦畔 〜内書と外書という区別〜

このように，耕地を維持管理するための附属地物である畦畔は，旧慣行尊重を原則として維持してきた経緯から丈量することなく，耕作地のみを地租徴収の対象物と位置付けて課税してきたものと思われるが，この解釈とは別の潮流が出てきた。それは，内務省の達に基づき地券に畦畔をも登載することとしたことである。

これまで収穫に着目して，耕作地の丈量方法のみ示し耕作地をその課税対象として把握してきたものを，耕作地である本地（本来の土地）と畦畔を一体として1筆の土地を構成する単位とする，との耕地にかかる定義付け（あるいは，定義付けの再構成）を行い，耕地における畦畔をも地券に登載するように内務省が通達（明治9年11月13日内務省達乙第130号【05】）したのである。畦畔は本地と一体となるとの解釈である。

地券を所有の確証と位置付けるとの大前提に立てば，その耕地に畦畔が含まれる場合には，当該地券へ明示することは当然とされたのであろう。

この達により，地券（ひいては，地券台帳）に耕地を特定する表示方法が改められることになった。したがって，このとき以来，民有地である耕地（田畑）の畦畔は，本地である耕地とともに民有地第一種へ編入して，地券（改正地券）には歩数を内書，外書とすることとされ，併せて，地券台帳にも内書・外書で登録されることになったわけである。なお，この達が公布される以前に調査済のもので畦畔を算しないものは，達本文の例によって改正するよう規定されている。

【05】　明治9年11月13日内務省達乙第130号（法令全書明治9年616頁）

　　　　　　　　　　　　　　　　　　　　　　　　　　　　　　　　府　　県

　畦畔之儀改租丈量之際其歩数ヲ除キ候ハ収穫調査ノ都合ニ依リ候儀ニテ右ハ該田畑ニ離ルヘカラサルモノニ付官民有地ヲ不論其本地ノ地種ヘ編入シ券状面外書ニ歩数登記候儀ト可相心得此旨相達候事
　但地租改正之際既畦畔ヲ算セス丈量済之分ハ漸次本文之通改正候様可致事

それでは，この達の公布以前に調査済のもので，畦畔を算しないままで丈量済となり，地券も交付済の場合は，どう処遇されたのであろうか。

隣地所有者間の畦畔の所有区分について，岩手県からの「一筆内にある畦畔は，本地の所属であることは議論の余地のないところ，一筆限周囲の畦畔は，双方の所属とみなしその歩数を折半し，甲乙の券面外書により取り調べることとなるのか。」（3条）という疑問に対し，地租改正事務局は，明治10年5月17日地租改正事務局別報達第78号【06】において，「一筆限周囲の畦畔は，（その歩数を）折半し甲乙所属とみなし差支えないも

第6編　畦　畔

のは，申出のとおりである。もっとも，従来からの習慣あるものは，旧慣による所属を定め券面外書により記載すること。」と回答している。

このようにして，地租改正事務局の主導により，全国的に畦畔内書，外書の取扱いを定着させていったものと思われる。

【06】　明治10年5月17日地租改正事務局別報達第78号

　　　　　　　　　　　　　　　　　　　明治初年地租改正基礎資料中巻・987頁
―岩手県伺―〔1220〕
第1条　当管下改租丈量ノ際畦畔ノ儀ハ渾テ無税地ニ帰セシメ縄外ニ取調候処昨9年11月乙第130号内務省并御局連署御達ノ次第モ有之ニ付漸次更正ノ積リ御座候処一畦畔ノ耕地裂地売買ノ節ハ必ス其境界ヘ畦畔新設セサルヲ得ス然ル時ハ該敷地ノ歩数ハ本地反別ヨリ蠲除シ券面外書ニ可取調儀ト存候処地価ノ儀モ随テ減少候積相心得可然哉
第2条　畦畔ノ儀ハ猥リニ廃置難相成ハ勿論ニ候処用水ノ都合或ハ肥糞ノ養否ニ関シ不得止廃置候儀モ可有之ニ付右ハ其都度反別地価ヲ増減シ券状台帳共訂正候儀ト相心得可然哉
第3条　一筆内ニ有之畦畔ハ本地ノ所属タル論ヲ俟タサル儀ノ処一筆限周囲ノ畦畔ハ双方ノ所属ト為シ其歩数ヲ折半シ甲乙ノ券面外書ニ取調候儀ト相心得可然哉
―右指令―
　伺之趣第1条第2条畦畔興廃トモ反別増減ハ申出ノ通尤地価ハ改正後5ケ年間据置ノ義ト可相心得事
　　第3条一筆限周囲ノ畦畔ハ折半シ甲乙所属トナシ差支ナキモノハ申出ノ通尤従来習慣アルモノハ依旧慣所属ヲ定メ券面外書記載候儀ト可相心得事

地租条例が定められた明治17年に至り，これに例外を設けている。

畦畔は，本地に附属する地物との取扱いがなされることを前提として，畦畔で使用収益性のある耕地（畦畔で秣草等の利潤のある芝地等）は，本地である耕地に量入して内書とし，使用収益性のないもの（水保波除のため収益のないもの等）は本地である耕地には量入せず外書とした【07】。畦畔であっても使用収益性のあるものは，耕地と捕捉され課税対象とされたということである。

【07】　明治17年4月5日大蔵省達号外　　　　　　　　　　法令全書明治17年620頁

　　　　　　　　　　　　　　　　　　　函館県沖縄県札幌県根室県ヲ除ク
本年第7号地租条例布告相成候ニ付テハ右取扱方別冊之通可相心得此旨相違候事
（別冊）
　地租条例取扱心得書
第3条　凡土地ノ丈量ハ三斜法ヲ用ヒ其地主ヲシテ之ヲ為サシメ其段別及ヒ野取絵図ヲ差出サシメ然ル上主務官吏ヲ派遣シテ其当否ヲ検査セシムヘシ

第24　現在，法務局の公図が法14条1項地図として備え付けられている地域の畔畦について

>　第5条　田畑ノ丈量ハ畔畦際ヨリ宅地ハ境界線ヨリ打詰ニ為スヘシ
>　第6条　田畑ノ畔畦其地主自由ニ変更スヘキモノハ之ヲ本地ニ量入シ其常ニ変更セサル
>　　　　モノハ之ヲ除却ス除却セシ畔畦ノ歩数ハ之ヲ本地ノ外書トシテ反別帳ニ記載スヘ
>　　　　シ畑宅地ノ一筆ノミニ用フル通路及ヒ一筆内ニシテ其所有主便宜ニ設クル小逕ノ
>　　　　類ハ総テ本地ニ量入スヘシ
>　　　　　崖高ノ地其崖脚中ノ鍬入ニ必要ナル土地ハ之ヲ本地ニ量入シ崖脚ニシテ多少ノ
>　　　　収利アル土地ハ之ヲ本地ニ量入若クハ一筆ノ丈量スヘシ
>　　　　　一筆ノ田畑宅地内ニ存在スル雑種地等ハ之ヲ本地ニ量入スヘシ

(5)　崖地の所属　～畔畦と類似の取扱い～

　畔畦と類似の地物として，崖地はどちらの土地に属するのかという問題がある。
　明治10年2月8日地租改正事務局別報達第69号【08】崖地処分の規定によれば，「おおよそ甲乙両方の土地中間にある崖地は，上層部の所属とする。従来から下底所属の確証の有るものは，旧慣のままに据置く。」（1条）と指示されている。また，「石垣等により土止めをしている崖地は，上下所有者の一方が土止め，修理等を行ってきた場合は，その者の所属とし，双方が合力し行ってきた場合は，双方の共有とする等の証拠に基づき所属を定めること。その証拠の提出がない場合は，上層地の所属とする。」（同5条）としており，これらの所属が決まれば，「本地券面に腹書として所属主に付与する。」とされている。
　この取扱いは，畔畦の所属の場合と同趣旨のルールになるものと思われる。

>　【08】　明治10年2月8日地租改正事務局別報達第69号
>　　　　　　　　　　　　　　　　明治初年地租改正基礎資料中巻・935頁
>　―東京府伺―〔1170〕
>　　民有地甲乙地境崖地ノ儀ニ付去ル7年9月30日地第334号ヲ以内務省ヘ伺候末8年6月12日御指令ノ趣モ有之候ニ付持主未定崖地ノ如キハ渾テ右ニ基キ官有地第三種ヘ編入可致筈ニハ候得共旧政府以来上層下底ノ内一方必ス私有ノ心得ニテ有之候崖地ニ至テハ今日更ニ官有地ニ引分ケ候テハ多少苦情申出実際差支候ニ付猶又別紙ノ通リ見込相立此段相伺候旨
>　―右指令―
>　　伺之趣崖地処分規則別紙ノ通被定候条右ニ照準処分可致事
>　　　―崖地処分規則―〔1171〕
>　第1条　凡ソ甲乙両地ノ中間ニ在ル崖地ハ上層地ノ所属トスベシ其従来ヨリ下底所属ノ
>　　　　確証アルモノハ旧貫ノ儘ニ据置クベシ
>　第2条　崖地ノ険歓シタルモノニシテ仮令中間ニ小樹ノ類茂立スルトモ土砂ヲ押止スル
>　　　　マデニ止マリ他ノ用ヲ為サゞルモノハ縄外トシ本地券面腹書ニ外何番地崖地縄
>　　　　外所属ノ趣ヲ記シテ其所属主ニ付与スベシ其ノ傾斜ノ甚シカラス開墾シテ桑茶蔬
>　　　　菜等ヲ植付得ベキ者ハ本地一縄ニ籠メ収調ベシ（中略）

> 第5条　石垣又ハ竹木柵等ヲ以テ土止ヲナセル崖地ハ従前ノ証迹ニ拠テ其所属ヲ定ムベシ即チ土止メ及ヒ修理等上下主ノ内一方ニテ為シ来レル者ハ其一方ノ所属トシ双方合力シテ為シ来レル者ハ双方ノ共有トシ若シ地主転換シテ証跡ノ徴スベキナキ者ハ以テ上層地ノ所属トナシ第2条ノ如ク本地券面腹書ニシ所属主ニ付与スベシ但シ双方ノ共有トナスモノハ両券面共ニ其趣ヲ腹書スヘシ

地租条例が定められた明治17年に至り、これは改められている。

崖高地であって、鍬入に必要なる土地、多少の収利ある土地等は、使用収益性に着目して、本地である崖高地に量入（内書）し、使用収益性のない土地は、本地である崖高地には量入せず（外書）と取り扱うこととしている（明治17年4月5日大蔵省達号外【07】地租条例取扱心得書6条崖高地の項）。田畑における畦畔と同趣旨の取扱い（同6条畦畔の項）としたのである。

> 【地方における布達・例】
> 【徳島・明治8年7月18日第158号「第7条　堤敷道敷用悪水路溜池敷ハ都テ除税相成候条共反別ノミ書載可差出事　但溜池等ニテ水草魚鳥等ノ利潤有之分ハ第十六条但書ノ通可相心得事」】

2　地租条例における畦畔の所属

(1)　地租条例の畦畔　～畦畔内書と外書～

地租改正事業は、おおむね明治6年から明治14年頃にかけて行われた。改租図は、地租のターゲットとなった土地の位置、形状を特定する図面、つまり地券大帳（改正地券）の附属地図としての機能を担っていたものである。

ところで、地租改正条例は、地租の改正を目的として施行されてきたのであるが、地押した実地の把握がもともと不正確であったり離齬したもの、また、地租改正後の実地の変化を申告しなかったため帳簿図面と実地が不一致となったもの等により、地押した帳簿図面と実地間で離齬したり相違するものが多くなり地租徴収に支障が生じることとなったため、明治17年3月に地租条例（明治17年3月15日太政官布告第7号）を制定し、「明治6年7月第272号布告地租改正条例及地租改正に関する条規其他本条例に抵触するものは廃止」された。

地租条例は、再度の地押調査と地図の再調製・整備（更正）を通じて、土地台帳の整備が最終目的であったとされている。

この地租条例によって、これまでの地租改正事務局の指令は、整理・改編されることになった。その一つが、明治17年4月に通達された地租条例取扱心得書（明治17年4月

5日大蔵省達号外【07】）である。

　同取扱心得書では，「田畑の丈量は畦畔際より，宅地は境界線より打詰になす（丈量する）べし」（5条）として，面積計算する方法（のみ）を明確にした上，通達したわけである。

(2) 地租条例の地方展開　～実態を把握した行政通達を発出～

　この地租条例取扱心得書に関して，徳島県では，大蔵省から地租条例取扱心得書が発出された5か月後の明治17年9月になって，同趣旨の布達である「地租条例に関する申牒順序」（明治17年9月24日徳島県甲第63号）が出されている。

　徳島県の「地租条例に関する申牒順序」では，地租条例取扱心得書の条項の加筆・補完が行われる等相当規模で詳細な手入れが施されており，この地方における地租改正事業（改租図・帳簿）の実態を把握し，そのことを基礎として，実態を踏まえたものであることがありありと分かる通達としている。その上で，大蔵省から前記心得書において示された主要な事項を，確実に履行するための内容を網羅しており，改租図及びその帳簿から地租条例取扱心得書指令内容への円滑的な移行を整えるため腐心している。大蔵省からの指令をただ単に丸呑みし移達するのではなく，実情を踏まえた上で，この地方に合致した手法で，きちん着実に地租条例の趣旨を実施に移していくとの方針が示されているのである。

　このように，明治政府の指令を受けた各府県の県令は，地租条例を具現化するために，当該地方の実態を把握の上その実情に応じた通達等を発出し，具体的な事務取扱いを命じるという手順を踏んでいるわけである。したがって，このことを承知し，その地方に特有の通達類を収集し把握することが，更正図を読み解くことに深く関わってくることになる。

甲第六十三号
本年第七号布告地租条例ニ依リ申牒順序別冊之通相定ム
但右ニ牴触スル従前ノ達指令等ハ廃止ス
右布達候事
明治十七年九月廿四日

　　　　　　　　　　　　　　　　　　　　　　　　徳島県令酒井　明

（別冊）
地租条例ニ関スル申牒順序（抄）
　第一章　総則
第七條　渾テ主務官吏実地検査之節ハ其町村戸長及ヒ地主若クハ惣代人立会スルモノトスル
第八條　主務官吏実地検査之節丈量又ハ地位等級等ノ取調方不適当ト認ムルトキハ更ニ戸長及ヒ地主若クハ惣代人ヲシテ之ヲ再調又ハ再評セシムルコトアルヘシ

> 第二章　土地丈量法
> 第十條　凡土地ノ丈量ハ三斜法ヲ用ヒ之ヲ為シ一筆限野取図帳ヲ調製スヘシ
> 　　　　但宅地及山林原野雑種地等ハ其実際ノ平斜面ニ応シ三斜法其他適宜ノ方法ヲ以テ丈量スルモ妨ケナシ
> 　　　【筆者注：地租条例取扱心得書第3条では，①野取絵図差出，②主務官吏派遣，③其当否検査の順となっている。】
> 第十二條　田畑ノ丈量ハ畦畔際ヨリ宅地ハ境界線ヨリ打詰ニ為スヘシ
> 　　　　田畑ノ畦畔其地主自由ニ変更スヘキモノハ之ヲ本地ニ量入シ其常ニ変更セサルモノハ之ヲ除却ス（除却セシ畦畔ノ歩数ハ之ヲ本地ノ外書ニ記載スヘシ）畑宅地ノ一筆ノミニ用フル通路及ヒ一筆内ニシテ其所有主便宜ニ設クル小逕ノ類ハ総テ本地ニ量入スヘシ
> 第十三條　崖高ノ地其崖脚中ノ鍬入ニ必要ナル土地ハ之ヲ本地ニ量入シ崖脚ニシテ多少ノ収利アル土地ハ之ヲ本地ニ量入若クハ一筆ニ丈量スヘシ
> 　　　　一筆ノ田畑宅地内ニ存在スル雑種地等ハ之ヲ本地ニ量入スヘシ

(3) 地租条例の実地取調指令・丈量編　～地押調査ノ件～

　明治17年12月には「地租ニ関スル諸帳簿様式」（明治17年12月16日大蔵省達第89号）が定められたほか，地租条例制定に伴う明治政府の実地取調指令として，「地押調査ノ件（つまりは，土地台帳整備のための実地取調）」（明治18年2月18日大蔵省主秘第10号），「土地台帳整備のための再度の実地取調」（明治19年7月31日大蔵大臣内訓第4739号）が示されている。

　このうち，明治18年2月の「地押調査ノ件」は，地租改正時における丈量調査確認の不備，あるいは，地租改正事業後の後発的事由（土地の異動に伴う修正，訂正のもれ等）の発生に起因し，現況と帳簿図面間での不符合事案が多発している実態にあるところ，この原因は，実地検査をしなかったことに起因しているので，地券と実地が著しく相違しているものなど不都合と認められる場合は，地押検査を実施し，不備の地図を更正し是正するために訓令したものである。

　これを受けて，明治19年1月欠日大蔵省主税局から地租担当者あてに，地租に関する法令条規を簡略の上網羅した地租便覧【09】が取りまとめられ，提供されている。この地租便覧は，現場担当者向け手引書とでも言うべきものであって，各府県からの照会回答要旨も整理収録された優れものである。その「第4款　土地丈量（附畦畔。道路。崖地。雑種地。ノ類」が設けられているのであるが，ここでも地租条例取扱心得書（前記掲出）5条，6条参看等の注釈が付されており，畦畔内書，外書が維持された取扱いであることが確認できる。

> 【09】 明治19年1月欠日大蔵省主税局地租便覧（抄）
> 第3款 土地検査
> 　明治17年12月16日大蔵省達第89号地租ニ関スル諸帳簿様式中改租ノ際調製セシ地図及爾後土地丈量ノ際調製セシ図面ハ目録ヲ作リ其儘保存シ検査ヲ受ルトキノ参照ニ供ストアリ之ヲ実施スルニハ土地検査ノ際差出セシ図ヲ左ノ順序ニ依リ編綴スルトキハ其沿革ヲ明確ナラシメ絵図面訂正法ト為リ大ニ便益アリトス依テ為参考雛形左ニ掲ク
> 　　　　凡例
> 一　改租ノ際調製シタル一村図及字限図ハ爾後訂正セス其儘保存シ置クヘキモノトス
> 一　土地変更等願出届出ノ分許可ノ上ハ其書面ニ付属スル図面ヲ抜去シ之ニ別紙図面第壱号以下ノ如ク該地ノ沿革ヲ記入スルモノトス
> 一　前項ノ記入ヲ為シタル上ハ号数ヲ朱記シ一町村限リ又ハ字限リニ順次編綴スヘキモノトス
> 一　再度変換ノモノハ最前ノ図面ニ何年月日何号ニテ訂正第壱号第二号図ノ通リト朱記シ索引訂正ノ欄ヘモ朱記スルモノトス
> 一　編綴ノ順序ハ凡例ヲ初葉ニ置キ次ニ索引次ニ図面ヲ追綴ス
> 一　若シ検査ノ際境界誤謬等ニテ願書ヘ添付セシ図面ニ異動ヲ生スルトキハ更正シテ編綴スルモノトス
> 　　索引（中略）
> 第4款　土地丈量（附畦畔。道路。崖地。雑種地。ノ類）
> 　田畑ノ丈量ハ畦畔際ヨリ宅地其他ハ境界線ヨリ打詰ニ量リ其方法ハ三斜法ヲ用ヒ云々
> 　田畑ノ畦畔地主自由ニ変更スヘキモノハ本地ニ量入シ其常ニ変更セサルモノハ除却シ其歩数ヲ本地ノ外書ト為ス（条例取扱心得書第6条参看）
> 　崖高ノ地其崖脚中ニ鍬入ニ必要ナル土地ハ之ヲ本地ニ量入シ其崖脚ニシテ相当ノ収利アル土地ハ之ヲ本地ニ量入シ若クハ本地ト別筆ニナシ丈量ス云々
> 　田畑宅地内ニ別地目ノ瑣少ナルモノ孕在スルトキハ之ヲ本地ニ量入シ内書トス

　この地租便覧が取りまとめられた1月後に，徳島県においては，同趣旨の要領である「実地取調要領」（明治19年2月22日徳島県乙第30号）が郡町村役所宛に出されている。本実地取調要領は，「実地取調順序（明治18年月日不詳大蔵省）」とほぼ同一内容である（「神奈川県の明治期地籍図」佐藤甚次郎333頁に掲載）が，徳島県の要領は，第4条及び第5条に加筆・削除するなどして地方の実情に合致するよう工夫が施されている。

　以上のことから，各地方においては，これまでの改租図作成の経緯の違いがあることを前提とした上で，「実地取調順序」ないし「地租便覧」の全国統一仕様での作成を大蔵省が強く意図し，指令したということが理解できるのである。

> 明治19年2月22日徳島県乙第30号実地取調要領（抄）
> 乙第三十号

郡町村役所

　明治十八年乙第廿五号ヲ以テ相達候土地台帳調製ニ付本年二月廿二日付諭達ニ基キ各地主ヘ其旨趣ノ有ル所ヲ懇篤説示シ別紙実地取調要領ニ據リ速ニ着手セシメ来ル九月三十日限リ郡町村役所ヲ経由シ申告ナサシムヘシ

　但実地取調上ニ不都合アリト視認ムル場合ニ於テハ特ニ収税官吏ヲ派遣シ地押検査ヲ為サシムル事モ之レアルヘキニ付各地主ニ於テ厚ク注意ノ上実地ノ取調ヲ為サシムヘシ
　右相達候事
明治十九年二月廿二日

徳島県令酒井明代理
徳島県少書記官島田宗正

　　実地取調要領
第一条　実地取調方ハ地租改正以後ニ係ル地目変換開墾地其他ノモノニシテ苟モ帳簿図面ト齟齬スルモノハ各地主ニ於テ之レヲ調理シ夫々ノ順序ヲ経由スヘキ筈ナレトモ然ルトキハ却テ事ノ煩雑ニ渉リ其要領ヲ得ヘカラサルニ付此際特ニ毎町村ニ於テ地主総代人弐名以上（実地熟知ノ者）ヲ選定シ実地取調ニ　従事セシムヘシ

　　但実地取調ニ先タチ着手ノ期日及成功ノ目的ヲ立テ□□メ別紙書式ニ倣ヒ請書ヲ徴シ郡役所ヲ経テ収税課ヘ回送スヘシ
第二条　実地取調着手前ニ於テ地券面ト実地ト齟齬スルモノハ其地主ヨリ該地ノ字番号及現在ノ地目ヲ記載シ之ヲ総代人ニ差出シ実地取調上ノ参照ニ供セシムヘシ
第三条　実地取調着手前ニ於テ地租改正以後夫々正当ノ順序ヲ経既ニ処分済ニ係ル土地ニシテ未タ帳簿ノ訂正ヲ為ササルモノアルトキハ其現地目反別地価及ヒ処分済ノ年月日ヲ附箋ニ記載シ之ヲ該帳簿面該当ノ所ニ貼シ置キ此際ノ取調上ヨリ発見セル相違ノモノト混淆セサル様区別シ置クヘシ
第四条　実地取調ヲ了セシトキハ総代人ヨリ直ニ其旨ヲ町村役所ニ申出戸長ノ是認ヲ請ケ而テ後開申ノ手続ヲ為サシムヘシ
第五条　実地ノ調査ハ現在徴租ノ基本ニ供スル帳簿（地券台帳若クハ地所明細帳）及改租ノ際調製セシ絵図面ヲ根拠トシ毎筆実地ニ照ラシ地押取調ヲ為サシムヘシ

　　但地押ハ地番号ヲ遂ヒ一字限リ対照シ相違ノ土地ハ其字番号現地目及ヒ事由ヲ別帳（別紙雛形ニヨル）ニ登記シ以テ訂正方出願又ハ届出ノ根拠ト為サシムヘシ
第六条　実地取調上落地或ハ無願開墾地及ヒ無届地目変換其他渾テ実地ト帳簿図面ト齟齬スルモノヲ発見スルトキハ左ノ手続ニ依リ其町村戸長ヨリ該取調上精覈ナル旨是認ヲ受ケタル日ヨリ三十日以内ニ訂正方開申セシムヘシ
　一　落地ハ其地盤ヲ丈量シ四至ノ境界判明ナル地図ヲ添ヘ隣地主連署ノ上有祖地編入ノ義ヲ出願セシムルモノトス
　二　無願開墾地及ヒ無届地目変換ハ其地盤ノ丈量図ヲ製シ而シテ明治十七年甲第六十三号布達開墾地々価修正取調書及ヒ地目変換地価修正取調書ノ書式ニ倣ヒ近傍類地ニ比準シ尚ホ該地ノ実況ニ應シ見込地価取調書ヲ製シ地図ト共ニ差出サシムルモノトス
　三　図面及ヒ帳簿ニ対照シ渾テ実地ト齟齬セルモノアルトキハ明治十七年甲第六十三号布達ニ照準地価修正取調書ニ丈量図ヲ添付シ差出サシムヘシ
　　　　中略
第七条　段別ハ地租改正ノ際確定シタルモノニ付今般ノ取調ニ方リ故サラニ実地ノ丈量

> ヲ為スニアラスト雖モ其地ニヨリ甚シキ差違アリテ其儘据置キ難シト思惟スル
> モノハ此際特ニ丈量シ該地ノ図面ヲ添付シ式ノ如ク訂正方ヲ出願セシムヘシ
> 第八条　地租改正後地主ノ便宜上ヨリ畦畔ヲ廃設シ本地反別ノ増減ヲ申出サルモノアル
> トキハ此際渾テ丈量シ其増減ヲ申立テ其反別地価ノ訂正ヲ出願セシムヘシ
> 第九条　地租改正ノ際調製セシ地図ニ異動ヲ来シ此際更正シ得ヘキモノハ之ヲ更正スヘ
> シト雖モ是カ為不明瞭トナリ将来錯乱ノ虞アルモノハ更ニ調製スヘシ
> 　以下様式を含め省略

(4) 地租条例の実地取調指令・地図編　～地図更正ノ件～

　その一方で，地図については，明治20年6月には「地図更正ノ件」（明治20年6月20日大蔵大臣内訓第3890号【10】）という名の準例が大蔵大臣から訓令された。この訓令は，「地租改正の際の地押丈量又はその成果品である改租図は，各地方の便宜に任せ，技術未熟練の者により作製されたものであって，概ね一筆の広狭状況等実地に適合しなかったり，脱漏重複とか位置を転倒するなど図面作製の不完備が多くあって，その上，地租改正後10余年間の実地の土地の異動に伴う修正もれがあるものの，改租図には改正を加えなかったために，今日に至っては，すこぶる錯雑を極め，実地と齟齬するものが過多となっているので，地図更正に着手の地方もある。したがって，今後，不完備の地図を更正するものは別冊準例を根拠とすること。」と命じている。現在の公図の雛形（様式）を最終的に決定付けた意義のある内訓である。

　この準例に従って作業を実施した地方ないし地区は，地租改正以来実地と不適合で不完備のままであった改租図・帳簿を正確にするために修正補完が行われ，更正図として整備されたわけである。この更正図は，おおよそ明治20年から明治23年頃にかけて，町村図は3,000分の1分とし，字図は600分の1（町村地図調製式及ヒ更正手続5項）の縮尺によって作製された。

　この達の別冊準例である「町村地図調製式及び更正手続」によると，地図の種類，同雛形書式，縮尺，紙質及び製図略法，地図調製後の修正方法に至るまで事細かく定めている。

> 【10】　明治20年6月20日大蔵大臣内訓第3890号
> 　地図更正ノ件
> 　地租改正ノ際調製セシ町村地図ハ，各地方ノ便宜ニ任セ，技術不熟練ナル人民ノ手ニナリシモノナルカ故ニ，概ネ一筆ノ広狭状況等実地ニ適合セス。或ハ脱漏重複，又ハ位置ヲ転倒スル等，不完備ヲ免カレサルモノ多キニ居ル。加之地租改正以後十余年間頻繁地目ノ異動アルモ，地図ハ改正ヲ加ヘサルカ為メニ，目今ニ至テハ頗ル錯雑ヲ極メ実地ト齟齬スルモノ夥多ニシテ，到底地図ノ用ヲナス能ハサルヨリ，往々地図更正ニ着手ノ地方アリ。一体地図トハ各町村ノ実況ヲ詳カナラシムルモノニシテ，地租ノ調査上ハ勿

第6編　畦　畔

　論，土地百般ノ徴証ニ欠クヘカラサルモノトス。依テ今後地図ヲ更正スルキノハ別冊準
例ニ憑拠スルモノトス
　　右内訓ス。
（別冊）
　　町村地図調製式及ヒ更正手続
　　　（第1項及び第2項：明治20年6月大蔵省訓令，第1項及び第2項並びに第5項以
　　　下：明治20年7月13日福島県知事訓令甲第250号・抄）
第1項　地図ヲ調製スルニハ別紙町村製図略法ニヨルモノトス但シ従来分間法等ニヨル
　　　モ便宜タルヘシ
第2項　地図ハ村図字図ノ二種ヲ製スルモノトス村図ニハ(イ)号雛形ノ如ク毎事ノ地形ヲ
　　　画キ字図ニハ(ロ)号雛形毎ク毎事ノ地形ヲ画クモノトス
第3項，第4項　省略
第5項　町村図ハ五間ヲ以テ曲尺一分（即チ三千分ノ一）トシ字図ハ一間ヲ以テ一分
　　　（即チ六百分ノ一）トス
第6項　地図ノ用紙ハ美濃紙ヲ用ヒ裏打チヲ為スモノトス
第7項　字図ハ美濃紙ヲ用フト雖モ大ナルモノハ二枚以上ヲ継合セ又小ナルモノハ一枚
　　　中ニ二字以上ヲ画クモ妨ナシ
　　　　但シ僅カニ紙幅ニ余レルモノハ紙片ヲ張足シ折返シ置クモノトス
第8項　町村図ハ一部字図ハ正副各一部ヲ府県庁及戸長役場ニ備置クモノトス
第9項　地図調製後土地ノ異動ニ依ルモノハ府県庁及戸長役場ニ於テ其ノ願届出書ニ就
　　　キ第八項ノ副図ニ其時ニ貼紙ヲ以テ修正スルモノトス但シ畦畔ヲ設クルモノノ如
　　　キハ副図ニ其ノ線点ヲ画シ廃スルモノハ其虚線ヲ画スヘシ
第10項　省略
第11項　地図ハ年々異動地ヲ修正セシ副図ニ就キ正図及ヒ副図共十ケ年毎ニ更ニ調製シ
　　　年月日ヲ記載シ図者之ニ記名捺印スルモノトス
　　　　但本図明瞭ニシテ其儘使用シ得ラルヘキモノハ新調スルノ限リニアラス
第12項　省略
町村製図画略法　省略
土地丈量心得書　省略

(5)　「地図更正ノ件」の地方展開　〜地方色彩の濃い訓令〜

　下記掲載の明治20年10月14日徳島県知事酒井明から郡役場・町村役場あて発出した徳
島県訓令第131号「町村地図調製式及更正手続」は，前記の大蔵省訓令「地押調査ノ件」
を受けて4か月後に示したものである。
　徳島県訓令第131号「町村地図調製式及更正手続」の第9項では，地図調製後土地の
異動に係るものは，府県庁及び戸長役場においてその願届書につき第8項の副図（府県
庁及び戸長役場に備置くもの）に，その時々貼紙をもって修正するものとされている。こ
のただし書で，「畦畔を設けるものの如きは，副図に其の線点を画し，廃すものは其の
虚線を画すべし」と命じている。虚とは，「から，すき」であると理解すると，虚線と

166

はからの線であって，実線でも点線（破線，鎖線）でもない線となる。「町村製図略法」第5項の「虚線ヲ画シ」を併せ読むと，筆界線に沿い一定幅で着色ぼかしの手法で描画された長狭線となるが，いかがであろうか。内書に係る場合は，着色ぼかしの上に「貼紙ヲ以テ修正」（町村地図調製式及ヒ更正手続第9項）までしたのか，あるいは，果たして手入れまでしたのであろうか。

また，同「町村製図略法」の第11項では，「畦畔を測るときはその幅が等しいときは製図上において順次平行して適宜に線を画して畦畔を図示し，その幅が等しくないものは箇所毎に丈量してその広狭を図示すべし」と具体的に定めている。

　徳島県訓令第百三十一号
　　　　　　　　　　　　　　　　　　　　　　　　　郡　役　所
　　　　　　　　　　　　　　　　　　　　　　　　　町　村　役　所
　地租改正ノ際調製セシ町村地図ハ明治十一年七月高知県徳島市庁達ニ據リ調製シタルモノト雖トモ其技術不慣熟ナル者ノ手ニ成リシモノハ慨ネ一筆ノ広狭形状等実地ニ適合セス或ハ脱漏重復（ママ）又ハ位置転倒スル等不完全ヲ免レサルモノナリトセス加之地租改正以後十余年間頻繁地目ノ異動アルモ地図ハ改正ヲ加ヘサルガ為メニ自今ニ至リテハ頗ル錯雑ヲ極メ実地ト齟齬スルモノアリ到底地図ノ用ヲナス能ハサルヨリ已ニ客年二月乙第三十号達第九條及ビ収税部員ヲシテ地主総代人等ニ直接演説ナサシメタル次第ニシテ其用ヲ為ササルモノ及曾テ調製ナキ町村ハ更正或ハ調製セザルベカラス一体地図ハ各町村ノ実況ヲ詳カナラシムルモノニシテ地租ノ調査上ハ勿論土地百般ノ徴証ニ欠クベカラサルモノトス依テ町村地図調製或ハ更正手続ヲ別冊ノ通相定メ候條自今此ノ手続ニ照準シ地籍編製ノ町村ヨリ該図ヲ憑據トシテ調製スベシ且今般ノ土地臺帳調製ニ因リ一般ノ地押事業結了ノ上ハ其異動自ラ明瞭スルヲ以テ字図ニ毎地ノ地目地等ノ記入ヨリ着手スベキ旨等地主一般ヘモ懇篤説示シテ調製セシムベシ
　但自今此ノ手続ニ據リ調製セシ町村ト雖モ地租改正ノ際調製セシモノハ其儘将来ニ保存シ置クヘシ
　明治二十年十月十四日　　　　　　　　　　　　　徳島県知事　酒井　明
（別冊）
　　町村地図調製式及更正手続
第一項　地図ハ明治十五年八月乙第百十九号本県達地籍編製ノ製図ヲ根據トシ左記略法ヲ以テ調製スルモノトス
第二項　地図ハ村図字図ノ二種ヲ製スルモノトス村図ニハ（イ）号雛形ノ如ク毎字ノ地形ヲ画キ字図ニハ（ロ）号雛形ノ如ク毎筆ノ地形ヲ画クモノトス
第三項　市街地ハ全市街ヲ数区ニ区画スルカ若クハ一町村毎ニ（ハ）号雛形ニ倣ヒ其地図ヲ調製スルモノトス
第四項　地図ハ（イロハ）号雛形ニ依リ其符号及書式ニ従ヒ調製スルモノトス
第五項　町村図ハ五間ヲ以テ曲尺一分（即チ三千分ノ一）トシ字図ハ一間ヲ以テ曲尺一分（即チ六百分ノ一）トス
第六項　地図ノ用紙ハ美濃紙ヲ用ヒ裏打ヲ為スモノトス
第七項　字図ハ美濃紙ヲ用フト雖トモ大ナルモノハ二枚以上ヲ継合セ又小ナルモノハ一

第6編　畦　畔

　　　　　　枚中ニ二字以上ヲ画クモ妨ナシ
　　　　　但シ僅ニ紙幅ニ余レルモノハ紙片ヲ張足シ折リ返シ置クモノトス
　　第八項　町村図ハ一部字図ハ正副各壹部ヲ府県庁及戸長役場ニ備置クモノトス
　　第九項　地図調製後土地ノ異動ニ係ルモノハ府県庁及戸長役場ニ於テ其願届書ニ就キ第八項ノ副図ニ其時々貼紙ヲ以テ修正スルモノトス
　　　　　但シ畦畔ヲ設クルモノノ如キハ副図ニ其線点ヲ画シ廃スルモノハ其虚線ヲ画スヘシ
　　第十項　地図調製後道路河川ノ位置変更スルカ又ハ鉄道ノ敷設等其他ノ事故ニ由リ町村ノ大体ニ変易ヲ来シ其儘差置キ難キモノハ再製スルモノトス
　　第十一項　地図ハ年々異動地ヲ修正セシ副図ニ就キ正図及ヒ副図共十ケ年毎ニ更ニ調製シ年月日ヲ記載シ図者之ニ記名捺印スルモノトス
　　　　　但シ本図明瞭ニシテ其儘使用シ得ラルヘキモノハ新調スルノ限ニアラス
　　第十二項　棚田ノ如キ一筆内細小ノ区画アリテ一々畦畔ヲ記入シ難キモノハ枚数ヲ掲記シ別紙ニ記載添付スルモ妨ケナシ
　　町村製図略法
　　第一項　図ヲ製スルニハ第一図ニ示ス見透器（原名アリダード在米ノ板分見ノ器械ニ類スルモノ）ヲ用ヒテ量地スルヲ可トス此ノ見透器ハ使用簡易ニシテ地形ヲ直チニ製図板上ニ縮写スルヲ得ルモノナリ
　　第五項　宅地田畑等地面平坦ニシテ樹林家屋等ノ見透シテ妨ルモノナキ一筆ノ土地ヲ板上ニ縮写スルニハ第一図ノ如ク其土地ノ中央ト視認メタル位置ニ製図板ヲ据ヘ（製図板ニ製図紙ヲ糊着シ羅針盤ヲ其上ニ付着シ）見透器ニ附着セル水準器ニ拠リテ能ク水平ナラシメ製図板ヲ回転シテ羅針ノ方位ヲ正シ此羅針盤ヲ定規トシ製図紙端ニ南北線ヲ画シ製図板ニ示心器ヲ咬セ測点ノ中心ヲ定ム即チ基点ナリ後此点ニ見透器ノ零点ヲ宛テ置キ以テ（イ）ノ測標ヲ見透シテ其距離ヲ丈量シ得タル処ノ間数ヲ虚線ニテ画シ其線端ニ（い）ノ符号ヲ印シ且ツ其傍ニ間数ヲ記載スヘシ次ニ又見透器ヲ転シ（ロ）ノ測標ヘ向ケ基点（中）ヨリ（ロ）ノ測標ヲ見透シ其距離ヲ量リ虚線ヲ画シ其線端ニ（ろ）ノ符号ヲ印シ間数ヲ傍記シ且（イロ）則チ紙上ノ（いろ）ノ間ニ実線ヲ画スヘシ而シテ順次前ノ如ク（ロハ）（ハニ）（ニホ）（ホイ）等ニ実線ヲ画スレハ自カラ其土地ノ実形ヲ板上ニ顕ハスヲ得ヘシ故ニ（イ）ヨリ（ロ），（ロ）ヨリ（ハ），（イ）ヨリ（ハ）等ノ距離ヲ知ラント欲セハ先ツ曲尺ヲ以テ（い）ヨリ（ろ），（ろ）ヨリ（は），（い）ヨリ（は）等ノ距離ヲ測リ以テ其間数ヲ得ルナリ
　　第十一項　畦畔ヲ測ルトキ其幅等シキトキハ製図上ニ於テ順次平行シテ適宜ニ線ヲ画シテ畦畔ヲ図スヘシ其等カラザルモノハ箇所毎ニ丈量シテ其広狭ヲ示スヘシ

　上記徳島県訓令第131号と類似するものとして，「明治18年9月8日福島県令地押調に関する達」がある。
　このように，「地図更正ノ件」を受けて，大枠においては全国共通であるものの地方展開する段階において，各府県によって詳細な事務の取扱いは一律とはなっていない。各府県によって地方色彩の濃い訓令が発出されているのは，先行して調製されていた改

租図（なり地籍地図）等を基本ベースとして，その成果を一筆ごとに点検照合しながら地図更正を行っていったことと関連しているものと思われる。先行備付けの改租図等と後発調製の更正図とは，地図作成上における粗密の違いはあったとしても元の改租図を原型とするわけであるから，少なくとも筆界の連続性又は連鎖関連性が両者ともに維持されていることが必要であると言えよう。そうであるからこそ，当該地方に先行備え付けられている改租図調製等の実態に応じ，かつ，「地図更正ノ件」により命令された要件の双方を満たす整合性のある独自の地方通達等を発出することが腐心されたのではなかろうか。

　以上のことから，外畦畔及び内畦畔とも二線引畦畔には該当しないということになる。外畦畔及び内畦畔とも民有地の一部を構成する土地であって公図（原図）上の描画方法としては，「畦畔ヲ設クルモノノ如キハ副図ニ其線点ヲ画シ廃スルモノハ其虚線ヲ画スヘシ」（明治20年10月14日徳島県訓令第131号町村地図調製式及更正手続第9項但書）に訓令されたとおり，帯状に一線（実線）と破線で表現されていたり，畦畔の箇所に着色されていたりしている。二線引畦畔は，田畑の外周を二本（墨実線）の平行の長狭線により取り囲む形で描画表示されている土地であることから，更正図の原図によって一線（実線）と破線ないし着色描画の存在の有無等が確認できる場合は，公図上において描画されている外畦畔ないし内畦畔ということになる。

3　土地台帳制度下での畦畔の所属

　この後，明治22年になって，地券制度は廃止され，これに代わって土地台帳制度が創設されることになった。

　そこに至るまでの経緯としては，明治20年2月1日から登記法（明治19年8月11日法律第1号）が施行され，これ以後の所有の権利は，登記を基準として定まることとなった。このことから，地券は，その主たる効用を失ったために，地券制度は廃止されることとなって，この制度に代わるものとして土地台帳制度が創設（明治22年3月22日法律第13号）され，土地台帳規則（明治22年3月22日勅令第39号）が公布されたのである。

　この土地台帳制度の創設に伴って，前記地租条例取扱心得書は，明治22年12月に地租条例施行細則（明治22年12月29日大蔵省令第19号【13】）と衣替えをして公布されたのであるが，ここで，畦畔の取扱いは，条項及び文言表現に若干の違いはあるものの，この省令にあっても従前と全く同一の内容となっており，維持されている（同6条，7条）。

【11】　明治22年3月22日法律第13号　　　　　　　　　　　　　　法令全書明治22年99頁
　地券ヲ廃シ地租ハ土地台帳ニ登録シタル地価ニ依リ其記名者ヨリ之ヲ徴収ス

> 【12】　明治22年3月22日勅令第39号（抄）　　　　　　　　法令全書明治22年85頁
> 　　土地台帳規則
> 　第1条　土地台帳ハ地租ニ関スル事項ヲ登録ス

> 【13】　明治22年12月29日大蔵省令第19号（抄）　　　　法令全書明治22年231頁
> 　　地租条例施行細則
> 　第5条　地盤ヲ丈量スルニハ三斜法ヲ用ユ但山林原野等ハ其地形ニ因リ適宜ノ方法ヲ以テ丈量スルコトヲ得
> 　第6条　田畑ハ畦畔際ヨリ宅地ハ境界線ヨリ丈量ス
> 　第7条　田畑ノ畦畔ニシテ其所有主自由ニ変更ス可キモノハ之ヲ本地ニ量入シ其常ニ変更セサルモノハ之ヲ除却シ其歩数ヲ外書トス　＊内外畦畔の根拠規定
> 　　畑宅地ノ一筆地ノミニ通スル道路及一筆内ニシテ其所有主便宜ニ設クル小逕ノ類ハ総テ本地ニ量入ス
> 　　崖高ノ地其崖脚中ノ鍬入ニ必要ナル土地ハ之ヲ本地ニ量入シ其崖脚ニシテ相当ノ収利アルモノハ之ヲ本地ニ量入シ若クハ別ニ一筆地トス
> 　　田畑宅地内ニ別地目ノ瑣少ナルモノ孕在スルトキハ之ヲ本地ニ量入シ内書トス

　なお，明治23年1月18日大蔵省主税局から各府県あて大蔵省議において決せられた結果であるとして，「田畑に所属する畦畔廃設に係る地価訂正の時期」について，次の通牒が示されている。

> 【14】　田畑ニ属スル畦畔ノ取扱方
> 　　　　　　　　　　　　　　　　　　　　（「近代土地所有権」毛塚五郎357頁収録）
> 　　　　　明治23年1月18日大蔵省主税局ヨリ各府県ヘ通牒
> 　　　　　　　　　　　　　　　　　　　　　　　（沖縄県三重県ヲ除ク）
> 　　田畑ニ属スル畦畔ノ儀ハ地租条例第11条及第13条ニ準拠取扱来候慣例ニ有之処自今畦畔ヲ廃除シタルトキハ其歩数ヲ本地ニ量入シ地価ハ其翌年ヨリ訂正シ設置ニ係ルモノハ本地段別ヨリ除却シ地価ハ当年ニ於テ訂正スルコトニ省議相決シ候ニ付右ニ依リ御取扱相成度此段及御通牒候也

　また，明治32年4月には大蔵省から「地租条例施行上取扱方心得」（明治32年4月10日大蔵省訓令秘第349号【15】）が訓令され，「一筆の土地内において畦畔小道小池ノ類を廃設しても地目変換，地類変換又は開墾とならないので変換又は開墾の手続は不要」（同15条）としている。その後の「地租事務取扱心得」（明治42年9月22日東京税務監督局訓甲第55号【16】）23条においても，また「地租条例施行上取扱方改正」（明治43年12月21日大蔵省訓令秘第380号）18条においても同一文言が掲げられている。

> 【15】 明治32年4月10日大蔵省訓令秘第349号（抄）
>
> 　　　　　　　　　　　　　　　　　　　　　　明治財政史第5巻828頁
> 　地租条例施行上取扱方左ノ通心得ヘシ
> 第15条　一筆ノ土地内ニ於テ畦畔小逕小池ノ類ヲ廃設スルモ地目変換，地類変換，又ハ開墾トナラサルヲ以テ変換又ハ開墾ノ手続ヲ為スヲ要セサルモノトス

　先に触れた明治42年9月22日東京税務監督局訓甲第55号【16】である「地租事務取扱心得書」によれば，通則として，「変換又は開墾の手続は不要」（23条）としながらも，「従来外書にある用悪水路，井溝，溜池及び畦畔等は，異動の都度本地に量入すべし」（16条）とされ，また，「前条に依り本地に量入したものは，その段別種目を土地台帳の内歩名称欄に記入すべし」（17条）と定められている。

　その一方で，土地検査における土地丈量の方法が次のように訓令されている。すなわち，「土地の丈量は，総て境界線よりし，畦畔，小逕，小池の類は，これを本地に量入すべし」「丈量は，実地を地図及び隣地等を照査し，境界に誤りがないことを確認した上で着手すべし」（以上38条）と命じている。16条において「異動の都度」とされている要件は，土地検査におけるこの規定では，もはや必要とされていないのである。

　この明治42年9月の「地租事務取扱心得」16条及び17条が畦畔の類に係る取扱いの転換点になるのであろう。

　本「地租事務取扱心得」は，「地租事務規程」（大正3年3月28日東京税務監督局訓令第20号【17】）へとさらに衣替えをしていくことになるが，ここでも，畦畔の取扱いは，条項及び文言表現に若干の違いはあるものの，この訓令にあっても従前と全く同一の内容となっており，維持されている（同22条，59条）。

> 【16】 明治42年9月22日東京税務監督局訓甲第55号（抄）
> 　地租事務取扱心得
> 　　第1章　通則
> 第16条　従来外書ニアル用悪水路，井溝，溜池及畦畔等ハ異動ノ都度本地ニ量入スヘシ
> 　　　但用悪水路，井溝，溜池等ニシテ一般ノ供用ニ属スルモノ及墳墓地ハ異動ノ都度本地ヨリ分筆スヘシ
> 第17条　前条ニ依リ本地ニ量入シタルモノ及第39条第6号ニ依リ地価ニ斟酌ヲ加ヘタルモノハ其段別種目ヲ土地台帳ノ内歩名称欄ニ記入スヘシ
> 　　　（中略）
> 第23条　一筆ノ土地内ニ於テ畦畔，小逕，小池，崖地ノ類ヲ廃設スルモ地目変換，地類変換又ハ開墾トナラサルヲ以テ変換又ハ開墾ノ手続ヲ為スヲ要セス
> 　　　（中略）
> 　　第2章　土地検査

第6編　畦畔

> 第38条　土地ノ丈量ハ左ノ各号ニ依リ之ヲ為スヘシ
> 　一　丈量ハ總テ境界線ヨリシ畦畔小逕小池ノ類ハ之ヲ本地ニ量入スヘシ
> 　二　丈量ニ方リテハ実地ヲ地図及隣地等ニ照査シ境界ニ誤リナキコトヲ確認シタル上着手スヘシ

> 【17】　大正3年3月28日東京税務監督局長訓令第20号（抄）
> 　　地租事務規程
> 　　第1章　通則
> 　第22条　土地台帳中外書ニ係ル畦畔等ハ異動ノ都度本地ニ量入スヘシ墳墓地等別地目ト為スヘキモノハ異動ノ都度本地ヨリ分筆スヘシ
> 　　（中略）
> 　　第8章　土地検査
> 　第59条　丈量検査ハ左記各号ニ依リ之ヲ為スヘシ
> 　一　丈量ニ方リテハ実地ヲ地図及隣地等ニ照査シ境界ニ誤リナキコトヲ確認シタル上着手スヘシ
> 　二　總テ境界線ヨリ測リ畦畔，小逕，小池ノ類ハ之ヲ本地ニ量入スヘシ

4　地租法における畦畔の所有区分

　昭和6年になって，地租条例は廃止され，地租法が制定されることになった。地租法は，昭和6年3月31日法律第28号で公布され，同年4月1日から施行された。地租の課税標準が土地台帳に登録した賃貸価格とされることになった。

　ところで，地租法が制定されたことに伴い，畦畔の取扱いはどうなったのであろうか。

　畦畔の取扱いに関する従前の規定は，地租事務規程（昭和10年8月1日東京税務監督局訓令第65号【18】）の制定によって，「大正3年3月28日訓令第20号地租事務規程その他従来の令達にして本規程と重複又は抵触するものはこれを廃止する」こととされた。なお，名称は同じ呼称となっている。

　ここで，大正3年制定の地租事務規程で規定されていた畦畔等の取扱いでは，「土地台帳中外書に係る畦畔等は異動の都度本地に量入すべし」（22条）とされていた。

　それが，昭和10年8月1日付けの新しい地租事務規程では，その取扱いを変更し，「従来本地の外書としていた畦畔，石塚，崖地の類は，異動の時々これを本地に編入し，該名称及び地積を内歩名称欄に記載すべし」（19条）としたのである。このことは，畦畔を本地の外書で表示してきた従来からの取扱いは廃止して，これを本地に編入し，その上で，内書として表示する取扱いに変更したということになる。

　また，「畦畔，石塚等の廃止したものであって外書に係るものは，本地の地目及地積に編入し，内書に係るものは，その名称及地積を削除すべし」（20条）としたのである。

このことは，外書の畦畔を廃止したときは，これを本地の地目及び地積に編入し，内書の畦畔を廃止したときは，その名称及び地積を削除する取扱いに変更したということになる。

これらの条項によって，畦畔，石塚等が本地に編入された経緯が土地台帳において明確化されることになったわけである。このことは，畦畔，石塚等は，1筆の土地である本地を構成するものである（換言すれば，本来の土地に附属する一部である）と東京税務監督局によって公定解釈されたと理解できる。その根拠規定としては，「距離は，総て境界点から水平に測定し，畦畔，小逕，小池の類は，これを本地に量入するものとする。」（181条3号）と定められていることを挙げることができる。

【18】 昭和10年8月1日東京税務監督局訓令第65号（抄）
地租事務規程別冊ノ通相定ム
　大正3年3月28日訓令第20号地租事務規程其ノ他従来ノ令達ニシテ本規程ト重複又ハ抵触スルモノハ之ヲ廃止ス
　　地租事務規程
　　第1章　通　則
第15条　従来本地ノ外書ト為シタル畦畔，石塚，崖ノ類ハ異動ノ時々之ヲ本地ニ編入シ該名称及地積ヲ内歩名称欄ニ記載スヘシ但シ外書ト為シタルモノヽ内墳墓地其ノ他法令上別地目ト為スヘキモノハ之ヲ分筆スルコトヲ要ス
第20条　畦畔，石塚等ヲ廃止シタルモノニシテ外書ニ係ルモノハ本地ノ地目及地積ニ編入シ内書ニ係ルモノハ其名称及地積ヲ削除スヘシ
　　第12章　誤謬訂正
第165条　地積ニ関シ誤謬訂正ノ申請アリタルトキハ左ノ各号ニ依リ取扱フヘシ一他人ノ所有地（国有地，御料地等ヲ含ム）ニ接続スルモノハ申請書ニ接続地所有者ノ連署ヲ受ケシムルカ又ハ承諾書ヲ添付セシメ或ハ関係官公署ニ照会スル等其ノ異議ナキヲ確ムルモノトス
　　　接続地ノ所有者ノ連署若ハ承諾書ヲ得ラレサル場合ハ其ノ理由書ヲ添付セシメ尚検査ニ際シテハ接続地所有者ノ立会ヲ求メ処理スルモノトス
　　（以下省略）
第168条　地図ノ記載事項ニ関シ誤謬訂正ノ申請アリタルトキハ第165条第1号ニ準ジ処理スヘシ
　　第13章　土地検査
第179条　一筆ノ土地内ニ於テ畦畔，小逕，小池ノ類ヲ廃設スルモ地目変換，地類変換又ハ開墾トナラサルヲ以テ変換又ハ開墾ノ手続ヲ要セサルモノトシテ取扱フヘシ
第181条　地積ノ検査ハ左ノ各号ニ依リ行フヘシ
　一　毎筆実地ニ就キ之ヲ行フモノトス
　二　測量ハ測板式ニ依ルモノトス三　距離ハ総テ境界点ヨリ水平ニ測定シ畦畔，小逕，小池ノ類ハ之ヲ本地ニ量入スルモノトス（＊境界点の規定初出）
　四　測量図ノ縮尺ハ600分ノ1ノ割合ニ依ルモノトス但シ地積ノ特ニ狭少ナルモノ若ハ広大ナルモノニ付テハ適宜ノ縮尺ニ依ルヲ妨ケサルモ其ノ割合ハ必ス註記スルコトヲ要ス

5　土地台帳法における畦畔の所有区分

　昭和22年3月地方税法（昭和22年法律第60号）の改正によって，これまでの地租が府県税となったことから，昭和22年3月31日法律第30号をもって新しく土地台帳法が制定された。この土地台帳法では，地租法の内容とほぼ同じ規定が設けられた上，同年4月1日から直ちに施行された。そして，これまでの地租法による土地台帳は，これをこの法律による土地台帳とみなされ（附則2），地租法の地租徴収に関する部分の規定は廃止されることとなった。

　その後，土地台帳法等の一部を改正する法律（昭和25年7月31日法律第227号）が制定され，先の土地台帳法は，課税のためのものから土地の現況を登録する地籍法としての土地台帳法に改編されることになった。このような経緯を経て，土地台帳等の事務は，税務署から登記所に移管されることとなり，現在に至っている。

　ここで，畦畔に関する取扱いであるが，先の地租事務規程による取扱いは，土地台帳事務取扱要領（昭和29年6月30日民事甲第1321号法務省民事局長通達）でも，ほぼ同様に継承された形で規定されている。

　なお，東京法務局管内では，昭和35年8月に，東京法務局民事行政部長通達が発出され，土地台帳附属地図上地番未設定の土地については，その土地が国有地でないことの権限ある官庁の証明がない限り，地図訂正の申告は受理登録されない取扱いとされている。

6　畦畔に関する変遷整理一覧表

　1から5までの変遷を整理すると下記のようにまとめられる。

(1)　①　田畑は畦際より測量する（明治22年大蔵省令第19号6条）。　　【13参照】
　　　②　田畑の畦畔はこれを除却し，歩数を外書する（同令7条）。

(2)　一筆の土地内で畦畔を廃設しても変換・開墾の手続は不要
　　　（明治32年4月10日大蔵省訓令秘第349号15条）　　【15参照】

(3)　①　一筆の土地内で畦畔を廃設しても変換・開墾の手続は不要
　　　　（地租事務取扱心得＝明治42年9月22日東京税務監督局訓甲第55号23条）　【16参照】
　　　②　従来外書の畦畔は異動の都度本地量入する（同16条）。
　　　③　本地量入の畦畔は段別種目を土地台帳内歩名称欄に記入（同17条）。
　　　④　土地丈量は総て境界線よりし畦畔は本地に量入する（同38条1号）。
　　　⑤　丈量は実地を地図及び隣地等を照査し境界に誤りがないことを確認した上で着手する（同38条2号）。

(4)　一筆の土地内で畦畔を廃設しても変換・開墾の手続は不要
　　　（明治43年12月21日大蔵省訓令秘第380号18条）

(5) ① 総て境界点より測り畦畔は本地量入する。
   （大正3年制定の旧地租事務規程59条2号）　　　　　　　　　　　　　　　【17参照】
　　② 土地台帳中外書に係る畦畔は異動の都度本地に量入する（同22条）。
(6) ① 従来本地の外書となした畦畔は異動の時々本地に編入し該名称及び地積を内歩名称に記載する。
   （地租事務規程＝昭和10年8月1日東京税務監督局訓令第6号19条）　　　【18参照】
　　② 畦畔を廃止したもので外書に係るものは本地の地目及び地積に編入し内書に係るものはその名称及び地積を削除する（同20条）。
　　③ 距離は総て境界点より水平に測定し畦畔はこれを本地に量入するものとする（同181条2号）。

7　登記簿・台帳一元化作業における外畦畔，内畦畔の処理

　台帳制度と登記制度という密接不可分の関係にあった両制度を統合一元化して，登記手続の合理化とその簡素化を図るため，昭和35年3月31日法律第14号によって不登法の一部改正が行われた。

　この一元化するための作業は，昭和35年度から10か年の計画で全国の各（地方）法務局の登記所ごとに実施されたのであるが，具体的な作業の指針が，「登記簿・土地台帳一元化実施要領（昭和35年4月1日民事甲第685号民事局長通達【19】，昭和42年3月20日民事甲第666号同趣旨通達）」として示されている。同要領第27第4項（昭和42年民事甲第666号通達では第27第5項）において，すべての土地につき，外書のものを本地に編入することとされ，その結果，内書，外書の記載そのものの記載を要しないこととされた。ただし，内書，外書の土地が本地と別地目のときは，分筆しない限り例外として残置することとされた。

> 【19】　昭和35年4月1日民事甲第685号民事局長通達（抄）
> 登記簿・台帳一元化実施要領
> 第27第4項　土地台帳中，地積欄に外畦畔，内畦畔，石塚又は崖地等の記載がある場合には，「地積」欄にこれらの記載を要しない。この場合，これらのものの地積が外歩として記載されているときは，本地の地積とこれらのものの地積とを合算して「地積」欄に記載するものとする。
> 　　　ただし，土地台帳中，地積欄にその土地の一部が別地目である旨及びその地積が記載されているときは，本来分筆すべき性質のものであるから，内歩又は外歩の区別を明らかにして，そのまま移記し，又は平方メートルによる単位に換算して移記するものとする。例えば，田一反歩内原野一畝歩のごとき記載があるときは，そのまま移記し，又はそれぞれ平方メートルによる単位に換算して移記する。

第6編　畦　畔

第25　土地台帳制度下での地図の維持管理とその保存

Q39　土地台帳制度下において，地図の維持管理とその保存は，どのようにされていたのか説明してください。

Q40　併せて，畦畔外書の廃止と地図との関係についても触れてください。

A39　当初は，その時々に貼紙をもって修正するのみであったが，その後，地図（更正図）は，土地の現況を描くものであるから，土地の異動に伴う変更があった都度，修正し現況を明白にするものとされた。

　また，地租改正の際調製した帳簿，野取絵図（改租図），その他土地の異動に関する願届書類は，すべてこれを整理保存することとされていた。

A40　畦畔外書の廃止が田畑の境界に変動を及ぼすことはないものの，そのことが，直ちに，地図の誤謬訂正を伴うことはないとは必ずしも言い切れないものと考えられる。

　畦畔外書の廃止に伴う地図の訂正・修正に関連する規定は盛り込まれていないことから，一般的に地図に関わる問題として，地図の誤謬訂正で対応すればよいことになる。

解　説

1　土地台帳制度下での地図の維持管理とその保存

　地図の維持管理の方法なり修正技法がどうであったかについては，これまでは「その時々貼紙をもって修正」（町村地図調製式及ヒ更正手続第9項）する技法しか示されていなかったのであるが，明治23年2月20日大蔵省訓令第10号末尾【20】において，地図（更正図）は，土地の現況を描くものであって，地形の変更（土地の異動に伴う変更）があったときは，その都度訂正（修正）し地盤（現況）を明白にするものと訓令している。

　更に，同訓令末尾において，地租改正時に調製した野取絵図（改租図）は，「目録を作り，そのまま保存し土地の沿革その他参照の用に備えるべきもの」と予定している。また，地租改正以降に調製した旧地図についても同様としている。この取扱いは，「収税署地租事務取扱規程」（明治28年1月26日大蔵省訓令第4号）に踏襲され「地租改正の際調製した帳簿地図その他土地の異動に関する願届書類は総てこれを整理保存すべし」（12条）と訓令

している。これらの保存指示文言は，明治17年12月16日大蔵省達第89号【21】において，「一　野取絵図　右帳図ハ称呼ノ如何ニ拘ハラス地租改正ノ際調製セシモノヲ指ス目録ヲ作リ其儘之ヲ保存スヘシ」としたのが初出である。

【20】明治23年2月20日大蔵省訓令第10号（抄）　　　　　　法令全書明治23年22頁
　　　　　　　　　　　　　　　　　　　　　　　　　府県　沖縄県ヲ除ク
明治17年12月当省第89号達地租ニ関スル諸帳簿様式別冊ノ通更正ス
　別冊ハ当省主税局ヨリ之ヲ送付ス
　但新設帳簿ノ外ハ現存帳簿ノ使用ヲ終リ新規調製ノ際ヨリ本様式ニ拠ルヘシ
　明治23年2月大蔵省訓令第10号別冊
　　○　府県庁ノ分
　　　（此諸帳簿ハ郡市限区分シテ一府県一冊ニ調製スヘシ）
　　一　何府県地租台帳　　　　　　　　第1号様式
　　　　是ハ地租条例ニ掲クル地目毎ニ調成シ毎年ノ増減額ヲ記載シテ現在ノ段別地価地租額ヲ明ニス（中略）
　　一　同　免租地台帳　　　　　　　　第13号様式
　　　　是ハ免租地ノ地目段別フ記絨シ毎年ノ増減額ヲ加除シ以テ免租地ノ地目段別ヲ明ニス
　　○　収税部出張所ノ分
　　　（第16号ヨリ第18号ニ至リ第23号ヨリ第26号ニ至ル台帳ハ第3号ヨリ第5号ニ至リ第10号ヨリ第13号ニ至ル府県庁分ノ様式ニ倣ヒ市町村限リ区分調製スヘシ）
　　一　何郡地租台帳　　　　　　　　　第14号様式　（中略）
　　一　同　土地台帳　　　　　　　　　第40号様式（従前様式ノ通リ）
　　　　是ハ土地毎一筆ノ沿革及段別地価地租等ヲ明ニシ以テ土地百般ノ用ニ供ス
　　一　同　地図（従前様式ノ通リ）
　　　　是ハ土地ノ現形ヲ描キ地形ノ変更シタル時ハ処分ノ時々訂正シ以テ地盤ヲ明ニス
　　　（中略）　一　野取絵図
　　　　是ハ（呼称ノ如何ニ拘ラス地租改正ノ際調製シタルモノヲ指ス）目録ヲ作リ其儘保存シ土地ノ沿革其他参照ノ用ニ供ス
　　一　旧地図
　　　　是ハ（地租改正以降調製ノ絵図ニシテ新図調製ノ為メ現時所用セサルモノヲ指ス）目録ヲ作リ其儘保存シ土地ノ沿革其他参照ノ用ニ供ス

2　畦畔外書廃止と地図の関係

　残された問題は，畦畔外書の廃止に関連して，地図の取扱いに変更がされたかどうかである。つまり，畦畔外書の廃止に伴い，その境界に異動が生じたのかどうか，そうだとすると，地図の取扱いに関する何らかの変更規定が加えられているはずであるから，その根拠を探求しておく必要があることになる。

第1に，畦畔外書の廃止は，土地に異動が生じたと評価するのかどうかであるが，地租事務規程（昭和10年8月1日東京税務監督局訓令第65号）では，「一筆の土地内において畦畔，小逕，小池の類を廃設するものは，地目変換，地類変換又は開墾とならないので，変換又は開墾の手続を要しないものとして取扱うべし」（179条）と定めている。この規定は，土地の異動が生じた原因とはならないとの公定解釈（評価）を示した上で，変換又は開墾の手続は不要としているものと理解できる。そうだとすると，畦畔外書の廃止は，土地の異動が生じたとは評価しないということになる。

第2に，畦畔外書の廃止に伴い，その境界に異動が生じたのかどうかである。その境界に異動が生じたのであれば，地図全体に関わる問題となるはずである。

明治17年4月に通達された「地租条例取扱心得書」（明治17年4月5日大蔵省達号外【07】）では，「田畑の丈量は畦畔際より，宅地は境界線より打詰になす（丈量する）べし」（5条）として，丈量する方法を明確にした上，通達したわけである。このことは，徴税及び旧慣の観点から田畑（取り分けて言えば，そのうちの耕作地）を把握するための丈量基準を明らかにしたものであって，「田畑の境界が畦畔際」であることを明確にしたものではなかったということになる。

その後に，先に説明したように，明治42年9月に東京税務監督局長から訓令された「地租事務取扱心得」（明治42年9月22日東京税務監督局訓甲第55号【16】）では，通則の章に，次のように定めている。

① 畦畔の類を廃設しても変換又は開墾とならないので，変換変換又は開墾の手続は不要（23条）

② 従来外書にある用悪水路，井溝，溜池及び畦畔等は，異動の都度本地に量入すべし（16条）

③ 前条により本地に量入したものは，その段別種目を土地台帳の内歩名称欄に記入すべし（17条）

①で手続不要としながらも，その一方で，②と③では，畦畔は，本地に量入し，その段別種目を内歩名称欄に記入する等，土地台帳上は，しっかり手入れをしているわけである。

さらに，土地検査の章において，次のように命じている。

④ 土地丈量の方法は，総て境界線よりとし，畦畔，小逕，小池の類は，これを本地に量入すべし（38条1号）

⑤ 丈量は，実地を地図及び隣地等を照査し，境界に誤りがないことを確認した上で着手すべし（38条2号）

この38条の規定は，土地検査における土地丈量の方法として，畦畔の類は，本地に量入するとの一般原則を示すのみに留まっており，実地は，地図及び隣地等を照査した上で，

境界の確認に留意した上で，個別具体的に対応することを指示している。

畦畔外書の廃止に伴い，その境界に異動が生じたのかどうかについて明定ないし関連する規定は，④及び⑤の取扱い以外に見当たらない。④及び⑤の取扱いの範囲では，畦畔外書の廃止に伴う地図の訂正・修正に関連する規定も盛り込まれていない。

規定がないからといって，直ちに，畦畔外書の廃止が地図に変更を及ぼすものではないとも言えない。つまり，畦畔外書の廃止が田畑の境界に変動を及ぼすことはなく，そのことから，地図の誤謬訂正を伴うことはないとは必ずしも言い切れないものと考えられる。なぜなら，地図作成当初に，当該田畑の畦畔際を境界線と確認した上で，畦畔を除外して土地丈量を行っている場合にのみこのような断定ができるからである。これらのことを考慮すれば，畦畔外書の廃止の有無とは直ちに関係する問題と捉えるのではなく，一般的に地図に関わる問題として，地図の誤謬訂正で対応すればよいことになる。現況と地図が一致しない場合は，誤謬訂正の章に次のように定めている。

「⑤　地図の記載事項に関して，誤謬訂正の申請があったときは，165条1号に準じて処理すべし（168条）」

地図の記載事項に関しては，地積に関することと同様に，誤謬訂正の申請をすべきものとしている。その際，申請書に隣接地所有者の連署又は承諾書の添付を義務付けており，関係官公署への照会義務を課して異議のないことの確認を求めている。また，連署若しくは承諾書が得られない場合は，その理由書の添付を求め，その上で，検査時には隣接地所有者の立会いを求めて処理することになるとしている（165条，169条）。

第6編　畦　畔

第26　二線引畦畔について

Q41　二線引畦畔とは，どのようなものを指すのですか。畦畔との違いについて教えてください。

A　一般的に呼称されている「二線引畦畔」とは，公図上に実線を用い図示された（耕地である）田畑と田畑の間の境界線付近（部分）に存在する長狭物の総称であって，本地である耕作部分とは別個独立し，公図上において，二本の実線を引く手法によって，田畑と田畑を縁取る（取り囲む）形に区別して表示されている長狭物である畦畔を指す通称である。二線引畦畔は，土地台帳に登録されておらず，また登記簿にも登記されていない。土地台帳又は登記簿に，畦畔内書，畦畔外書の表示のあるものは，客観的に判断できることから二線引畦畔ではないが，土地台帳及び登記簿に，その表示のないものはいずれか判然と区別できない。

解　説

1　いわゆる二線引畦畔とは

　一般的に呼称されている「二線引畦畔」とは，公図上に実線を用い図示された（耕地である）田畑と田畑の間の境界線付近（部分）に存在する長狭物の総称であって，本地である耕作部分とは別個独立し，公図上において，二本の実線を引く手法によって，田畑と田畑を縁取る（取り囲む）形に区別して表示されている長狭物である畦畔を指す通称である。

　公図上において二線引畦畔が占める位置には，どの公図にも地番の記載はない。幅何尺との記載があったり，キシ（岸）と書かれているものもある。東北で土手代（どてしろ），関東で青地（あおち），東海で澗地（はざまち）と呼ばれ，近畿でも存在し，その部分の表示方法が薄墨色（灰色），青色，黄色，茶色，緑色の着色あるいは白色，無着色などまちまちであって，公図上の色分けのみによっては判然と区別できない。徳島県，兵庫県の公図の色分け凡例には示されていない。

　二線引畦畔は，土地台帳に登録されておらず，また登記簿にも登記されていない。土地台帳又は登記簿に，畦畔内書（本地の地積に含まれている畦畔，秣草（まぐさ）等の利潤のある芝地等の内畦畔），畦畔外書（本地の地積に含まれていない畦畔，水保，波除のため収益のない外畦畔）の表示のあるもの（例；田何畝何歩，内畦畔何歩）は，客観的に判断できる（田の地積の内訳が何歩と判断できる）ことから二線引畦畔ではないが，土地台帳及び登記簿に，

その表示のないものはいずれか判然と区別できない。これは事実認定の問題になり，地図上のみでは明確化できないということになる。

なお，作図上の知識技法不備に起因するものや地図のマイラー化再製作業における判読不良により，内畦畔や外畦畔を誤認混同し二本の実線で描画したものもある。

2 二線引畦畔の所有区分

一般的に，個人名義で畦畔内書又は畦畔外書と表示されているものは，民有地であり，田畑と田畑間にある二線引畦畔の多くは，国有地であると認識されている。

高低差がある場合の畦畔は，地域の慣習により異なる場合もあるが，普通は，用水を導く上段の土地所有者の所有に属し，境界線は，上段の土地の土手から下段の土地に向かい，用水が流れ出す直前の水平面との接線である（「道水路等公共物に接続している国有畦畔の一般的例示」（昭和42年5月31日付け関財財調第56号）例示図7参照）。また，畦畔そのものが境界と認識されている場合もある。この場合，境界線は，畦畔を二分する中心線ということになる。地籍地図に枝番が付され土揚場と書き込まれているものもあるが，ここでいう二線引畦畔とは異なる。

3 改租図又は更正図における二線引畦畔について

土地の丈量方法は，地租改正条例細目（明治8年7月8日地租改正事務局議定）によって，総地積から畦畔地積を除去する（4条），畦畔は実測を要しない（6条）と定められたのであるが，二線引畦畔は，改租図ではどのように反映し表示されたのであろうか。

改租図は，各都道府県によって各別のルールに従って調製されたので，二線引畦畔（公図上で畦畔部分に本地とは二線で表示されている。その部分が白地，灰色着色で地番の記載はない。内畦畔とか外畦畔，外書内書畦畔の所属も同一か否か判然区別できない。）も地方独自の対応（慣習を含む。）によって生起してきたものの1つと思われる。地租改正の当初は，畦畔は実測を要しないこととされていたので，畦畔敷は耕作地ではなく租税対象外地との認識によって改租図作製が進捗されていたところ，明治9年11月13日内務省達乙第130号の達によって，改正地券には畦畔の歩数を内書，外書とすることとされた（つまり，本地と畦畔は一体のものとの内務省による公定解釈が示された。）。この解釈の違いが背景にあって，加えて，地方独自の慣習が折り重なって，それ以降の更正図等の作成にも投影されているとの経緯があるもののように思われるのであるが，どうであろうか。

次いで，更正図であるが，更正図は，改租図をベースとして，現況と著しく差異がある土地についてのみ丈量し作製されたものであるから，現況と差異がない土地については，更正図自体が作製されていない地方もある。これが歴史的事実であるから，改租図に二線引畦畔が存在していれば，当然のことながらそのまま改租図に残置されていることになる

であろうし，また，更正図によっては，二線引畦畔が残置されるものもあるし，整序されたものもあろう。

こうしてみると，その畦畔が独立した土地かどうかは改租図又は更正図のみによっては決め手にならないと言わざるを得ない。

なお，地租改正時に作製された改租図は，明治17年12月の「地租ニ関スル諸帳簿様式ノ件」（明治17年12月16日大蔵省達第89号）【21】によって，「右帳図ハ称呼ノ如何ニ拘ハラス地租改正ノ際調製セシモノヲ指ス目録ヲ作リ其儘之ヲ保存スヘシ」とされた。

こうして，明治20年以降この改租図等に基づいて更正地図が作製された。

【21】　明治17年12月16日大蔵省達第89号（抄）　　　　法令全書明治7年619頁

府県函館県沖縄県札幌県根室県ヲ除ク
地租ニ関スル諸帳簿様式別冊ノ通相定ム
但別冊ハ主税局ヨリ送付スヘシ
右相達候事
　　別事
○　府県庁ノ分
　一　何郡区地租台帳　　　　　　　　　（第一号様式）
　　　是ハ一町村限リ地租条例ニ掲クル地目毎ニ調成シ毎年現在ノ反別地価地租額ヲ現カニス
　一　何郡区追加地租台帳　　　　　　　（第一号附属様式）
　　　是ハ事故アリテ後年ニ至リ前年ヘ遡ルモノヲ毎歳ニ区分累計シ地租台帳額ニ併セテ既往年ノ総額ヲ明ニス
　（外十六種類諸表諸帳簿略ス）
　一　地図
　一　野取絵図
　　　右帳図ハ称呼ノ如何ニ拘ハラス地租改正ノ際調製セシモノヲ指ス目録ヲ作リ其儘之ヲ保存スヘシ　　　　　　　　　　（中略）
○　郡区役所ノ分
　一　地券台帳　　　　　　　　　　　　（従前備置ノ分）
　　　是ハ地券授受書替ノ基礎ニ供シ一筆限地所ノ状況ヲ明ニス
　一　地租台帳　　　　　　　　　　　　（第拾七号様式）
　　　是ハ一町村限地目毎ニ反別地価地租ヲ登記シ常ニ其増減ヲ加除訂正シ以テ現額ヲ明ニシ徴租ノ基礎ニ供ス
　一　地券証印税帳　　　　　　　　　　（第拾八号様式）
　　　是ハ地券下与税金収入ノ際其事由ヲ登記シ以テ税金ノ徴収額ヲ明ニス
○　戸長役場ノ分
　一　土地台帳　　　　　　　　　　　　（第拾九号様式）
　　　是ハ土地ノ沿革及ヒ反別地価地租等ヲ明ニスルノ基礎ニ供ス
　一　土地所有者名寄帳　　　　　　　　（第弐拾号様式）

　　　　　是ハ一人限リ某所有地地目反別地価地租ヲ列記シ各人ノ納租額ヲ明ニス
　　　　　　　　　　　　（中略）
一　地図
一　野取図（筆者注　徳島県では「地面明細図」と呼称）
　　右帳図ハ称呼ノ如何ニ拘ハラス地租改正ノ際調製セシモノヲ指ス目録ヲ作リ其
　儘之ヲ保存スヘシ
　　　　　　　　　　　　（土地家屋台帳制度関係資料78・登記研究304号56頁以下）

第7編 地方分権と法定外公共物

第27 法定外公共物について

Q42 法定外公共物とは，どのようなものですか。

Q43 また，法定外公共物の総面積は，どのくらいになるのですか。

図 解

図42 法定外公共物の種類

里道（赤線）	公図上で赤色ベルト状に着色された無地番の長狭物（認定外道路）
水路（青線）	公図上で青色ベルト状に着色された無地番の長狭物（普通河川）
湖沼，ため池	公図上で青色に着色された無地番の土地で，土地台帳に民有地として登載された痕跡がなく，公共用物として機能中の湖沼，ため池のうち河川法等の機能管理に関する特法の適用のないもの
海 浜 地	公図上で有地番の土地の海側境界線と，海との境界線（春分秋分の満潮線との間の砂浜若しくは磯等の常況にある無地番）の土地で，海岸法等の機能管理に関する特別法の適用のないもの

A42 法定外公共物とは，道路法にいう一般国道，河川法にいう一級河川等の機能管理に関する特別法としての公物管理法令が適用・準用されない（つまりは，機能管理対象になっていない）ものである。一般に法定外公共用物と総称されている。里道，水路，海浜地，ため池等である。

これらの法定外公共用物は，土地台帳及び国有財産台帳に登載されたことがなく，加えて，民有地としての認定もされた痕跡がない土地が脱落地である。

A43 総面積は，約4,300平方キロメートルと推計（昭和42年建設省当時調べ）されている。

> **解 説**

1 法定外公共物のプロフィール

　直接に一般公衆の用に供し又は供すると決定したものを公共用物（「公共物」ともいう。）という。例えば，道路，河川，公園，ため池，用悪水路の類である。このうち，国有の公共用物を公共用財産という。

　その公共用財産の中に，法律でその管理主体及び管理方法が規定されている公共用財産（以下「法定公共用財産」という。）と法定外の公共用財産がある。

　法定公共用財産は，例えば，道路法にいう一般国道，河川法にいう一級河川等の機能管理に関する特別法としての公物管理法令が適用されるものであり，もう一方の法定外の公共用財産（以下「法定外公共用財産」という。）は，前記のような特別法としての公物管理法令が適用・準用されないもの（つまりは，機能管理対象になっていないもの）である。

　このうち，建設省が所管する国有地であるものを，法定外公共用財産という（法律上定められた用語ではないが，一般に法定外公共用物と総称されている，以下「法定外公共物」という。）。

　具体例としては，里道（公図上で赤色ベルト状に着色された線で表記され，「赤道」，「赤線」などと呼称されている道路法による道路に認定されていない認定外の道路），公共用水路（公図上で青色ベルト状に着色された線で表記され，「青線」と呼称されている河川法や下水道法等の河川管理に関する特別法の適用・準用のない河川等の長狭物），海浜地，ため池等である。これら法定外公共物は，土地台帳及び国有財産台帳に登載されたことがなく，加えて，民有地としての認定もされた痕跡がない土地が脱落地である。自然人に例えれば，「不在住・不在籍の人」とでもいうべきものであろう。

　なお，二線引畦畔（公図上で田畑の境界にあって，ベルト状の二本の実線で囲まれた無番地の土地で，田の水平面より高く盛り土された長狭物，脱落地となっている模様）は，行政財産ではなく普通財産になるので，公共用財産にはならないものとされている。

2 法定外公共物の総面積

　法定外公共物の総面積は，約4,300平方キロメートルと推計（昭和42年建設省当時調べ）されており，ほぼ山梨県の面積に相当すると聞き及んでいる。

第28　法定外公共財産の管理について

Q44　国有財産の管理は，どのようにされているのですか。

Q45　とりわけて，法定外公共用財産の管理について承知しておきたい。

図解　「国有財産の分類と管理」を図43に，また，「旧法定外公共用財産（土地）の管理者及び管理の内容」を図44に，それぞれ整理する。

図43　国有財産の分類と管理

	行　政　財　産	普　通　財　産
	国の行政目的に直接供用されるもの	行政財産以外（国の行政目的に直接供用されない）の一切の国有財産
管理権	所管する各省各庁の長	財務大臣

図44　旧法定外公共用財産（土地）の管理者及び管理の内容

	財　産　管　理	機　能　管　理
	保存，貸付け，管理委託等の財産の保全・運用に関する事務	日常的な維持管理や災害の防止・復旧等公共の利用に供するための公共用物としての機能を維持するための行政上の管理
所　管	旧法当時は建設省（機関委任事務として，国有財産部局長である都道府県知事）	地方自治体の固有事務（市町村）

A44　国有財産の管理の内容は，財産管理と機能管理に分けられる。行政財産は，行政目的以外に使用する場合には許可を得なければならない。また，普通財産は，行政財産のような制限がなく，その処分は私法行為によって行われる。

A45　法定外公共用財産（土地）の所有者は国，財産管理は建設省の所管，実際上は国の地方機関としての都道府県知事が担当し，機能管理は市町村が行っていたということである。

解説

1 国有財産の分類

　国が所有している財産関係は，種々の法律で規制（規律）されている。そのうち，国有財産法（以下「法」という。）の対象となる財産が国有財産である（法2条）。

　国有財産は，行政財産と普通財産に大別される。

　行政財産というのは，国の行政目的に直接供用されるもので，所管する各省各庁の長に管理権が与えられている（法3条2項，5条）。行政財産は，原則として，その物の上に私権を設定することができず，処分が制限されており，行政目的以外に使用する場合には必ず許可を得なければならない（法18条）とされている。

　一方，普通財産というのは，行政財産以外（国の行政目的に直接供用されない）の一切の国有財産で，財務大臣が管理・処分する（法3条3項，6条）。普通財産は，国有財産法の規制は受けるものであるが，行政財産のような制限はなく，その処分は私法行為によって行われる。

2 旧法定外公共用財産（土地）の管理者及び管理の内容

　管理の内容は，財産管理と機能管理に分けられる。

　財産管理とは，保存，貸付け，管理委託等の財産の保全・運用に関する事務をいう。例えば，里道（官）と隣接地（民）との官民境界を確定協議する（法31条の3）とか，里道の所管替え・用途廃止は，旧国有財産法（以下「旧法」という。）当時は建設省の所管であった。実際上の財産管理は，機関委任事務として国有財産部局長である都道府県知事（つまり，国の地方機関としての都道府県知事）が行っていた（旧法9条1項，3項，旧法施行令6条2項，建設省所管国有財産取扱規則3条）。

　また，機能管理とは，日常的な維持管理や災害の防止・復旧等公共の利用に供するための公共用物としての機能を維持するための行政上の管理をいう。例えば，占有・使用の許可，不法占拠者への排除措置，里道・普通河川の改修等（旧地方自治法2条2項，3項2号）は，地方自治体の固有事務とされていた。

　したがって，法定外公共用財産（土地）の所有者は国，財産管理は建設省の所管，実際上は国の地方機関としての都道府県知事が担当し，機能管理は市町村が行っていたということである（最高裁昭和59年11月29日第1小法廷判決・民集38巻11号1260頁）。

　なお，法定外公共用財産（土地）は，機能が喪失されたまま放置されている例が散見され，隣接地の所有者から時効取得の主張がされる事案もある。

3 機能を喪失した旧法定外公共用財産（土地）の管理

　一般的に，機能を喪失した法定外公共用財産（以下「旧法定外公共用財産」という。）は，行政財産としての用途が廃止されると，この段階で行政財産から普通財産になる。そうすると，それまで財産管理を行っていた地方自治体は，旧法定外公共用財産を国に引き継ぎ，国は，その旧法定外公共用財産を普通財産として直接財産管理することになる。

(1) **平成17年３月まで**

　平成17年３月までは，国の機関委任事務として都道府県知事が旧法定外公共用財産（土地）の官民境界確定事務を行っていた。

(2) **平成17年４月以降**

　平成17年４月以降は，旧法定外公共用財産（土地）の官民境界確定事務は，国が実施している。

　なお，市町村に譲与された法定外公共用財産（土地）の官民境界確定事務は，市町村で行われている。

第29 法定外公共用財産がなぜ国有財産となるのか

Q46 法定外公共用財産が国有財産であるとされる，その根拠はどこに存在するのですか。

図解

図45　法定外公共用財産が国有である根拠

明治7年太政官布告第120号	明治8年地租改正事務局議定
「山岳，丘陵，林，藪，原野，河，海，湖沼，澤，溝渠，堤塘，道路，田畑，畑，屋敷等其他民有地にあらざるもの」	官有地第3種のうち，道路，河川，堤塘，畦畔，溝渠等は番外として地番を付さない
根　拠　　官有地第3種	地租改正条例細目3章第1条

A 地租改正事業に際し，明治7年11月7日太政官布告第120号の「地所名称区別改定」により官有地第3種と分類され，「山岳，丘陵，林，藪，原野，河，海，湖沼，澤，溝渠，堤塘，道路，田畑，畑，屋敷等其他民有地ニアラザルモノ」が，法定外公共用財産に該当するとされた。

この分類を根拠として，官有地には地券を発行せず地租を課さないこととした。

また，「官有地第3種のうち，道路，河川，堤塘，畦畔，溝渠等は番外として地番を付さない」（明治8年の地租改正事務局議定）こととされた。

なお，「所有者のない不動産は，国庫に帰属する（民法239条2項）と規定されている。

解説

1　法定外公共用財産が国有である根拠

明治初期の地租改正及び地券制度の施行にあたり，官民有区分が実施され，官有地（国有地）には，地券を発行せず地租を課さないこととしたのであるが，その際，「山岳，丘陵，林，藪，原野，河，海，湖沼，澤，溝渠，堤塘，道路，田畑，畑，屋敷等其他民有地ニアラザルモノ」（明治7年11月7日太政官布告第120号「地所名称区別改定」）が官有地第3種として分類された。

この分類を根拠として，「我が国における近代的土地所有権は，明治初期の地租改正事

業に際し,上記官民有区分を経て,下戻し(いわゆる「払下げ」)に至る明治政府の政策により創設されたものであって,その過程で,官有地と民有地とが峻別されていった。」とする見解(名古屋地裁昭和46年9月30日判決・判時652号63頁／創設的効力説)が国の基本的な考え方である。この見解によって,法定外公共用財産が国有財産であるとしているのである。

なお,「官民有区分は,諸法令によって認められた所有権を単に確認する効果を有するに過ぎず,権利の得喪になんらの消長も来さない。」という反対説がある(最高裁昭和44年12月18日第1小法廷判決・訟月15巻12号1401頁／自然決定説・確認的効果説)。

おって,「所有者のない不動産は,国庫に帰属する。」(民法239条2項)と規定されている。

第7編　地方分権と法定外公共物

第30 地方分権と機関委任事務の廃止の経緯

Q47 地方分権の一環として里道・水路の譲与手続が，平成12年4月から始まったと聞きましたが，地方分権の概要を説明してください。

Q48 また，機関委任事務の廃止の経緯についても教えてください。

図解 地方自治法の改正前後における地方公共団体の事務区分は，「3　地方公共団体の事務区分」に掲載の図46のとおりである。

A47 法定外公共物については，現に公共の用に供しているものは市町村に譲与し，機能管理，財産管理ともに自治事務とし，機能喪失しているものは国において直接管理することとされた。

A48 国と地方公共団体の二重行政であるとか縦割行政である等との指摘のある機関委任事務制度を廃止して，国と地方公共団体の対等・協力の関係に立った行政システムへの転換を図ることとし，同制度に関する規定の全部を削除する地方分権一括法が成立した。

解説

1 地方分権の概要

　平成11年7月8日に「地方分権の推進を図るための関係法律の整備等に関する法律」（平成11年法律第87号）が制定され，同月16日に公布された。この法律は，地方自治法をはじめ，全475本の関連法律を一括して改正したもの（以下「地方分権一括法」と略称する。）であり，一部を除き平成12年4月1日から施行された。なお，譲与の手続も同日からの施行である。

　地方分権一括法は，地方公共団体の自主性・自立性を高め，個性豊かで活力に満ちた地域社会の実現を図るために，地方分権を推進しようという目的下に成立した。

　この地方分権一括法によって，国と地方公共団体の役割分担は，根本的に改められた。改正後の地方自治法（以下「新法」という。）では，国の役割は，国家的見地から「ナショナル・ミニマム」（新法1条の2第2項，つまりは，大枠として，最低限度やらなければなら

ないことだけ）をやり，地方公共団体の役割は，それ以外の細部のことをやる（国は関与せず），というのが基本的なスタンスとなったのである。

このことを新法では，地方公共団体の役割は，「住民の福祉の増進を図ることを基本として，地域における行政を自主的かつ総合的に実施する役割を広く担うものとする。」（新法1条の2第1項）と規定している。具体的には，「地域における事務及びその他の事務で法律又はこれに基づく政令により処理することとされるものを処理する。」（新法2条2項）と定めている。

2 機関委任事務制度の廃止の概要

(1) 機関委任事務制度

機関委任事務制度とは，地方の行政機関（例；都道府県知事ないし市町村長）を，国の機関と構成して，国の事務（例；法務局でいえば戸籍事務）を委任して執行させてきた仕組みである。

(2) 制度の廃止の経緯

平成7年の全国市長会等において，「里道，水路等の法定外公共物は，その管理体制が未整備のため，種々問題が生じ，地方公共団体ではその対応に苦慮している。よって，国は，公共事業の円滑な推進のため，法定外公共物については，一括して地方公共団体に譲与すること。」との要望決議がある中で，地方公共団体の自主性及び自立性を高め，個性豊かで活力に満ちた地域社会の実現を図ることを目的として，地方分権推進計画が平成10年5月29日に閣議決定された。

本計画では，「国及び地方公共団体が分担すべき役割を明確にし，住民に身近な行政をできる限り身近な地方公共団体において処理することが基本」と定められ，法定外公共物については，現に公共の用に供しているものは市町村に譲与し，機能管理・財産管理ともに自治事務とし，機能喪失しているものは国において直接管理することとされた。

(3) 機関委任事務制度の廃止

機関委任事務制度には，上記要望のほか次のような問題があると指摘されていた。
① 1つは，地方公共団体の執行機関（つまり，地方行政機関の代表者）として，今1つは，国の出先である地方行政機関として，二重の役割を果たさなければならないこと。
② 国と地方公共団体の間が，上下・主従の関係になっていること。
③ 国と地方公共団体の間で，各々の行政責任が不明確であること。
④ 国の一般的指揮監督権に基づく種々の関与により，地方公共団体の側の時間・コスト負担を伴うこと。
⑤ 国と地方公共団体の縦割行政により地域の総合行政が妨げられること。

そこで，上記のような指摘のある機関委任事務制度を廃止して，国と地方公共団体の対等・協力の関係に立った行政システムへの転換を図ることとし，新法では，旧法における機関委任事務制度に関する規定の全部を削除することとした。なお，関連法律についても同様の措置を施し改正を行っている。

3 地方公共団体の事務区分

改正前後における地方公共団体の事務区分は，下記の図46のとおりである。

図46　地方公共団体の事務区分

改　正　前（旧　法）	改　正　後（新　法）
1　公共事務（旧法2条2項） 　地域住民の福祉の増進を実現するために行うもの（固有事務ともいう。） 2　団体委任事務（旧法2条2項） 　法律又はこれに基づく政令により普通地方公共団体に属するもの＝国から委任された地方公共団体の事務 3　行政事務（旧法2条2項） 　その区域内におけるその他の行政事務（地方公共団体がその区域内で，地方公共団体の利益に対する侵害を防止し又は排除し，地方公共の福祉を維持するために行う権力行使を伴う事務）で，国の事務に属しないもの＝機関委任事務以外のもの 4　機関委任事務 　地方公共団体の機関である知事，市町村長に事務委任された国の事務 　① 事務自体の廃止（11項目） 　② 自治事務への移行（398項目） 　③ 法定受託事務への移行（275項目） 　　例；戸籍事務，旅券の公布 　④ 国の直接執行事務（20項目） 　　例；国立公園の管理等	1　自治事務（新法2条8項） 　地方公共団体が処理する事務のうち，法定受託事務以外のもの 2　法定受託事務（新法2条9項） 　① 第一号法定受託事務 　　法律又はこれに基づく政令により都道府県，市町村又は特別区が処理することとされる事務のうち，国が本来果たすべき役割に係るものであって，国においてその適正な処理を特に確保する必要があるものとして法律又はこれに基づく政令に特に定めるもの 　② 第二号法定受託事務 　　法律又はこれに基づく政令により市町村又は特別区が処理することとされる事務のうち，都道府県が本来果たすべき役割に係るものであって，都道府県においてその適正な処理を特に確保する必要があるものとして法律又はこれに基づく政令に特に定めるもの

4 利活用中の里道と水路に関する事務の区分

　この地方分権推進計画（平成10年5月29日閣議決定）及び地方分権一括法（平成11年7月8日法律第87号）によって，法定外公共用財産のうち，現に，公共用物として利・活用中である里道及び水路（ため池，湖沼をも含む。）のみを，市町村（東京都の特別区の場合は，当該特別区の区域内）に無償で一括譲渡し，機能管理・財産管理ともに市町村が自治事務として管理を行い，その機能が喪失されているものは，国が直接に管理を行うものとされた。

第7編　地方分権と法定外公共物

第31　地方分権により譲与の対象となった里道・水路

Q49 地方分権により譲与の対象となった里道・水路には，どのようなものがありましたか。

Q50 また，その手続はどのようになっていたのかについて，説明してください。

図解　地方分権により譲与の対象となった里道・水路（ため池，湖沼を含む。）は，図47のとおり集約できる。

図47　里道・水路（ため池，湖沼を含む。）

譲与対象となった里道・水路	譲与対象とならなかった里道・水路
公共用物として利・活用されている里道・水路	公共用物として利・活用されていない里道・水路
現況　一般公衆の通行用・流水用に供されているもの	宅地造成等により公共用物としての実態をなくしているもの

A49　国と地方公共団体の二重行政であるとか縦割行政である等との指摘のある機関委任事務制度を廃止して，国と地方公共団体の対等・協力の関係に立った行政システムへの転換を図ることとし，同制度に関する規定の全部を削除する地方分権一括法が成立した。

建設省所管の法定外公共用財産のうち，当時，公共用物として利・活用されている里道・水路（ため池，湖沼を含む。）が，譲与の対象となった。

A50　その手続は，市町村からの用途廃止依頼・譲与申請によって，建設省国有財産部局長である都道府県知事が法定外公共用財産を用途廃止し，普通財産として大蔵省（財務局）に引き継いだ後，国有財産法に基づき大蔵省から市町村に譲与するとの手続が経由されていた。

> 解　説

1　譲与の対象となった里道・水路

(1)　建設省所管の法定外公共用財産のうち，当時，公共用物として利・活用されている里道・水路（ため池，湖沼を含む。）が，譲与の対象となった。

例えば，一般公衆の通行用に供されている現況にあったもの，流水に供されている現況にあったもの等である。

(2)　したがって，公共用物として利・活用されていなかった里道・水路は，譲与の対象とはならなかったことになる。

例えば，宅地造成等により公共用物としての実態をなくしていたものは，機能喪失財産としてその対象とはならなかった。

2　譲与の手続等

(1)　市町村からの用途廃止依頼・譲与申請によって，建設省国有財産部局長である都道府県知事が法定外公共用財産を用途廃止し，普通財産として大蔵省（財務局）に引き継いだ後，国有財産法に基づき大蔵省から市町村に譲与するとの手続が経由されていた。

公共用財産のままで譲与することは許されない（国有財産法3条，18条1項）ため，「国が当該用途を廃止した場合において」（国有財産特別措置法（新法）5条1項5号）と規定し，財産処理上，普通財産にした上で譲与を行うことを明定したものである。前提として，「国がその里道・水路としての機能を停止した上で」機能廃止する規定ではない。

(2)　一括譲与申請，部分的譲与申請ともに可能であった。

(3)　譲与申請の期間は，平成12年4月1日から平成17年3月31日まで（地方分権一括法施行日から5年以内）の期限で行われた。この期間内は，都道府県の法定受託事務となっていた。

なお，この期限内に譲与されなかった機能喪失財産は，原則として全部一括して（その範囲は特定せずに）用途廃止し，平成17年4月1日以降は，大蔵省が普通財産として直接管理することとされた。

おって，譲与期限内に特定困難な特定不能財産は，当該市町村の自治事務となり，当該市町村が適切と判断する方法（例；管理条例の制定）により管理することとされた。

3　市町村に譲与された里道・水路の財産管理

市町村に譲与された里道・水路の財産管理は，当該市町村の自治事務となったわけであるから，当該市町村が適切と判断する方法で管理する（例；管理条例を制定する。）ことに

なる。

　譲与に際しては，何の条件も義務付けもされない。

　譲与後は，「普通地方公共団体において公用又は公共用に供し，又は供することと決定した財産」（地方自治法238条4項前段）となり，当該地方公共団体の行政財産になる（市町村有となる）。

4 譲与財産の特定方法

　平成12年1月に，大蔵省及び建設省の間で定められた「法定外公共物に係る国有財産の譲与手続に関するガイドライン」によれば，市町村の事務負担軽減及び時間短縮を図る観点から極力簡略化しており，「市町村が，国有財産特定図面（固定資産課税資料等の目的で市町村が保有する図面で，法務局備付けの地図と確認がとれているもの等が該当）の対象財産の箇所を明示すれば足りる」と示された。

　このことから，譲与申請にあたり，測量図，求積図等の添付は不要で，里道・水路の起点・終点は明示するが，その幅員及び面積を示す必要はないとされ，特定方法が簡素化されていた。

　なお，ここで特定された後に譲与を受けた里道・水路について，後日の表示登記申請の際に，簡素化された財産特定図面そのものによって即登記能力のある土地になるというわけではない。

―139頁より続く―　　　**Coffee Break**

―原石（はるいし）について・2―
「琉球王府による土地特定の図根点」

5　沖縄からの発信

　沖縄では，各土地土地の高み所に原石が設置され，地域の人々が長い年月にわたりそのことを認知してきている。この事実を目の当たりにして，この原石を今後，登記所職員等が手掛けていく法14条地図なり平成地籍整備による地籍図の図根点と連鎖させることで活用できないかとの思いにかられている。

　例えば，現地における一見明白な目印として原石を活用し，この地物の直近等に法務局名入りの図根点（埋設時期付き）を打てないだろうか。

　筆界特定登記官が行いはじめた筆界特定を，この原石を図根点の目印として具現化し，後世における紛争防止のための恒久的地物（地域財産）として土地に刻み込んでいく。それを沖縄から発信することが実現できるなら，原石（げんせき）を掘り起こし守り育てる

ことができ，文字通り一石二鳥になるのではなかろうか。

　沖縄における不動産登記制度満百年*2を迎えた記念の今日，密かに心に記している。

　＊2　筆者は，民法施行法10条が削除された日（明治39年3月22日）が沖縄における登記制度発足の日である，との久貝良順（元琉球政府法務局長）説を採用している。

琉球王府による原石（はるいし）

おわりに

　本書は，平成22年に開催された香川県土地家屋調査士会主催の「公図を読み解く～香川県における公図の歴史～」，平成23年に開催された徳島県土地家屋調査士会主催の「地図及び筆界に関する研修会」等における講義記録をもとに加筆，修正を加えまとめたものである。

　皆様方の所有されている土地の原始境界は，改租図ないし更正図（法務局で保管する公図の大部分）に表示されているので，これが土地の紛争解決の重要な資料となることは，今後も変わることはないものと思われる。
　しかし，公図の原図は和紙（美濃紙）でできており，永年の利用により保存状態及び取扱いがよいとは，とてもいえない状態にある。
　このことから，法務局では，公図を元マイラー化そして現デジタルデータ化し，そのデータを提供している。既に全国のどこの登記所においても，全国のどこの公図でも入手できることになった。
　そこで，改めて，100年余を経た和紙により作成されている公図の原図の重要性を再認識し，原図における着色凡例を含めた適切な保管・管理，そして永続的な取扱いを考える時期がきたと思うのである。
　さて，筆界特定制度の利用であるが，利用度が相当にアップしてきている実情にある。隣接地との間で境界について悩んでおられる方は是非，一度法務局，あるいは土地家屋調査士会を訪ねられ，相談されてはいかがか。
　地図に何ができるか，地図から過去を読み解き，現在そして未来を考えることができる道しるべになるものと筆者は強く思っている。

　本書の多くは，法務局の登記実務において，日常的に教示いただいた諸先輩・同僚，そして，次に掲げた参考文献以外にも，多くの文献と知見を書き残していただいた先人の記録に負っている。その並々ならぬ努力を改めて痛感している。教示を受け，示唆していただいたことに深く感謝の意を記し，ここに敬意を表しておきたい。

　　平成25年4月

　　　　　　　　　　　　　　　　　　　鳴門公証役場　公証人　大　唐　正　秀

巻末資料

土地台帳・公図の沿革表

平成25年1月4日作成

年　月　日	土地台帳・公図の沿革		登記簿の沿革
	府県庁・郡区役所	戸長役場	
明治5.2.15太政官布告50号 明治5.2.24大蔵省達25号	壬申地券の発行＝地券制度 （正・副割印） 　正本＝地主に交付 　副本＝地券大（台）帳に編綴		田畑永代売買禁止の解除
明治6.7.28太政官布告272号	地租改正条例 【所管＝府県庁】 改正地券の交付 　所有者（＝納税者）の登録 　地価記入 改租図正本備付	—明治6年〜同14年頃— 地租改正事業 ←一筆地測量（地押丈量） ←地価決定 改租図副本	【所管＝戸長役場】 明治6.1.17太政官布告18 「地所質入書入規則」 ＝公証制度
明治7.11.7太政官布告120号	地所名称区分改定		
明治8.7.8地租改正事務局議定	地所処分仮規則1章8 地租改正条例細目2章3		明治8.9.30太政官148 明治8「建物書入質規則並ニ売買譲渡規則」
明治9.3.13地租改正事務局別報16号達 　同上　17号達	「地券台帳雛形」 ←市街地地積単位＝坪		
明治9.5.23 　内務省達丙35号	地籍編製地方官心得書 （地籍編纂事業）		
明治11.7.22太政官布告17号	郡区町村編成法（郡区役所	，戸長役場）	
明治12.2.10太政官布告6号	【所管＝郡区役所に移管】 地券裏書制度（郡区役所移管）＝地券台（大）帳が土地台帳に充当	←民有地のみ	
明治13.11.30太政官布告52号		戸長役場に奥書割印帳を備付	「土地売買譲渡規則」 「地所質入書入売買譲渡公証割印帳」による所有者の公証 明治15太政官達2「土地売買譲渡規則ニ付土地分割取扱手続」
明治17.3.15太政官布告7号	地租条例布達 【所管＝府県庁，郡役所】 「同左様式」による整備	【所管＝戸長役場】「同左様式」による整備	

年　月　日	土地台帳・公図の沿革		登記簿の沿革
明治17.12.16大蔵省達89号地租ニ関スル諸帳簿様式	府県庁＝**地租台帳**, 地図, 更正図, 改租図 郡区役所＝**地券台帳**（従前備付分）, 地租台帳	戸長＝**土地台帳**（新規役場備付分）, 所有者名寄帳, 地図, 野取帳, 改租図	
明治18.2.18大蔵卿訓示主秘10号地押調査ノ件	第二次地租改正事業 　（全国再度地押調査） 　　官吏が検査→	―明治18年～22年まで― 「地押調査」＝改租図の手直し更正 新規土地台帳に登録	
			裁　判　所
明治19.8.13法律1号旧登記法制定			明治20.2.1施行 　地券制度から**登記制度**へ大福帳式登記簿 【所管＝治安裁判所】 　治安裁判所に「旧登記簿」備付→明治23年からは区裁判所 明治19.12.3司法省令甲5他 　申請ないと登記なし（移記手続きなし）
	県・郡役所の地券台帳廃止	戸長役場での奥書割印帳廃止→	
明治20.6.20大蔵大臣内訓3890号地図更正ノ件	改租図（正本）, 更正図（正本）（地押調査図）の備付	改租図（副本）, 更正図（副本）の備付	＊改租図が正確の場合, それを充当の例もある。
明治21.4.25法律1号市制及町村制	明治22.4.1市町村制施行	**市　町　村　役　場** 戸長役場は市町村役場に変更	
明治22.3法律9号国税徴収法	「国税徴収法」施行 　県庁で徴税	（徴収事務は市町村に委任）	
明治22.3.22勅令39号土地台帳規則 明治22.3.22法律13号	**土地台帳制度**の発足 「土地台帳規則」により地券制度廃止		土地の一部の売買譲与は, 土地台帳申告後登記をなすべし（明治22司法訓令13, 大蔵訓令67）
明治22.5.8設置	【所管＝府県庁・郡役所, 収税部出張所・郡役所】 ⇒直税署・関税署（23.10設置）	【←所管】	
明治22.3.26大蔵省訓令11号	県庁・郡役所に**土地台帳**を備付 ①市の公図は県収税部出張所（22.5設置）で管理 ②町村公図は島庁郡役所で地図管理	←戸長役場の土地台帳管理廃止（同台帳は, 昭和24地で国税徴収補助事務用として使用）＝副本的管理 租税廃止まで市町村役場	

巻末資料

年　月　日	土地台帳・公図の沿革	登記簿の沿革
明治22.5.25大蔵省主税局長通知	土地台帳は，当初地券台帳で修補，明治22〜25の間に，市町村の土地台帳を元に副本新調 →地券台帳制度廃止 明治22「島庁郡役所地租事務取扱手続」4	←様式＝：明治22.7.1大蔵訓令49号 ＝昭和22年土地台帳の前身 明治22「島庁郡役所地租事務取扱手続」5	明治22.4.1「土地台帳規則」3
明治22.6.20大蔵省訓令44号	改租図正本・更正図正本を土地台帳附属地図として備付＝郡役所から府県収税部に移管	改租図副本・更正図副本を国税徴収用地図として備付＝副本的管理＝市町村	
明治26.10.30勅令163号	府県収税署設置，移管 明治28「収税署地租事務取扱規程」		
明治29.10.20勅令337号税務管理官制	明治29.11税務署設置，引継府県収税部，収税署廃止		
明治31.7.16 明治32.2.24法律24号			旧民法施行 明治32.6.16不動産登記法施行←旧登記法廃止 登記所に登記簿を備付一不動産一登記用紙となる 旧登記簿（旧簿）から登記簿へ移行 土地＝表題，甲，乙，丙，丁，戊区 建物＝表題，甲，乙，丙，丁区
	税　務　署		
明治35.11.1勅令242号	【所管＝税務署】徴税事務 明治35 税務署 に土地台帳，公図の引継	（市町村は国税徴収補助事務）	
明治42.4.13法律30号	耕地整理法公布 →耕地整理確定図土地改良法公布		
昭和6.3.31法律28号	地租法公布，同施行規則 ＝明治22地租条例廃止 （賃貸価格が課税標準）	←土地台帳規則廃止	
昭和15.7.13法律108号	家屋税法施行 「家屋番号」で家屋特定		

205

年　月　日	土地台帳・公図の沿革	登記簿の沿革
昭和21.10.21法律43号		自作農創設特別措置法 昭和23.3.13同登記令施行 　不在地主・一定規模以上の農地所有者から政府が強制買収し小作農に売渡
昭和22.3.31法律30号	昭和22.4.1土地台帳法施行 　地租法の土地台帳は，**本法の土地台帳とみなされた**（附則2）。 　土地の表示，滅失，収用，未登記土地が台帳登録不要となつたときは，直ちに台帳登録（不登法43条ノ2①）	←地租法廃止
		司法事務局
		【所管＝司法事務局】 昭和22.5.3司法事務局設置 　裁判所から司法事務局に登記簿移管
昭和24.6.6法律195号		土地改良法公布 →本法による所在図備付
昭和25.7.31法務府令88号	土地台帳法施行規則 　旧公図正本備付	旧公図副本備付
昭和24.9.15	シャウプ勧告による税制改革	
昭和25.7.31法律226号	地方税法 ＝地租法廃止，家屋税法廃止，固定資産税となる ⇒台帳廃止	【所管＝府県⇒市町村移管】 　昭和25「固定資産税」徴収 　県から課税台帳移管	昭和24.5.31法律137 法務局設置
		（地方）法務局
昭和25.7.31法律227号	土地台帳法一部改正法 　台帳，付属地図を 　登記所に移管	旧公図写し備付	【所管＝法務局に移管】 　税務署から法務局に台帳，附属地図移管 　旧公図原本として備付 　台帳は表示に関する事項を管理 　①分・合筆，表示変更あるときは，台帳，登記簿に二重に申請 　②権利の得喪変更があったときは，登記官が職権で台帳登録
昭和26.4.20法律150号		昭和26.7.1不登法の一部改正施行
昭和26.6.29法務府令110号		大福帳式登記簿をバインダー式登記簿に改製作業開始（バインダー化）
昭和26.6.1法律180号国土調査法		国土調査による成果につき登記所へ送付

年　月　日	土地台帳・公図の沿革	登記簿の沿革
昭和29．5．20法律119号土地区画整理法		土地区画整理法よる所在図備付
昭和35．3．31法律14号		昭和35．4．1不登法の一部改正施行
昭和35．4．1民事甲685号		登記簿と台帳の一元化 （土地台帳制度の廃止） →準則29
昭和35．8．5政令228号		不登法施行令　地積・床面積はメートル法となった（既登記のものは昭和41．3．31まで尺貫法のまま）
昭和37．3．20民事甲369号		法17条地図の備付けの制度化
昭和38．7．18民事甲2094号		粗悪用紙等移記作業開始
昭和41．4．1		メートル法書替作業開始
昭和44．9．6民事三発971号		マイラー地図再製作業開始
昭和52．9．3法務省令54号		地積測量図に境界標等表示
昭和60．5．1法律33号		登記業務のコンピュータ化
平成5．4．23法律22号		平成5．4．23不登法の一部改正 →地図に準ずる図面備付（不登法24条ノ3）
平成11．7．8法律87号	地方分権一括法	←機関委任制度の廃止

巻末資料

207

参 考 文 献

地図のはなし	枇杷田泰助	法務通信367号
地図の現状と将来	法務省民事局	民事月報25巻11号・12号
里道・水路・海浜	寶金　敏明	ぎょうせい
土地家屋台帳法解説	新谷正夫・川島一郎共著	帝国判例法規出版社
土地臺帳事務参考資料	法務府民事局	
土地台帳の沿革と読み方	友次　英樹	日本加除出版
農地改革における登記	新谷　正夫	帝国判例法規出版社
農地法による登記	桜井正三郎	桂林書院
近代土地所有権	毛塚　五郎	日本加除出版
公図の沿革と境界	新井　克美	テイハン
明治期作成の地籍図	佐藤甚次郎	古今書院
神奈川県の明治期地籍図	佐藤甚次郎	暁印書館
公図読図の基礎	佐藤甚次郎	古今書院
公図の研究	藤原　勇喜	大蔵省印刷局
山林地域の史的展開 〜徳島県勝浦郡上勝町〜	羽山　久男	㈱教育出版センター
法定外公共物	寶金　敏明講演	青森地方法務局
法定外公共物の管理と訴訟	由良　卓郎	登記研究441号〜443号
二線引畦畔について	塚田　利和	登記研究406号〜408号
境界確定事件に関する研究	森松　萬英	司法研修所
山林境界確定事件の検証調書作成に関する実証的研究	工藤　典人	法曹会
官民境界確定訴訟における実務上の諸問題	石川　和雄	法務総合研究所
地図訂正をめぐる諸問題	小林　康行	法務総合研究所
不動産登記法制変遷史	不動産登記法制研究会	金融財政事情研究会
不動産登記実務の手引	名古屋法務局事務改善研究会	新日本法規
私道の法律問題	安藤　一郎	三省堂
不動産訴訟の実務	藤田耕三・小川英明	新日本法規
筆界特定制度をめぐる諸問題	民事法情報センター　登記インターネット9巻8-9号　三訂国土調査登記詳解	法務省民事局

● 著者略歴

大唐　正秀（だいとう　まさひで）

　平成15年4月　高松法務局不動産登記部門首席登記官

　平成17年4月　那覇地方法務局長

　平成18年4月　松山地方法務局長

　平成19年4月　鳴門公証役場公証人（現在）

【 主要論文等 】

「法務局ひろば　境界紛争と徳川幕府による行政ADR～讃岐・八判（はちはん）物語」
　　民事月報59巻9号85頁

「讃岐の近代史(上)・(下)」法曹647号40頁，648号27頁

「法務局OBの頁　メダカ親父の子育日記」民事法務312号30頁

「沖縄の地図文化・学習ノート――戦災焼失した公図の軌跡(1)～(3・完)」
　　法務通信697号35頁，698号18頁，700号39頁

「公図を読み解く――徳島県における公図の歴史(1)～(8・完)」
　　法務通信702号32頁，704号22頁，706号39頁，708号23頁，709号29頁，
　　710号31頁，711号38頁，712号17頁

Q&A筆界特定のための
公図・旧土地台帳の知識

2013年5月8日　初版発行
2023年10月31日　初版第7刷発行

著　者　大　唐　正　秀

発行者　和　田　　裕

発行所　日本加除出版株式会社
本　社　〒171-8516
　　　　東京都豊島区南長崎3丁目16番6号

組版　㈱郁文　　印刷・製本（POD）　京葉流通倉庫㈱

定価はカバー等に表示してあります。
落丁本・乱丁本は当社にてお取替えいたします。
お問合せの他、ご意見・感想等がございましたら、下記まで
お知らせください。

〒171-8516
東京都豊島区南長崎3丁目16番6号
日本加除出版株式会社　営業企画課
電話　03-3953-5642
FAX　03-3953-2061
e-mail　toiawase@kajo.co.jp
URL　www.kajo.co.jp

Ⓒ M. Daito 2013
Printed in Japan
ISBN978-4-8178-4081-3

JCOPY　〈出版者著作権管理機構　委託出版物〉
本書を無断で複写複製（電子化を含む）することは、著作権法上の例外を除
き、禁じられています。複写される場合は、そのつど事前に出版者著作権管理
機構（JCOPY）の許諾を得てください。
また本書を代行業者等の第三者に依頼してスキャンやデジタル化することは、
たとえ個人や家庭内での利用であっても一切認められておりません。

〈JCOPY〉　H P：https://www.jcopy.or.jp、e-mail：info@jcopy.or.jp
　　　　　電話：03-5244-5088、FAX：03-5244-5089